Architektur und Stadtplanung
Wolters Partner

Inhaltsverzeichnis

Zeitstufen – 40 Jahre für Architektur
und Städtebau | Leonore Wolters-Krebs
und Friedrich Wolters........................... 4
Vorwort –
Anmerkung zu der Projektdokumentation........... 9

Planen und Bauen im historischen Kontext ... 10
Horstmar.................................... 14
Steinfurt-Burgsteinfurt...................... 16
Steinfurt-Burgsteinfurt: Bagno – Konzertgalerie,
Foyergebäude und mobiler Verbindungsgang 18
Steinfurt-Borghorst: Apotheke am Bauhaus 22
Telgte..................................... 24
    Jahre der Zusammenarbeit in Recke und
    Telgte – Frischer Wind in der kommunalen
    Planungspraxis | von Hubert Rammes......... 26
Billerbeck.................................. 30
Coesfeld.................................... 32
Märkte in Südwestfalen...................... 34

Innenstadt- und Ortskernentwicklung 36
Lüdenscheid................................. 40
Alte Hansestadt Lemgo....................... 42
Innenstadt- und Ortskernentwicklung
durch Integrierte Handlungskonzepte 44
Bahnhöfe im ländlichen Raum 46

Entwicklung im ländlichen Raum 48
Kranenburg.................................. 52
Wadersloh................................... 54
Heek-Nienborg............................... 56
    Musik, Architektur und Landschaft im
    Einklang – Die Landesmusikakademie
    NRW e. V. in Heek-Nienborg
    von Ernst Leopold Schmid 58

Hamminkeln................................. 68
Stadt Borken, Ortsteil Gemen 70
Drei kleine Beispiele aus vielfältigen
Dorfentwicklungsprojekten........................... 72
Haltern..................................... 73

Wohnen 74
Stadt Münster............................... 78
Dortmund, Wickede-West: Wohnen am Ortsrand 80
Breckerfeld: Wohngebiet Heider Kopf............. 82
Telgte: Wohngebiet Süd-Ost...................... 84
Sassenberg.................................. 86
Gescher: Bischöfliche Stiftung Haus Hall,
Stift Tilbeck................................ 88
Wohnhäuser................................. 90

Gewerbe, Verwaltung und Kultur 100
Rathaus Ahaus............................... 104
Rathaus Havixbeck........................... 106
Coesfeld-Lette: Glasmuseum Hof Herding........ 108
Coesfeld: Erweiterung Regionalniederlassung
Münsterland, Landesbetrieb Straßenbau NRW ..110
Burgsteinfurt: Kreissparkasse Steinfurt/
Burgsteinfurt................................ 112
Coesfeld: Umbau ehemaliges Jesuitenkolleg 114
Herten: Gloria Center........................ 116
Coesfeld: Modehaus, Letter Straße 118
Witten: Mercedes-Center Witten,
Fahrzeugwerke LUEG, Essen.................... 120
Greven: AirportPark FMO..................... 122
Dorsten-Marl: Interkommunaler Industriepark..... 124
Hamm-Bönen: INLOGPARC....................... 126

Konversion 128
Hamm: Zeche Maximilian 132

Marl: Zeche Auguste Victoria 136
Gelsenkirchen: Zeche Hugo 138
Herten: Entwicklungskonzept
Zeche Schlägel & Eisen – Langenbochum 140
Coesfeld, Dülmener Straße:
Gartencenter, Baumarkt, Restaurant 142
Coesfeld: Mustergarten Klostermann/
Park der 1000 Steine 146
Recklinghausen, Maybacher Heide:
Ehem. Preston Barracks 150
Emmerich am Rhein:
Moritz-von-Nassau-Kaserne 152
Hamm: Paracelsus Kaserne 154
Emmerich am Rhein: Katjes-Gelände 156

Planungen im regionalen Kontext **158**
Städtebaulicher Fachbeitrag zu
Umweltverträglichkeitsprüfungen 164
Regenerative Energien – ein heißes Thema 166

Die Wende **168**
Neuhardenberg 172
Neuruppin 174
Treuenbrietzen 176
Klieken 178
Herzberg bei Brandenburg 182

Blick über die Grenzen **184**
Blick über die Grenzen – Russland 188
   Planung anders verstanden
      von Dr. Reinhard Seiß, Urban+, Wien 189
Kostroma, Russland 196
Torshok, Russland 198
Stupino, Russland 200

Rostow am Don, Russland 202
   Russland 1992 bis 2002 –
   „Personen und Persönliches"
   von Friedrich Wolters 204
Burtnieku See, Lettland: „7 + SIEBEN"
Eine Konzeption für den sanften Tourismus 206
   Orientierung in einem großen europäischen
   Haus – und darüber hinaus
   von Dr. Wolfgang Roters 208
Porto Santo, Portugal: Wettbewerb 216
Doetinchem, Niederlande:
Masterplan Schil Stadsfront Varkensweide 218
Charlieu, Frankreich: Wohnhaus mit Atelier 222

Wettbewerbskultur – Wettbewerbsbeiträge . .**224**
Wettbewerbsmanagement 228
Bottrop: Inselpark Ebel 230
Münster: „Schlautbogen"
Rad- und Fußwegebrücke 232
Ahlen-Dolberg: Neubau Pfarrheim,
Katholische Kirchengemeinde St. Lambertus 234
Everswinkel: Bücherei und Wohnen 236

Artefakte **238**

REGIONALE 2004 . . . .**256**
   „Links und rechts der Ems" –
   REGIONALE 2014 | von Friedrich Wolters . . .259

Städte und Gemeinden, in denen Wolters Partner
im Zeitraum der Projekte dieser Dokumentation
geplant und gebaut hat 264

Impressum 267

Zeitstufen
40 Jahre für Architektur und Städtebau
Leonore Wolters-Krebs und Friedrich Wolters

Es sind unterschiedliche Phasen, die Wolters Partner in den vergangenen mehr als 40 Jahren durchlebt hat. Zunächst die Aufbauzeit Anfang der 1970er-Jahre, die auch aufgrund der „Erblasten" nicht ganz einfach waren. Während der ersten 10 Jahre haben wir nicht gebaut. Diese bauliche Abstinenz hat aber sowohl für unsere Stadtplanung als auch für unsere späteren Bauaktivitäten positive Auswirkungen gehabt. 10 Jahre Stadtplanung im ländlichen Raum ging aber auch mit einer intensiven Bauberatung einher, die uns dazu zwang, die eigene Architekturauffassung ein wenig beiseite zu stellen und die Arbeit der Kollegen beratend zu optimieren und auch in der Öffentlichkeit und in der Politik zu verteidigen.

Die Einbindung und Beteiligung der Bürger ging zunächst nur langsam voran, insbesondere in den Sanierungsgebieten der Ortskerne und Innenstädte. Die Auswirkungen des Städtebauförderungsgesetzes machten auch vor den kleinen Münsterland-Gemeinden nicht halt.

Wir schauten voller Achtung auf die Einmischung der Bürger und deren Erfolge, z. B. in Oberhausen-Eisenheim, und erkannten erst spät, dass im Gegensatz zu der relativ homogen strukturierten Bevölkerung, z. B. in den Zechensiedlungen, die Bewohner in den Stadt- und Ortskernen, in denen wir nun planten, eine sehr viel buntere Gemengelage bildeten, u. a. Gewerbetreibende, Dienstleister und natürlich auch „alles besser wissende Akademiker".

In diesen ersten Jahren wurde Coesfeld für viele Freunde und Kollegen – auch von Hochschulen zwischen Wien und Dortmund – ein häufiger und wohl auch ein gastlicher Ort der Begegnung und der fachlichen Auseinandersetzungen. Viele Studenten, die damals in unser Büro kamen, sind im Laufe der Jahrzehnte zu wichtigen Partnern geworden – bis heute.

Im Laufe der Jahre kamen Künstlerfreunde unter anderem aus den Niederlanden dazu – auch deren Bindung zu Wolters Partner hält bis in die Gegenwart. Diese externen Kollegen und Freunde wurden zu klugen Gesprächspartnern, die dem Büro Wolters Partner in der Provinz auch immer wieder neue Anstöße gaben.

Andererseits traten auch verwandte Fachdisziplinen verstärkt in diesen spannungsreichen Zeiten in unsere Arbeit ein. Nicht nur Soziologen und Geografen wurden in die Projekte eingebunden, sondern auch die Ökologie spielte verstärkt eine deutliche Rolle. Mit dem Städtebauförderungsgesetz begann sich der Fokus auf die Stadt- und Ortskerne – ebenso wie auf die gewerblichen Gemengelagen mit gewaltigen Auslagerungsprojekten – zu richten. Die Realnutzungskartierung über Befliegung wurde damals für die Flächennutzungsplanung aktuell.

Die ermüdende Datensammlung erlebte bei größeren wie kleineren Projekten einen Höhepunkt. Sogenannte Nutzwertanalysen wurden „modern" und gehörten zum Handwerkszeug. Die Datengläubigkeit nahm stetig zu –

einhergehend mit der neuen Sprache des „Fachchinesisch" der 1970er-Jahre.

Die Abstinenz der ersten Jahre beim Bauen hat Wolters Partner vermutlich vor der „Brikett-Ecken-Architektur" jener Jahre bewahrt. Eine Architekturrichtung, die lautlos kam und dann ebenso lautlos wieder verschwand. Die Wettbewerbsergebnisse, die dann auch gebaut wurden, zeigen mit ihren mehr oder weniger signifikanten Formen bis heute – wie der vorhandene bauliche Kontext negiert und zugeschüttet wurde. Gerade die Städte Nordrhein-Westfalens mit ihren extremen Kriegszerstörungen, unter denen ihr Bild bis heute leidet, haben in dieser Zeit unüberschaubar ihre Identität verloren. Alles „Baumeisterliche" wurde als unmodern abgetan. Die Wiederaufbauarchitektur der 1950er-/Anfang der 1960er-Jahre, die noch die Stadtbilder bestimmte, wurde von neuen Bautypologien überformt.

Im Bereich der Stadtplanung entstanden die großflächigen neuen Baugebiete. Selbst in größeren Städten, nicht nur des Münsterlandes, war der leicht verdichtete Geschosswohnungsbau nicht erwünscht. Das Einfamilienhaus hatte die Region fest im Griff. Das trifft bis heute zu – auch wenn Politik, Verbände und Architekten unisono das Todeslied der Einfamilienhäuser besingen. Diese Wohnformen gehen einher mit einem großen Individualismus in unserer „Baufreiheit", die keinen eigenständigen Gestaltanspruch hervorbringt. Diesem Wunsch nach Baufreiheit im Städtebau hat Wolters Partner auch immer wieder den Boden bereiten müssen. Das Bild des Münsterlandes hat es aus heutiger Sicht nicht nachdrücklich zerstört. Der Kampf um sinngebende Gestaltungssatzungen dauert bis heute an.

Richtet sich der Fokus Ende der 1970er-Jahre auf die historischen Altstadtkerne, dann ging das auch für Wolters Partner mit einer völlig neuen Förderpolitik des Landes Nordrhein-Westfalen einher. Wie ein Paukenschlag leiteten die klugen Köpfe Christoph Zöpel und Karl Ganser mit ihrer neuen Städtebaupolitik auch eine neue Zeit ein. Die laufenden „erbsen-zählenden" Datenerhebungen in den Sanierungsgebieten und die Auslagerungen von Betrieben wurden gestoppt. Mit der Rückendeckung des Ministerpräsidenten wurde die bisherige Städtebauförderung auf den Kopf gestellt. Angesagt war das Hinsehen vor Ort. Es entstanden städtebauliche Rahmenpläne, aus denen Projekte entwickelt wurden. Wolters Partner hat diesen Bruch natürlich auch im Kern gespürt, zunächst ökonomisch, da es (– aus der Erinnerung heraus –) einen Erlass gab, nach dem nur noch städtebauliche Projekte mit einer Honorarsumme von über 100.000 DM gefördert werden sollten. Das war vom Volumen her nicht die Größenordnung unserer Aufträge. Im Laufe der Zeit hat sich allerdings dieses Thema relativiert und auch die ökonomische Basis des Büros stabilisierte sich.

Junge Mitarbeiterfamilien hatten sich gebildet, der Büro-Standort Coesfeld verfestigte sich. Die Zeiten der Brüche haben wir mit einem extremen Zeiteinsatz gemeinsam mit einem jugendlichen, belastbaren Team bewältigt. Voller Begeisterung, voller Hoffnung auf Zukunft – im Bunde mit unseren Idealen für Planen und Bauen.

Der ersten Aufbauphase folgte im Laufe der Jahre eine Stabilisierungsphase, die aber immer mit wirtschaftlichen Tiefen und auch Höhen einherging. Einfach war diese Situation von Wolters Partner nie, waren wir doch ein Team mit vielen festangestellten Mitarbeitern, die auch in dieser Hinsicht Verantwortung einforderten. Sicher kamen im Laufe der Zeit auch studentische Hilfskräfte in das Team, die Verantwortung für die Kernmannschaft blieb natürlich. Auch Wettbewerbe wurden bei Wolters Partner zum festen Bestandteil der Arbeit: Nachtstunden, Samstage und Sonntage. Gutachten und Mehrfachbeauftragungen, aber auch interessante Projekte, die die Basis stabilisierten, boten die Möglichkeit zu außergewöhnlichen Kraftanstrengungen. Das Team von Wolters Partner hat die Konsolidierungsphase Ende der 1980er-Jahre erfolgreich abgeschlossen.

Die 1980er-Jahre haben wichtige Projekte entstehen lassen. Das Rathaus in Ahaus, ein Wettbewerbserfolg, wurde gebaut und hat seit 35 Jahren einen festen Platz als Beispiel für nachhaltige Backsteinarchitektur in der Stadt. Die letzte Erweiterung wurde 2015 fertiggestellt. Es war unser erster größerer Hochbau, und nun ist es nach vielen Jahren mit dem letzten Bauabschnitt sozusagen auch unser „Schwanengesang".

Wolters Partner befasste sich mit Konversionsprojekten von ehemaligen Flächen der Deutschen Bahn bis zu großen Zechenstandorten im nördlichen Ruhrgebiet, die dem Büro eine neue Welt eröffneten.

Ende der 1980er-/Anfang der 1990er-Jahre gründeten wir ein Büro in Berlin für Projekte in Brandenburg und Sachsen-Anhalt, in Städten und Gemeinden, die auch Partner unserer westfälischen Auftraggeber waren. In dieser deutsch-deutschen Umbruchphase entwickelte sich für Wolters Partner eine neue Sichtweise über die Hecken des Münsterlandes hinweg für die historischen Stadt- und Ortskerne in Brandenburg und Sachsen-Anhalt. Die Idee von einem Zweitbüro war nicht von Dauer und die nachhaltige Ortung auf einen Standort, wohlwissend, dass Coesfeld nicht der Nabel der Welt ist, war und ist richtig – ganz gleich, wo wir uns mit unserem Team und unseren Projekten aufhielten.

1992 entstand die Erfahrung „Russland", die das Büro über 10 Jahre in unterschiedlichen Zeiträumen immer wieder aufs Neue fesselte. Gerade die Zeiten des Umbruchs in der russischen und deutschen Politik hat auch in der inhaltlichen Auseinandersetzung mit der „Arbeitsgemeinschaft historischer Stadtkerne in Nordrhein-Westfalen" im Bunde mit der nordrhein-westfälischen Landesregierung eine große Horizonterweiterung in das Büro Wolters Partner gebracht. Auch der Umgang mit der deutschen Vergangenheit führte zu einer neuen Einschätzung des Geschichtsbildes: Die Hilfe für das Waisenhaus in Torshok, das Anfang der 1940er-Jahre für Kriegswaisen gestiftet wurde, wurde in dieser Zeit aus der Taufe gehoben und ist inzwischen über den Coesfelder Lionsclub zur Stiftung „Der blaue Elefant" geworden. Historische Stadtkerne sind in diesem Land der unglaublichen Weiten voller Widersprüche und voller großen Chancen. Wolters Partner hatte in einem ehemaligen ungenutzten Kloster in Torshok vergeblich eine Akademie des Handwerks vorgeschlagen, um die für Neubau und Sanierungen notwendigen Handwerker nach den Zeiten des Plattenbaus auszubilden. Heute wäre ein solcher Baustein der Stabilisierung des Mittelstandes in Russland notwendiger denn je. Aber auch in diesem Land braucht die Zukunft viel Zeit.

Hielt uns Russland bis 2003 gefangen, so eröffnete sich für Friedrich Wolters eine neue Möglichkeit der Betätigung außerhalb des Büros. Die Berufung zum Geschäftsführer der REGIONALE 2004 – einer regionalen Agentur, die aus der Idee der IBA Emscher-Park entstanden war, bedeutete eine zusätzliche Aufgabe, aber auch Belastung. Uns war bewusst, dass dies ein Einschnitt für das Büro bedeuten würde und dass auch die Lehrtätigkeit von Leonore Wolters-Krebs, u. a. Lehrstuhlvertretung für Peter Zlonicky an der Universität Dortmund über einen Zeitraum von zwei Jahren und ihre intensive, jahrzehntelange Tätigkeit für die Stadtplaner im Vorstand der Architektenkammer das Büro stark belasten würde. Aber das Team Wolters Partner hat diese Zeit routiniert und sehr kollegial mitgetragen.

Um über den weiten Zeitraum vom Anfang der 1970er-Jahre an auch einen externen Blick auf Wolters Partner zu erhalten, haben sich vier Persönlichkeiten, die über die unterschiedlichen Zeitstufen das Büro, das Team gestützt haben, bereit gefunden, Beiträge für diese Dokumentation zu schreiben: Hubert Rammes, der nahezu über den gesamten Zeitraum das Büro begleitete – zunächst als Gemeindedirektor in Recke, später als Stadtdirektor in Telgte, Ernst Leopold Schmid, der als erster Direktor der Landesmusikakademie in Nienborg-Heek unser musikalisch-künstlerisch anregender Gesprächspartner war, Dr. Wolfgang Roters, Abteilungsleiter im Ministerium für Städtebau NRW, der ab den frühen 1990er-Jahren insbesondere die russischen Projekte förderte und stabilisierte, Dr. Reinhard Seiß, der seit der Bürogründung in Berlin auf vielfache Weise – zunächst als Student – in das Büro eingebunden war. Später wurde er ein wertvoller Kritiker für Wolters Partner. Ihnen sind wir für ihre Beiträge besonders dankbar.

Viele Städte und Gemeinden, aber auch viele Vertreter aus der Wirtschaft haben Wolters Partner über die unterschiedlichen Zeitstufen unterstützt, Haltung wie Beständigkeit dem Büro geschenkt. Ohne diesen Zuspruch in schwierigen Zeiten wären wir über die 40 Jahre nicht zu dem geworden, was das Büro heute ist. Ende 2013 sind Leonore Wolters-Krebs und Friedrich Wolters aus dem operativen Geschehen Wolters Partner ausgeschieden. 40 Jahre waren wir aus Überzeugung freiberuflich tätig. Ende des Jahres 2013 haben wir Wolters Partner in die Architekten und Stadtplaner GmbH gemeinsam mit Michael Ahn überführt. Unsere Aufgabenbereiche sind dann an den Stadtplaner Carsten Lang, der schon über lange Jahre für den Städtebau bei Wolters Partner mit verantwortlich zeichnete, und den Architekten Markus Lampe übergegangen.

Wie in all den vergangenen unterschiedlichen Zeitstufen bleibt das Team Wolters Partner der Architektur und Stadtplanung auch zukünftig auf qualitätsvolle Weise verpflichtet.

Vorwort – Anmerkung zu der Projektdokumentation

Die Auswahl der folgenden, in unterschiedlicher Ausführlichkeit abgebildeten Projekte, war nicht einfach: Diese konnten nur einen verschwindend kleinen Teil der Arbeit in mehr als 40 Jahren von Wolters Partner unter der Leitung von Friedrich Wolters, Leonore Wolters-Krebs und Michael Ahn erfassen. Die Entscheidung fiel dann jeweils für beispielhaft-typische Arbeiten zu besonderen Themen aus verschiedenen Zeitabschnitten.

Wenn nicht ausdrücklich anders erwähnt, waren für die abgebildeten Projekte jeweils die Kommunen unsere Auftraggeber.

Mit der im Anhang aufgeführten langen Liste der Städte und Gemeinden soll deren Bedeutung als Auftraggeber für die Kontinuität des Büro Wolters Partner ebenso dankbar gewürdigt werden.

Planen und Bauen
im historischen Kontext

Vorherige Doppelseite:
Konzertgalerie im Bagno mit mobilem Verbindungsgang, Steinfurt
Foto: Klaus Bossemeyer

Planen und Bauen im historischen Kontext

Der historische Kontext ist eine ständige Herausforderung für Planen und Bauen als Auseinandersetzung mit den geschichtlichen Wurzeln.

Die Aufgabenstellung umfasst in zahlreichen Städten und Gemeinden für Wolters Partner die Instrumente eines komplexen Planungsprozesses in unterschiedlichen Ebenen. Diese reicht von der Rahmenplanung als informelle Vorbereitung über die Bebauungsplanung als Rechtsgrundlage bis hin zu Gestaltungssatzungen und Bauberatungen.

Die Gestaltung öffentlicher Räume vom Entwurf bis zur Realisierung sind ebenso Thema wie die Renovierung/Umnutzung historischer Gebäude und Neubauten im historischen Kontext.

Der entscheidende planungspolitische Anstoß gelang ab den 1970er-Jahren einerseits mit dem Instrument des Städtebauförderungsgesetzes, schließlich aber durch die Einrichtung eines eigenen Städtebauministeriums mit Beginn der 1980er-Jahre in NRW. An die Stelle des Wenn und Aber, der Entscheidungssuche am „Grünen Tisch", trat die aktive kontaktfreudige Recherche vor Ort.

Endlich wurde die „erhaltende Stadterneuerung" vor Abriss gesetzt und die intensive Einbeziehung der Bürger als Voraussetzung für den komplexen Planungsprozess vorgesehen.

Moderation zur Konsensfindung begleitet für Wolters Partner alle Aufgaben. Auch wenn Konsens häufig Abstriche von Idealzielen bedeutet, haben wir diese so lange wie möglich im Auge behalten und dafür gekämpft.

Den folgenden Beispielen ist ein unverwechselbarer historischer Stadtgrundriss gemeinsam. Sie sollen exemplarisch zeigen, wo Wolters Partner die Möglichkeiten einer jahrzehntelangen planerischen Betreuung hatte und diese sich kontinuierlich im Ergebnis widerspiegeln konnte.

Borchorster Hof, Horstmar – Pfarrzentrum
Foto: Hermann Willers

Umbau und Sanierung des denkmalgeschützen Borchorster Hofes zu einem Pfarrzentrum
Foto: Hermann Willers

Planen und Bauen im historischen Kontext

Horstmar

Es ist eine herausragende Form, die die Stadt Horstmar im nördlichen Münsterland mit ihrem Altstadtgrundriss bis heute präsentiert: ein quadratischer Stadtgrundriss, der sich wiederum aus vier Quadranten um den zentralen Kirchplatz zusammensetzt, umgeben von einer breiten grünen Wallanlage. Dieses Bild zeigt auch heute noch die intensiven Bemühungen der Stadt, die in der Vergangenheit immer Sensibilität für diesen Stadtkörper und seine Denkmäler gezeigt hat.

Bereits Anfang der 1970er-Jahre erarbeitete Wolters Partner einen ersten Rahmenplan als Grundlage für die Einrichtung eines Sanierungsgebietes. Städtebauliche Förderung des Landes Nordrhein-Westfalen für zahlreiche Einzelbausteine, unter anderem die Gestaltung der historischen Straßenzüge, aber auch die kontinuierliche bauleitplanerische Begleitung und Beratung in baugestalterischen Fragen zeigte sichtbare Erfolge. 1979 wurde einer der historischen Burgmannshöfe – der Borchorster Hof – von Wolters Partner zu einem Pfarrzentrum umgebaut.

Die Ergebnisse der Innenstadtsanierung wurden ständig reflektiert. Im Jahre 2012 erstellte Wolters Partner ein Integriertes Handlungskonzept für weitere öffentliche Förderungen städtebaulicher Maßnahmen. Vorrangig war jedoch, den in der Mitarbeit engagierten Bürgern ihre eigenen Möglichkeiten der Umsetzung von Maßnahmen aufzuzeigen.

Im Verlauf der Jahre war Wolters Partner auch für die gesamtstädtische Entwicklung (Flächennutzungsplan und zahlreiche Bebauungspläne) kontinuierlich tätig.

Rahmenplan Altstadt Horstmar, 1989
Planung: Wolters Partner

Planen und Bauen im historischen Kontext

Konzertgalerie im „Bagno" (1774) mit Neubau Foyergebäude und mobilem Verbindungsgang, 1994–1997
Foto: Klaus Bossemeyer

Steinfurt-Burgsteinfurt

Für die Stadtteile Burgsteinfurt und Borghorst der Kreisstadt Steinfurt im Nordwesten von Münster hatte Wolters Partner bereits vor dem Zusammenschluss zur Stadt Steinfurt Anfang der 1970er-Jahre die einzelnen Flächennutzungspläne erstellt, die 1979 für die gemeinsame Entwicklung zusammengefasst und Grundlage für weitere zahlreiche Bebauungspläne für die Wohn- und Gewerbeentwicklung von Borghorst und Burgsteinfurt wurden.

Zur Erhaltung und Sanierung des mittelalterlichen Stadtgrundrisses von Burgsteinfurt (Mitglied in der Arbeitsgemeinschaft Historische Stadtkerne NRW) hat Wolters Partner Rahmenpläne, Bebauungspläne nach den vorbereiteten Untersuchungen gemäß Städtebauförderungsgesetz und die Gestaltungssatzung erarbeitet, sowie die Neugestaltung des historischen Straßennetzes betreut. Bis 2014 konnte Wolters Partner im Gestaltungsbeirat am Erfolgserlebnis für die Gestaltung des Stadtkerns teilhaben. Das im Süden der Altstadt liegende Schloss ist von einem englischen Landschaftsgarten (Bagno) aus dem Ende des 18. Jahrhunderts umgeben, in dem sich der einzige freistehende barocke Konzertsaal Europas befindet. Mit der Renovierung 1994–1997 wurde zur nachhaltigen Nutzung ein Anbau für Nebeneinrichtungen (Foyer, Garderobe, Umkleiden, Sanitäranlage) erforderlich, der als gesondertes Gebäude in einem Abstand von 30 m mit einem mobilen Verbindungsgang von Wolters Partner erfunden wurde.

Foyer
Foto: Hermann Willers

Rahmenplan Historische Altstadt Burgsteinfurt, 1981
Planung: Wolters Partner

Planen und Bauen im historischen Kontext

Anfang der 1990er-Jahre, die Botschaft der Bürger.
Foto: Friedrich Wolters

Der zusammengefahrene mobile Verbindungsgang zwischen Konzertgalerie und Foyergebäude
Foto: Anja Engler

18 Planen und Bauen im historischen Kontext

Steinfurt-Burgsteinfurt
Bagno – Konzertgalerie, Foyergebäude und mobiler Verbindungsgang

Auftraggeber: Stadt Steinfurt
Baujahr: 1994–1997

Man hätte sagen können, die einzige freistehende barocke Konzertgalerie in Europa hätte im „Dornröschenschlaf" im Burgsteinfurter Bagno verharrt. „Wachgeküsst" hat sie dann die Denkmalpflege im Bunde mit der Städtebauförderung NRW. In einer beeindruckenden konzertierten Aktion wurden auch die Stadt Steinfurt und die Verwaltung des Fürsten zu Bentheim mit ins Boot geholt.

Die Stadt Steinfurt hatte unterschiedliche Entwürfe für ein notwendiges Foyergebäude unabhängig von der Konzertgalerie beauftragt. Der Entwurf Wolters Partner setzte sich als einziger auch mit der lustvollen Typologie der historischen Parkarchitektur auseinander. Die Forderung der Denkmalpflege, zwischen Konzertgalerie und Foyergebäude einen Abstand von 30 m zu wahren, löste Wolters Partner durch den mobilen Verbindungsgang.

Nach langen Auseinandersetzungen zwischen Verwaltung, Politik und Denkmalpflege sowie dem zuständigen Ministerium wurden Foyergebäude und später der mobile Verbindungsgang zur Ausführung freigegeben.

Das Foyergebäude war unstrittig, der mobile Verbindungsgang hatte bis zu seiner Vollendung einen „dornenreichen Weg" zu gehen. Hier wagte Wolters Partner experimentelles Bauen, das bis heute nicht einfach zu vermitteln ist.

„So bleibt der Traum vom Bagno weitgehend ein Abenteuer, das sich nur noch im Kopf abspielen kann – wo ja ohnedies die schönsten Abenteuer stattfinden", wie Oskar Prinz zu Bentheim so treffend in seinem Vorwort „Das Steinfurter Bagno" ausführt.

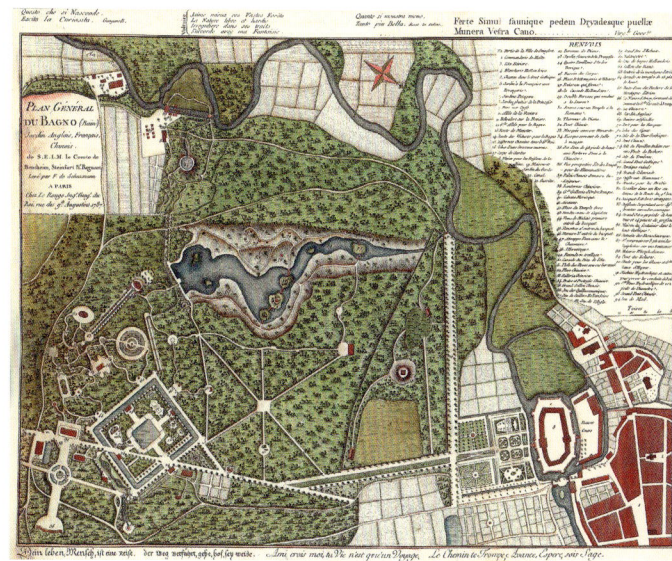

Kupferstich Le Rouge 1787, Paris
Archiv Fürst zu Bentheim, Steinfurt

Planen und Bauen im historischen Kontext

Der mobile Verbindungsgang
Foto: Anja Engler

Foyergebäude Bagno
Foto: Anja Engler

Planen und Bauen im historischen Kontext

Die Gebäudeflanke der Apotheke am Bauhaus
Foto: Wolters Partner

Steinfurt-Borghorst
Apotheke am Bauhaus

Bauherr: Dr. Werner Gajewski, Steinfurt
Baujahr: 1995/1996

In unmittelbarer Nachbarschaft zu der im Bauhausstil 1934 von Architekt Bernhard Tönies, Münster, errichteten Villa Debbert sollte eine zusätzliche bauliche Nutzung mit einer klaren Architektursprache erfolgen.

Der in Borghorst lebende Bauhaus-Künstler Heinrich Neuy wurde von Dr. Gajewski gewonnen, eine Plastik im Eingangsbereich des Hauses zu installieren. Aus dieser Verbindung entwickelte sich dann der Name „Apotheke am Bauhaus".

Apotheke am Bauhaus
Foto: Wolters Partner

Plastik von Heinrich Neuy
Foto: Wolters Partner

Planen und Bauen im historischen Kontext

Straßenraumgestaltung in der Altstadt Telgte
Foto: Klaus Bossemeyer

Telgte

Im Osten von Münster liegt die Stadt Telgte – durch Günter Grass' „Das Treffen in Telgte" auch deutschlandweit bekannt geworden. Der Stadtgrundriss zeigt das bemerkenswerte Gefüge historischer Straßenzüge mit zahlreichen Baudenkmälern.

Wolters Partner konnte seit 1976 das gesamte Planungsgeschehen für die Erneuerung der Innenstadt mit Rahmenplanung, Bebauungsplänen sowie Gestaltung der Straßen- und Platzräume, aber auch das übergeordnete Stadtentwicklungskonzept mit Flächennutzungsplan und zahlreichen Bebauungsplänen begleiten. Die Ortsteile Westbevern Dorf und Vadrup wurden laufend in die Entwicklungsplanung einbezogen.

Telgte gehört somit zu den wichtigen Städten, die für ein freies Planungsbüro in der kontinuierlichen Betreuung Erfolgserlebnisse bedeuten, gerade weil sie häufig auf kontroversen aber fruchtbaren Auseinandersetzungen mit den Bürgern beruhen.

Rahmenplan Altstadt, 1992
Planung: Wolters Partner

Planen und Bauen im historischen Kontext

Jahre der Zusammenarbeit in Recke und Telgte
Frischer Wind in der kommunalen Planungspraxis
von Hubert Rammes

Begonnen hat meine Zusammenarbeit mit Wolters Partner 1972 als neu eingeführter Gemeindedirektor in der ländlichen Gemeinde Recke. Die Gemeinde Recke fasste nach umstrittenen Planungen in der Ortskernsanierung den Entschluss, das junge Planungsbüro Wolters Partner mit der Aufgabe der Ortskern- und Dorfentwicklung zu beauftragen. Dieser Schritt erforderte Wind, neue Blickrichtungen und Zielstrebigkeit. Hierzu gehörten eine umfassende modellhafte praxisorientierte Gemeindeentwicklungsplanung mit einem Maßnahmenkatalog für kurz-, mittel- und langfristige Maßnahmen. Eine vorbereitende Planung für die Erweiterung des Dorfkerns mit Dienstleistungszentrum, Rat- und Bürgerhaus sowie einem Bürgerpark schloss sich an. Das Büro Wolters Partner wurde vor Mammutaufgaben gestellt, die mit ungewöhnlichem Engagement und hoher Qualität vorbildlich gelöst wurden. Der Planungstätigkeit von Wolters Partner ist es entscheidend zu verdanken, dass die Gemeinde Recke einschließlich ihrer Ortsteile ihre Identität und Vitalität bewahrt hat.

1983 bei meinem Wechsel als Stadtdirektor nach Telgte hatte ich das Glück, mich nicht auf einen neuen Stadtplaner einstellen zu müssen. Wolters Partner waren schon seit geraumer Zeit dort tätig. Im Vergleich zu der Gemeinde Recke waren jedoch die planerischen Herausforderungen aufgrund allgemein sehr kontroverser, heftiger Diskussionen und politischer Auseinandersetzungen viel schwieriger. Der Wind, vielmehr die Stürme, bliesen aus der Politik, der Bürgerschaft und aus nicht immer erkennbaren Richtungen dem Planungsbüro, aber auch der Verwaltung kräftig ins Gesicht.

Um aber die Weiterentwicklung der Stadt in Gang zu bringen, war ein planerisches Umdenken erforderlich. Für die politischen Gremien und vor allem für die

Kapellenstraße
Foto: Wolters Partner

Bürgerschaft war es unausweichlich, die Eckpfosten der Stadtplanung und der Stadtsanierung neu zu justieren. Der durch das Büro Wolters Partner nach Abstimmung mit der Bezirksplanung in Münster und dem Ministerium für Landes- und Stadtentwicklung NRW in Düsseldorf vorgeschlagene Kompromiss für eine ganzheitliche behutsame Altstadtsanierung, Stadterneuerung und eine umfassende Wohnumfeldverbesserung fand schließlich allgemeine Zustimmung und konnte verwirklicht werden. Diese Planungsaufgabe und ihre Realisierung waren eine großartige Leistung des Büros Wolters Partner. Auch die weitere Stadtentwicklung durch Bauleitplanungen, Beiträge und Vorschläge des Büros wurde maßgeblich positiv mitbeeinflusst.

Wolters Partner haben immer auf eine hohe Qualität ihrer Arbeit Wert gelegt. Beeindruckend war mitzuerleben, wie sorgfältig das gesamte Team die Planungsunterlagen für Besprechungen, Sitzungen der Gremien und Wettbewerbsverfahren vorbereitet hat, wobei stets auf die Besonderheiten, ja Eigenarten der jeweiligen Verwaltungen, der politischen Mitglieder der Gremien und der Öffentlichkeit Rücksicht genommen wurde. Für oft auch unpopuläre Vorschläge hatten Wolters Partner die erforderliche Entschlussfreude, ein nicht zu verbiegendes Rückgrat und das notwendige Durchsetzungsvermögen, gepaart mit Spontanität, Beharrlichkeit, Findigkeit und Geduld. Sie haben mit ihrem engagierten Wirken, das oft über ihre Pflichten zur Auftragserfüllung weit hinausging, ein Werk geschaffen, welches für jedermann sichtbar und erlebbar ist. Die stets fruchtbare, motivierende Zusammenarbeit hat bei mir auch zu einer sehr persönlichen Vertrauensbasis geführt. Meine Arbeit ist durch diese interessanten lehr- und ereignisreichen Jahre bereichert worden. Wolters Partner haben sich durch ihr Wirken zur Entwicklung der Städte und Gemeinden des Münsterlandes und weit darüber hinaus verdient gemacht. Ich freue mich daher, dass dafür Leonore Wolters-Krebs und Friedrich Wolters mit dem Verdienstkreuz am Bande des Verdienstordens der Bundesrepublik durch den Bundespräsidenten ausgezeichnet wurden.

Neue Spuren in der Altstadt – Pollerköpfe
Entwurf: Jörg Heydemann
Foto: Wolters Partner

Planen und Bauen im historischen Kontext

Kulturbahnhof Billerbeck
Foto: Wolters Partner

Planen und Bauen im historischen Kontext

Vorherige Doppelseite:
Telgte – Gestaltung Altstadtstraße Wolters Partner
Foto: Klaus Bossemeyer

Billerbeck

Von Münster aus kommend, wird die Silhouette der Stadt Billerbeck bereits in der Fernwirkung durch die mächtigen Türme des neugotischen Doms und der mittelalterlichen Johanni-Kirche geprägt.

Entscheidender Anstoß für die Entwicklung der historischen Innenstadt war die Auslagerung einer großen Gefriertrocknungsfabrik im Schatten des Domes. Diese auch für die damalige Landesregierung gewaltige finanzielle Kraftanstrengung ermöglichte die Erweiterung des Einzelhandelszentrums mit verdichtetem Wohnquartier. Die Sanierung der Innenstadt wurde ab 1971 von Wolters Partner mit den vorbereitenden Untersuchungen und der Bebauungsplanung sowie der Gestaltung der Straßenräume mit Domplatz und Johanni-Kirchplatz begleitet.

Neugestaltung der Schmiedestraße
Foto: Wolters Partner

Im Reigen der Wünsche nach funktionsfähigen Bahnhöfen in der Region ist der am Rande der Altstadt gelegene Bahnhof Billerbeck ein herausragendes Beispiel für gelungene Kooperation zwischen Stadt, Bahn und einem sozialen Träger. Nach Substanzerneuerung im Inneren und Äußeren fügt sich die neue Backsteinfassade in das städtebaulich tradierte Bild der Landschaft ein. Die Nutzungen Bahnstation, Service und Radstation funktionieren vorbildlich. Der Umbau der Gepäckstation und des kleinen Lokschuppens zu einer Fahrradstation sind bei Wahrung der historischen Spuren im Bund mit dem Bahnhofsgebäude zu einem funktionellen Architektur- und Nutzungsensemble geworden.

„Lichtblau"
Bahnhof Billerbeck, Fahrradstation
Foto: Jürgen Frins

Planen und Bauen im historischen Kontext

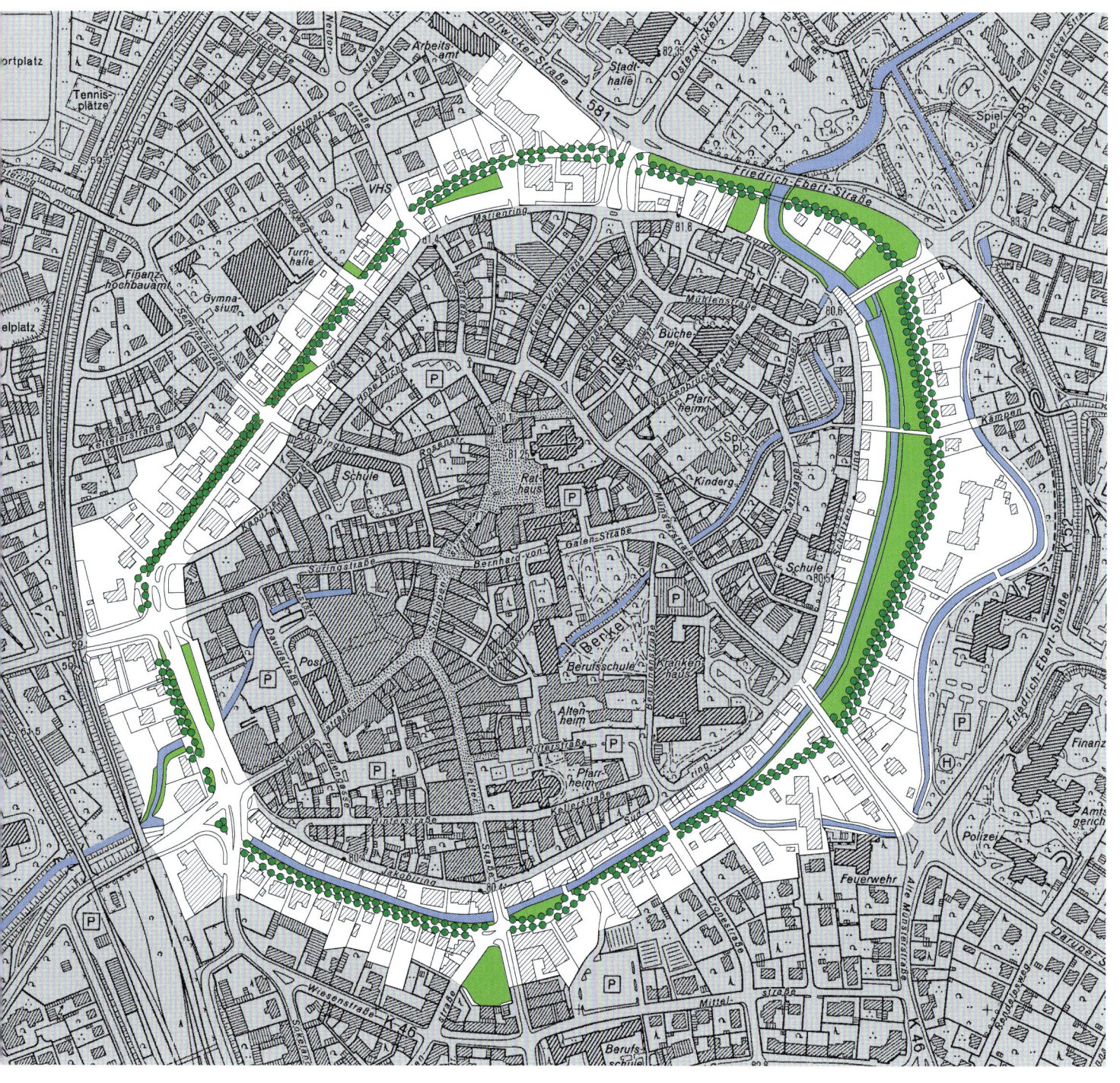

Promenade Coesfeld – Grünelemente –
Planung: Wolters Partner

Grünstruktur

Grün- und Freiflächen

Wasserläufe

Baumbestand Promenade

Planen und Bauen im historischen Kontext

Coesfeld

Prägend für den historischen Stadtraum ist der altstadtumgebende Promenadenring, für den Wolters Partner das Gestaltungskonzept „Perspektiven für die Promenade" erarbeitet und in Teilen die Wiederherstellung durchgeführt hat. Begleitend wird durch Bebauungspläne und Gestaltungssatzungen für die angrenzenden Nutzungen ein Konsens zwischen Stadtbildverträglichkeit und den Verdichtungswünschen der Investoren gefunden.

Die Promenade der Stadt Coesfeld ist neben der Innenstadt der Ort, an dem Stadtgeschichte und Stadtentwicklung mit ihren unterschiedlichen Facetten sichtbar werden.

Trotz schwerer Zerstörungen zum Ende des 2. Weltkrieges oder auch aufgrund der prosperierenden Verkehrsplanung der 60er- bzw. 70er-Jahre des vergangenen Jahrhunderts ist die Promenade Ort höchster Identität für die Bürger und auch deutliche städtebauliche Orientierung.

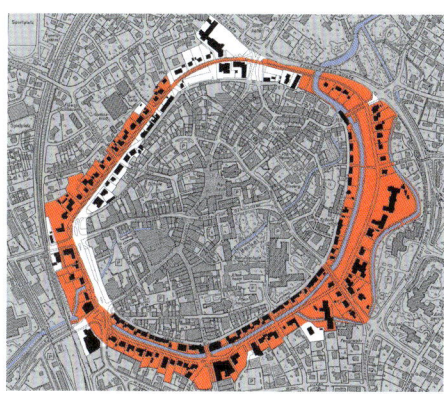

Denkmalbereich

Vorschlag zum Denkmalbereich gem. § 2 (3) DSchG NW
[Stellungnahme LWL - Amt für Denkmalpflege in Westfalen, Stand: Nov 2007]

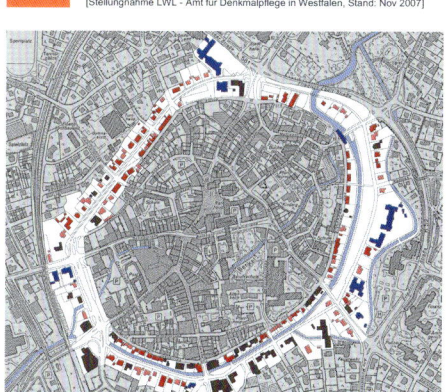

Nutzung

Schützenwall Promenade, Coesfeld
Foto: Wolters Partner

Planen und Bauen im historischen Kontext

Die 12 Markt-Situationen
Darstellung: Wolters Partner

Märkte in Südwestfalen

Im Rahmen der REGIONALE Südwestfalen 2013 hat das Netzwerkprojekt „MÄRKTE IN SÜDWESTFALEN – Miteinander Handeln" dazu beitragen, die 12 historischen Stadt- und Ortskerne in Südwestfalen durch das verbindende Thema „Märkte" touristisch zu stärken und gleichzeitig die städtebauliche Qualität zu verbessern.

Im Auftrag der Arbeitsgemeinschaft Historische Stadt und Ortskerne NRW – Regionalgruppe Südliches Westfalen wurden von Wolters Partner ab 2010 im Zuge einer Analyse der Marktplätze in den 12 historischen Stadt- und Ortskernen Gemeinsamkeiten, Unterschiede sowie Entwicklungspotenziale herausgearbeitet und im Integrierten Handlungskonzept darauf aufbauend Grundideen ermittelt sowie gemeinsame Handlungsstränge für eine regionale Strategie herauskristallisiert.

Wolters Partner hat die Arbeitsgruppe, die durch Vertreter der Stadt- und Ortskerne besetzt war, betreut, gemeinsam mit dieser die Projektidee weiterentwickelt und zur Umsetzungsreife geführt. Zudem wurden durch Wolters Partner Publikationen und Präsentationselemente erarbeitet, die den gemeinsamen touristischen Auftritt der 12 historischen Stadt- und Ortskerne nachhaltig stärken sollten.

Lage der 12 Markt-Städte in Südwestfalen
Montage: Wolters Partner

Akteure und Bürgermeister der beteiligten Städte
Installation und Foto: Wolters Partner

Planen und Bauen im historischen Kontext

Innenstadt- und Ortskernentwicklung

GRÜN

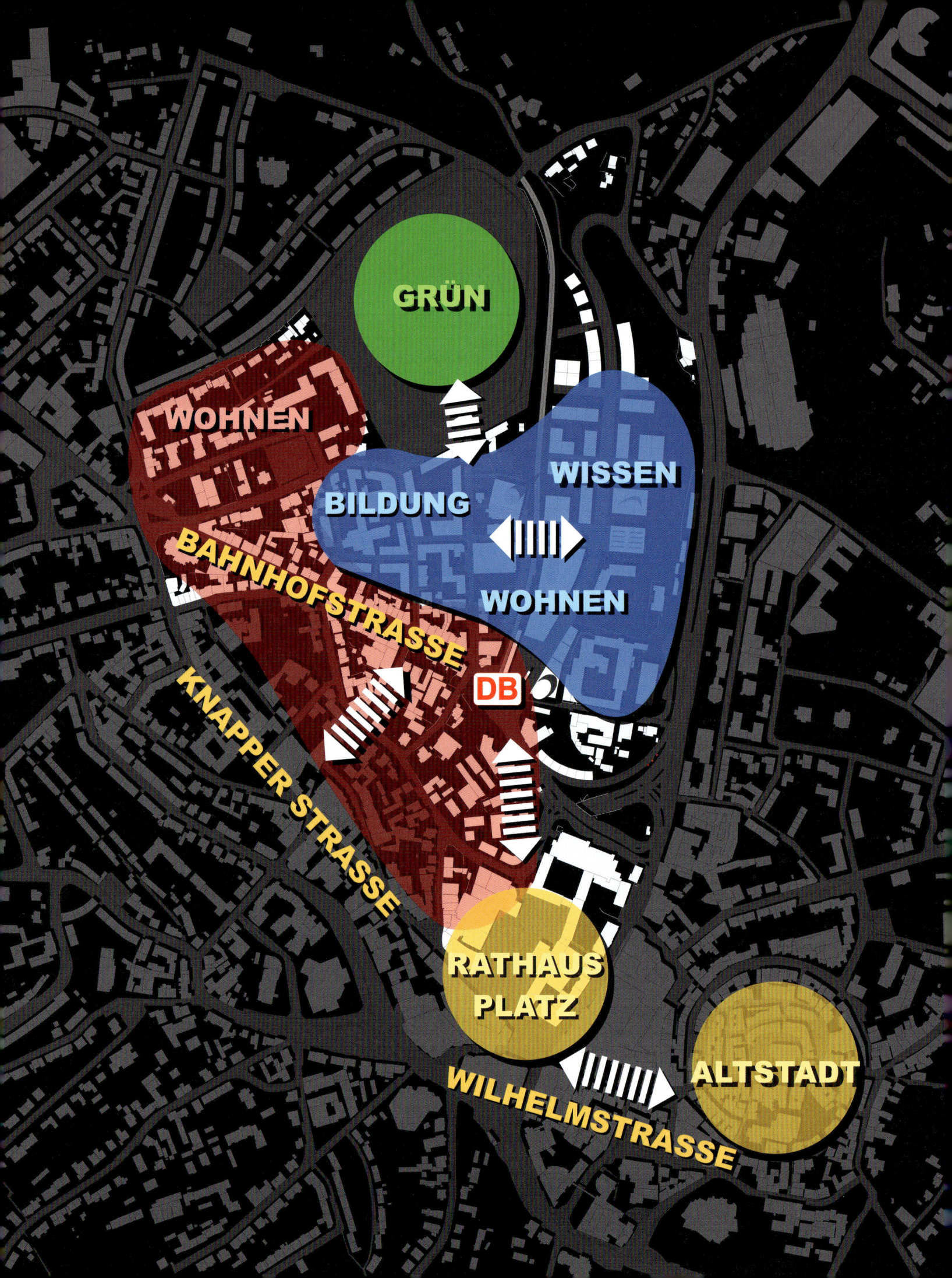

WOHNEN

BILDUNG

WISSEN

WOHNEN

BAHNHOFSTRASSE

KNAPPER STRASSE

RATHAUS PLATZ

ALTSTADT

WILHELMSTRASSE

DB

Vorherige Doppelseite
Städtebauliches Entwicklungskonzept
DENKFABRIK Lüdenscheid
Planung: Wolters Partner

Innenstadt- und Ortskernentwicklung

In der Stadtplanung ist die Sicht auf komplexe Zusammenhänge selbstverständlich. Mit dem Instrument des sogenannten Integrierten Handlungskonzeptes werden die wesentlichen Aspekte für die Ortskernentwicklung, z. B. wirtschaftliche Nutzung/Infrastruktur/Freiraum/Stadtbild, gegenübergestellt. Mögliche Zielkonflikte werden mit den Bürgern gemeinsam abgewogen, damit diese sich mit den Planungszielen und deren Durchführung identifizieren.

Die Aufgabenstellungen der im Laufe der Jahrzehnte von Wolters Partner bearbeiteten Projekte zur Innenstadt- und Ortskernentwicklung sind aufgrund der Probleme in den jeweiligen Orten sehr unterschiedlich: Ständiges Thema ist jedoch die Attraktivitätssteigerung für den Einzelhandel und sonstige Nahversorgung – insbesondere, um die Wohnfunktion zu stabilisieren.

Viel Überzeugungsarbeit bedarf die Sensibilisierung für Gestaltqualität, insbesondere, weil dafür die Kriterien so schwer quantifizierbar sind. Ortsbildidentität ist jedoch in den Bürgerdiskussionen immer ein erfreulich wichtiges Thema.

Die folgenden Projekte sind einige Beispiele für das Zusammenwirken von verschiedenen Interessensgruppen der Bürger zur Erarbeitung von Entwicklungszielen und Maßnahmen im Konsens.

Konzept DENKFABRIK 415 m über NN
Planung: Wolters Partner

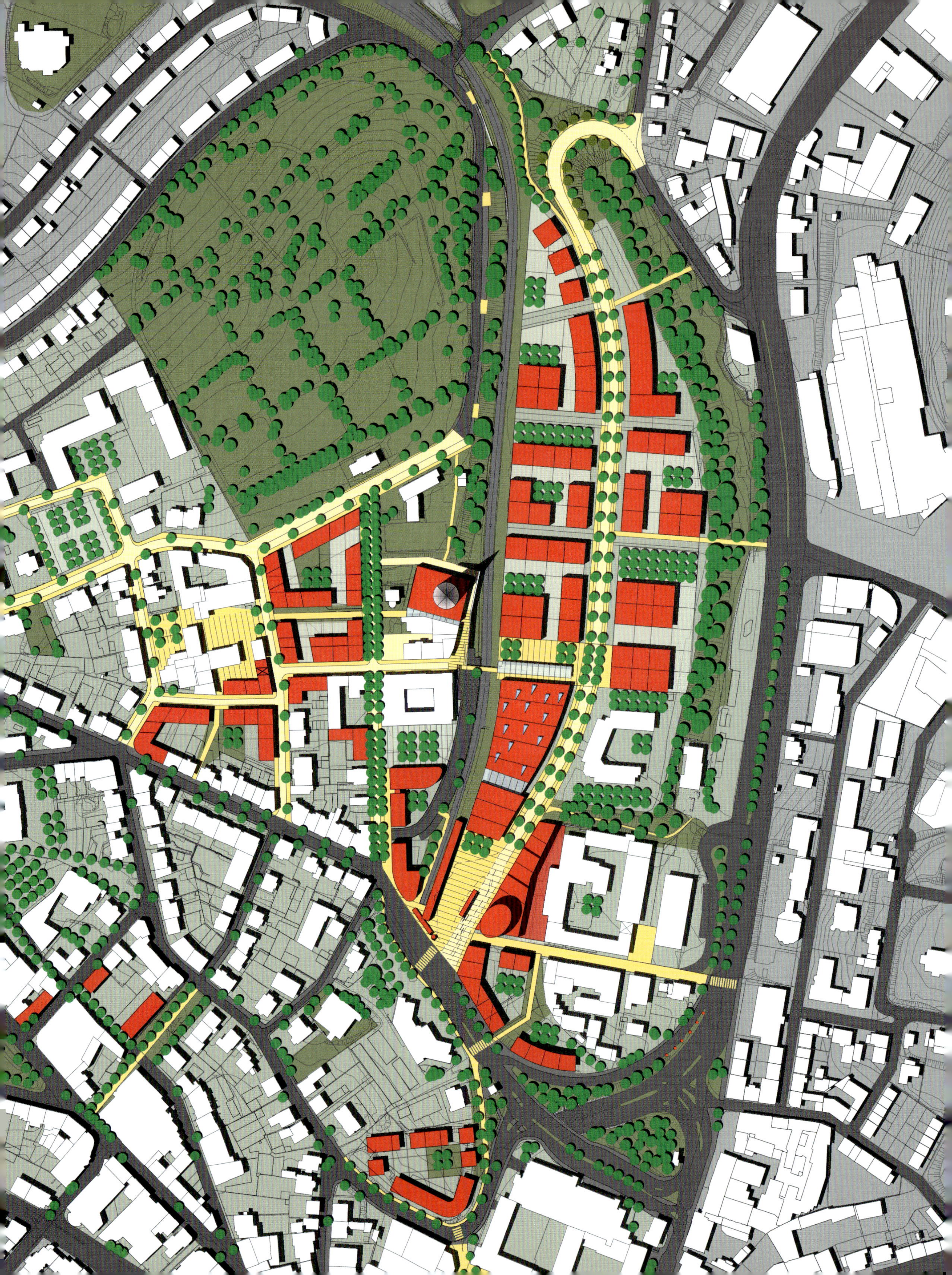

Lüdenscheid

Die Stadt Lüdenscheid wollte mit einem Masterplan 2009/2010 ihre Potenziale für die Stärkung der Innenstadt verdeutlichen.

[...] Die Diskussionen im Sommer 2008, die während einer Ideenschmiede stattfanden, ließen das Bild der DENKFABRIK mit ihren neun Bausteinen entstehen. Unter dem Titel „415 m über NN DENKFABRIK" steht das zukunftweisende Ziel, im Bereich des Bahnhofes ein vitales Quartier wachsen zu lassen, das im Bunde mit einer neuen Fachhochschule, den im Untersuchungsgebiet bereits ansässigen Aninstituten der Wirtschaft, einem neu auszurichtenden Technikzentrum, einer räumlich und didaktisch neu ausgerichteten Phänomenta und zukunftsweisenden Wohnformen eine neue Dimension für Stadt und Region eröffnen soll. [...]
[Dokumentation Städtebauliches Entwicklungskonzept DENKFABRIK]

Dieser von Wolters Partner erarbeitete Masterplan, welcher die städtebauliche Klammer für eine themenbezogene Stadtentwicklung bildet und damit Bilder für die Zukunft vermitteln soll, befasst sich im Detail mit weiteren städtebaulichen Einzelmaßnahmen: mit der Entsiegelung von Höfen, mit Architekturqualität, mit neuen Nachbarschaften und einer quartierbezogenen Wohnumfeldverbesserung. Die vorgefundene Architektur der vorvergangenen Jahrhundertwende fügt sich wie selbstverständlich mit den neuen Interventionsräumen zusammen. Auch die topografischen Besonderheiten im Quartier bieten dem künftigen städtebaulichen Bild eine besondere Aufmerksamkeit und Chance auf Zukunft.
Die interdisziplinären Ansätze für die Phänomenta mit den Frankfurter Architekten Schneider und Schuhmacher, sowie die Szenografie des Architekten Prof. Günter Zamp Kelp, Berlin/Wien, wären eine große Chance für das Projekt gewesen.

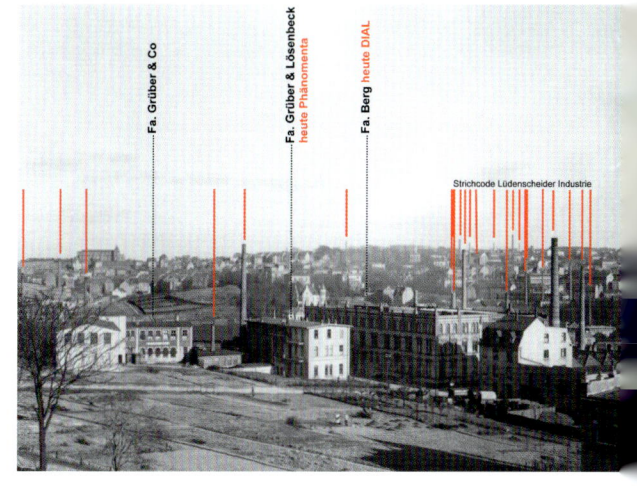

Die Schornsteine der Vergangenheit
Strichcode-Collage: Friedrich Wolters

Rahmenplan DENKFABRIK 415 m über NN
Planung: Wolters Partner

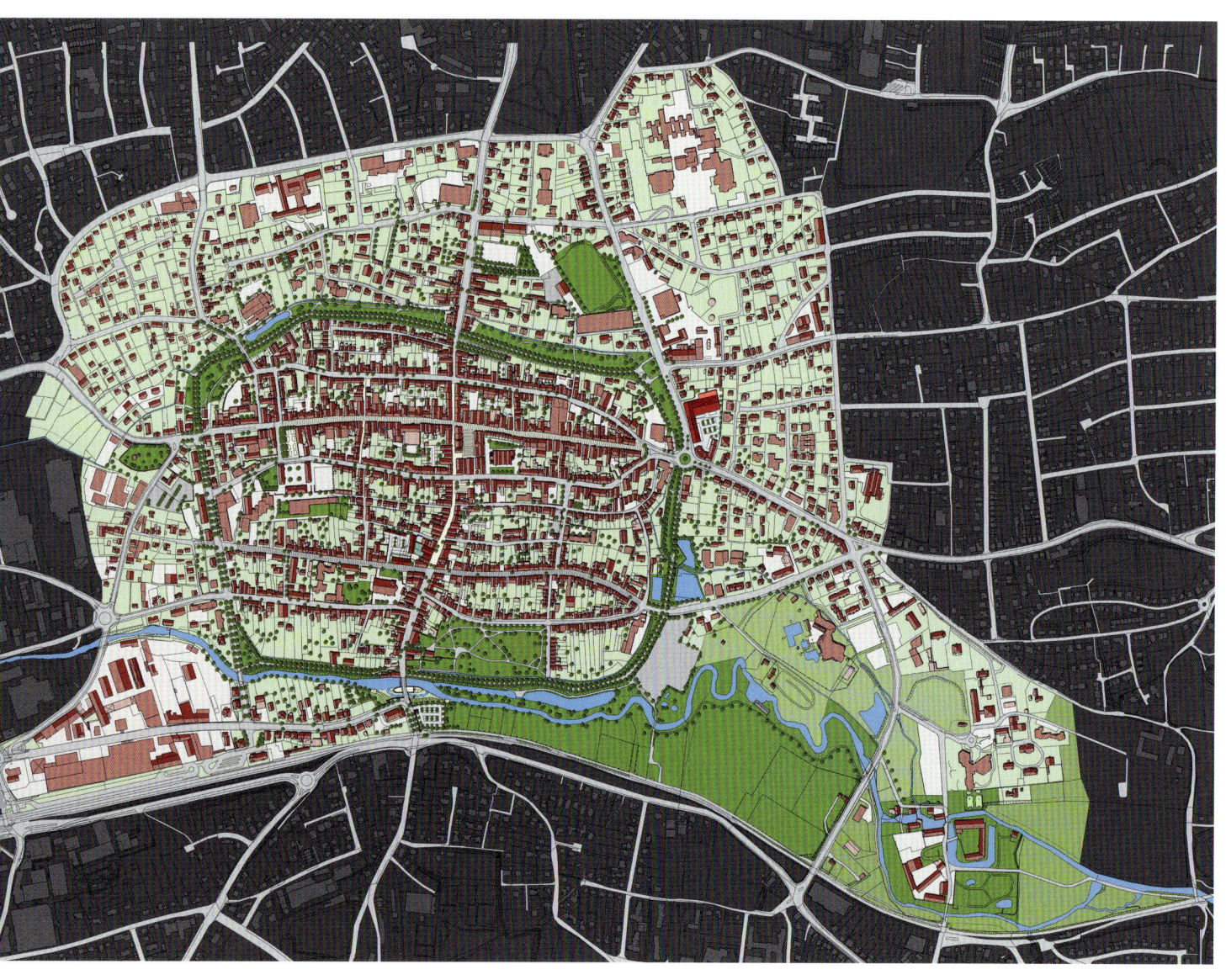

Masterplan historischer Stadtkern Lemgo
Planung: Wolters Partner

42 Innenstadt- und Ortskernentwicklung

Alte Hansestadt Lemgo

Wer sich in den 1980er-Jahren mit den historischen Stadtkernen in Nordrhein-Westfalen befasste, für den war die „Alte Hansestadt Lemgo" eines der Flaggschiffe, das historisch Gewachsenes und Modernes vereinte. Die im zweiten Weltkrieg unzerstörte Stadt hat im mittelalterlichen Stadtgrundriss wertvolle Gebäude-Ensembles hinterlassen.

Als moderierten Prozess hat Wolters Partner 2008/2009 zwischen „runden" und „langen Tischen" mit interessierten Bürgern und Verantwortlichen aus Wirtschaft, Kultur und Verwaltung das Ergebnis dieser Diskussionsrunden zu einem weitgreifenden Konsens für die Entwicklung des Stadtkerns geführt.

Baukultur in einer Stadt vom Mittelalter über die Renaissance bis in die Moderne zu stabilisieren, ist nicht immer selbstverständlich. Dabei waren es nicht nur architektonische Highlights, die diese Qualität hervorbrachten, sondern auch eine Alltagsarchitektur, die die historische vorhandene Bausubstanz und -struktur ergänzte bzw. Neubauten angemessen in den alten Stadtkörper einfügte.

Masterplan Kultur
Planung: Wolters Partner

Waisenhausplatz
Planung: Wolters Partner

Innenstadt- und Ortskernentwicklung   43

Integriertes Handlungskonzept Nordwalde

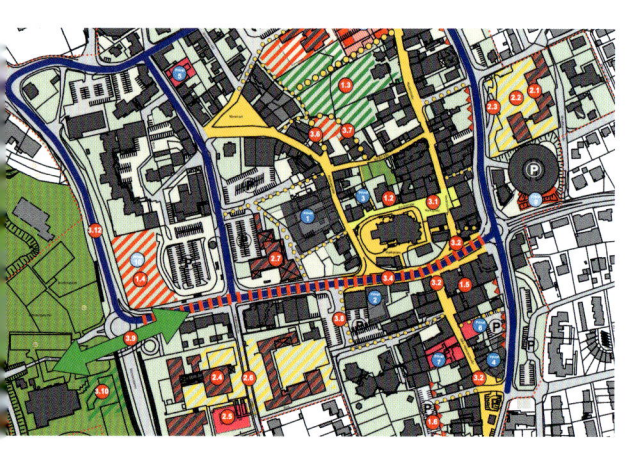

Integriertes Handlungskonzept Greven

Integriertes Handlungskonzept Emsbüren
Alle Planungen: Wolters Partner

Innenstadt- und Ortskernentwicklung durch Integrierte Handlungskonzepte

Die Förderrichtlinien des Landes Nordrhein-Westfalen sehen Integrierte Handlungskonzepte als sektorenübergreifende Betrachtung seit 2008 als Grundlage der Städtebauförderung vor. Auf Basis der Konzepte sollen wichtige Akteure für die Stadt- und Ortskernentwicklung eingebunden und Beteiligungsprozesse durchgeführt werden. Identifikation und Akzeptanz spielen eine wichtige Rolle in Zeiten „klammer" Kassen, um Bürger und Wirtschaftstreibende für Eigeninitiative und Investitionen zu gewinnen. Seit 2008 hat Wolters Partner einige Gemeinden in diesem Prozess begleiten dürfen.

Nordwalde, 1991–2010 (links oben)
Nach dem ersten Rahmen- und Gestaltungsplan von Wolters Partner für den Ortskern 1990/1991 entstand 2009 das Integrierte Handlungskonzept. Grundlage war die Entlastung der Ortsdurchfahrt durch eine Umgehungsstraße.

Greven, 2010 (links Mitte)
Aktuelle private Investitionen im Einzelhandel sollen in einem Gesamtkonzept zur Innenstadtentwicklung aufeinander abgestimmt werden. Das Konzept wurde inzwischen fortgeschrieben.

Emsbüren, 2009 (links unten)
Durch Maßnahmen des Integrierten Handlungskonzeptes sollen die in den letzten 15 Jahren entstandenen exzentrischen SB-Markt Entwicklungen mit dem historischen Ortskern verknüpft werden, um diesen zu stärken.

Wettringen, 2010 (rechts oben)

Auch für Wettringen war der Beschluss zum Bau einer Umgehungsstraße der Impuls für das Integrierte Handlungskonzept. Durch die Entlastung des Ortskerns entsteht Raum für neue Aufenthaltsbereiche sowie für Investitionen im Einzelhandel.

Ostbevern, 2011 (rechts Mitte)

Die lange Ortsdurchfahrt des „Straßendorfes" benötigt ein Konzept zur Schaffung von Aufenthaltsbereichen in der Ortsmitte und der Konzentration von Einzelhandel. Vorgesehene Maßnahmen werden mit Vorschlägen von privaten Aktivitäten verknüpft.

... und auch das ist Innenstadtentwicklung:

Vergnügungsstättenkonzept, 2010

Seit den 1990er-Jahren kommt es durch die vermehrte Ansiedlung von Vergnügungsstätten besonders in Innenstadtlagen zu städtebaulichen Konflikten. Auslöser für diese Entwicklung waren vor allem die veränderten gesetzlichen Rahmenbedingungen für das Glücksspiel. Unter Berücksichtigung der jeweiligen planungsrechtlichen und nutzungsstrukturellen Ausgangssituation werden geeignete Kriterien zur Beurteilung der Auswirkungen und der künftigen Steuerung von Vergnügungsstätten entwickelt. Ziel des Steuerungskonzeptes ist es, auf der Grundlage der allgemeinen städtebaulichen Entwicklungsziele die Möglichkeiten und Grenzen der künftigen Ansiedlung von Vergnügungsstätten im Stadtgebiet zu beschreiben.

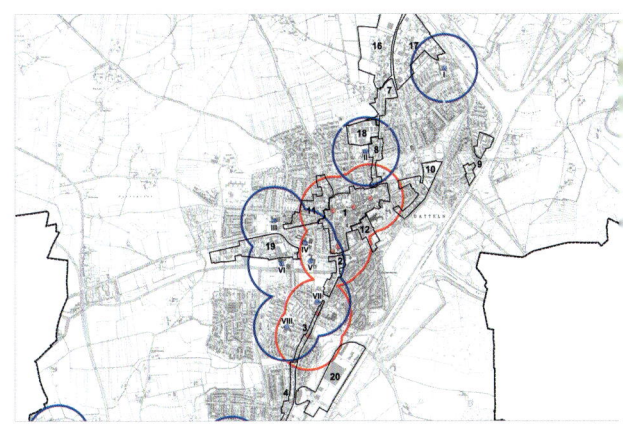

Integriertes Handlungskonzept Wettringen

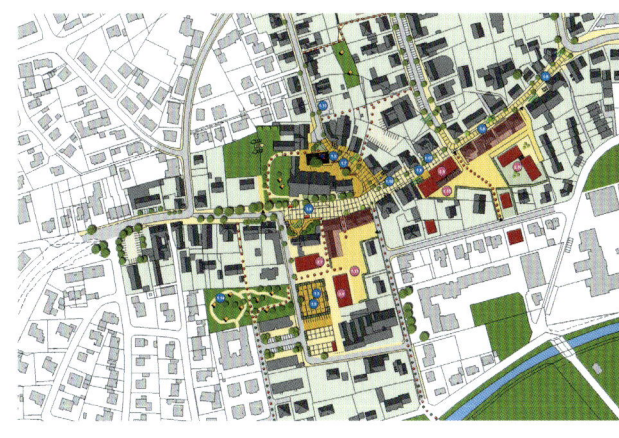

Integriertes Handlungskonzept Ostbevern

Vergnügungsstättenkonzept Datteln
Alle Planungen: Wolters Partner

Haltestelle in Drensteinfurt
Foto: Wolters Partner

Bahnhöfe im ländlichen Raum

Drensteinfurt, Gestaltung der Bahn-Haltestelle und Bau einer Bike+Ride-Anlage, 2000–2003
Ascheberg, Neugestaltung Bahnhofsbereich, 2001
Billerbeck, Umbau und Sanierung des Bahnhofs- und der Nebengebäude, 2004
Dülmen, Vom Turmbahnhof zum Bahnhofsturm, Machbarkeitsstudie, 2008

Gerade die Entwicklung von Bahnhöfen und ihrem Umfeld gehört zu den Aufgaben der Innenstadt- und Ortskernentwicklung, sind sie doch zumeist das Tor zur Stadt. Die Aufwertung der Gebäude selbst, die Verbesserung der Funktionalität und die Steigerung der Aufenthaltsqualität wirkt sich wesentlich auf das Image der Städte aus. Mit der Wende des vorvergangenen Jahrhunderts wurden in vielen kleinen Städten und Orten der Region Bahnhöfe gebaut, die dann im Laufe der Zeit an Bedeutung verloren. Die „Neuentdeckung" der Bahnhöfe wurde durch die Landesregierung mit Förderprogrammen im Kleinen wie im Großen als Thema neu belebt. Einige – auch kleine Haltepunkte – wurden von Wolters Partner betreut und umgestaltet. Der Umbau des Bahnhofs in Billerbeck wurde bereits vorhergehend geschildert.

Dülmen: vom Turmbahnhof zum Bahnhofsturm
Planung: Wolters Partner

Bahnhofsvorplatz in Ascheberg
Foto: Wolters Partner

Haltestelle Ostbevern Brock
Foto: Wolters Partner

Innenstadt- und Ortskernentwicklung

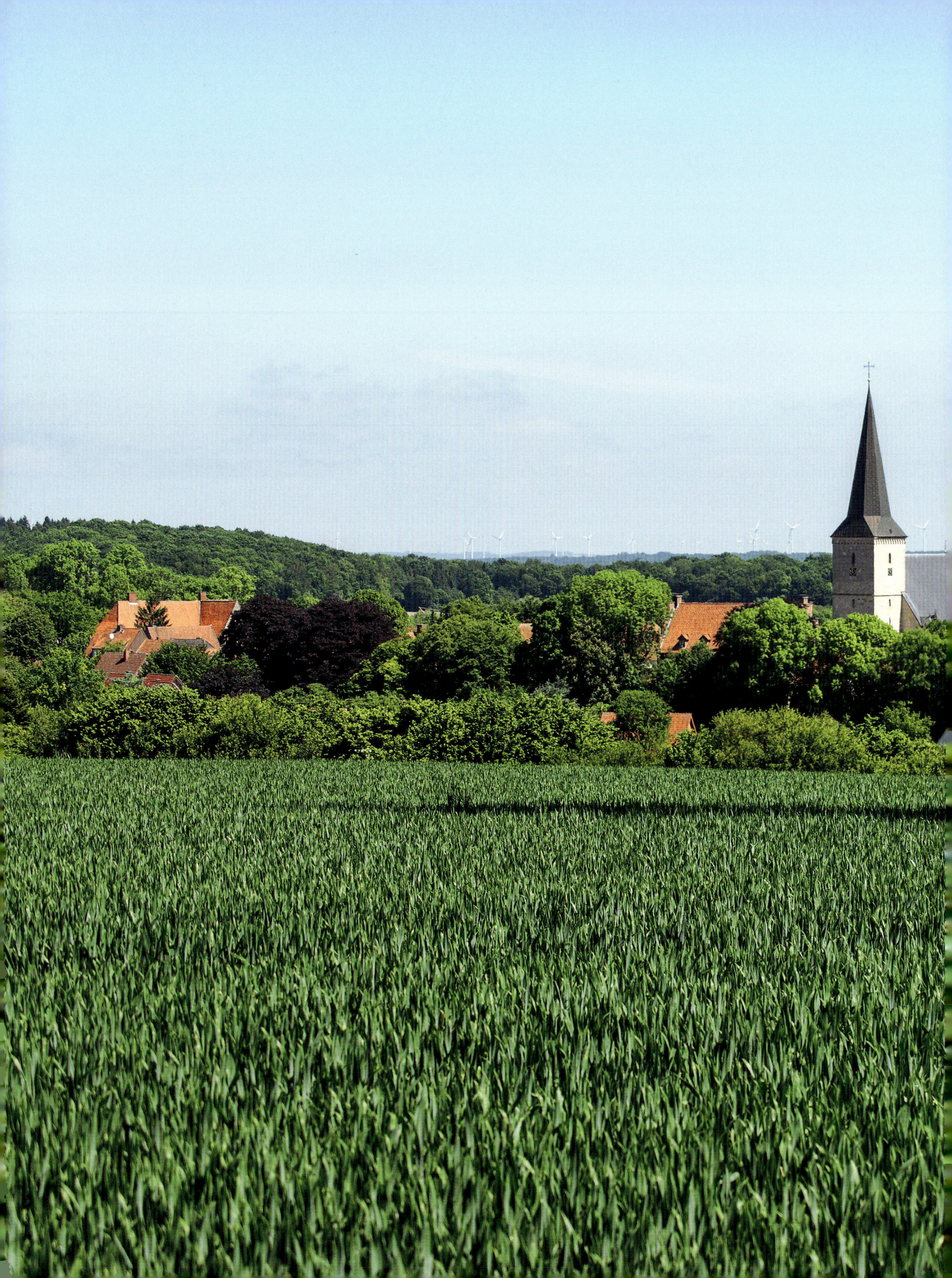

Entwicklung im ländlichen Raum

Die alte Freiheit
Flur 4

Vorherige Doppelseite:
Horstmar im Münsterland
Foto: Hermann Willers

Entwicklung im ländlichen Raum

Die Gemeinden und Städte im ländlichen Raum bestehen häufig aus mehreren Ortslagen mit jeweils eigenständiger – zum Teil mit jahrhundertealter – Geschichte.

Nach den verschiedenen kommunalen Neuordnungen musste auch aus Sicht des gemeindlichen Friedens eine ausgewogene Entwicklung für die tief verwurzelten Dorfgemeinschaften gewährleistet werden.

Die Ämter für Agrarordnung haben insbesondere in den 1980er-Jahren viele Untersuchungen und Projekte zur Dorferneuerung gefördert, die auch von Wolters Partner betreut wurden.

Dorferneuerung bedeutet in diesem Sinne eine schonende Anpassung dörflicher Strukturen an den eingetretenen Funktionswandel in der Landwirtschaft unter größtmöglicher Erhaltung dessen, was das Dorf als attraktiven Wohnstandort mit besonderer Lebensqualität auszeichnet.

Die Voraussetzungen für die häufig zu optimistischen Entwicklungsvorstellungen haben sich für die kleineren Dorflagen hinsichtlich Versorgungseinrichtungen zugunsten der jeweiligen Siedlungsschwerpunkte bekanntermaßen drastisch verändert – mit der Folge, dass die Dorfgemeinschaften mit viel Fantasie Eigeninitiative ergreifen, um Lebensgrundlagen für ihre Versorgung und die Identifikation mit ihren Traditionen zu erhalten.

Als eines von zahlreichen Beispielen wurde für den Ortsteil Horneburg der Stadt Datteln 2001 ein Dorfentwicklungskonzept durchgeführt, um die Chancen für die Gestaltung der Ortsmitte nach dem Bau einer Umgehungsstraße für die Landesstraße L 28 aufzuzeigen.

Datteln-Horneburg Dorfentwicklung
Planung: Wolters Partner

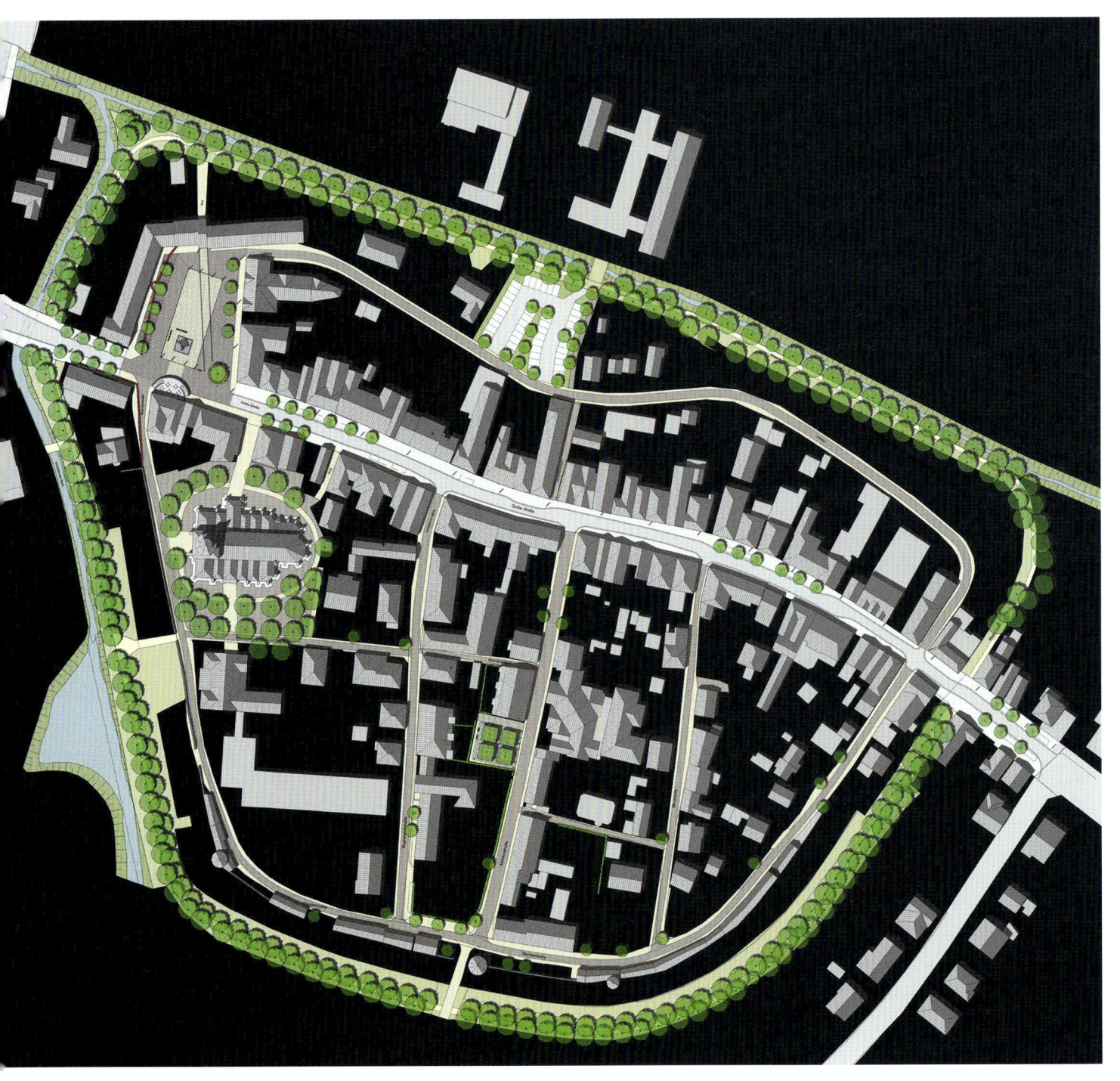

Ortskern Kranenburg, Stand 2009
Planung: Wolters Partner

Kranenburg

Die Gemeinde Kranenburg im Kreis Kleve an der niederländischen Grenze gliedert sich in neun Ortslagen. Für sieben von ihnen wurde von Wolters Partner 1986 eine Untersuchung zur Dorferneuerungsbedürftigkeit erstellt. Auftraggeber war das Landesamt für Agrarordnung NRW.

Ab 1987 hat Wolters Partner zahlreiche Maßnahmen zur Wohnumfeldverbesserung gestaltet und umgesetzt. So wurden im Ortskern Kranenburg der Marktplatz, der Kirchplatz und der Museumplatz sowie die umgebende historische Wallstraße und die Stadtmauer erneuert.

Zum Aufgabenbereich gehörte für Wolters Partner auch die begleitende Bauleitplanung nicht nur für den historischen Ortskern. Der Konflikt Verkehrsbelastung – Aufenthaltsqualität auf den Hauptstraßen konnte in der ersten Umbauphase allerdings nicht gelöst werden.

Kirchplatz und Stadtmauer,
Gestaltung 1990–1991
Foto: Wolters Partner

Entwicklung im ländlichen Raum

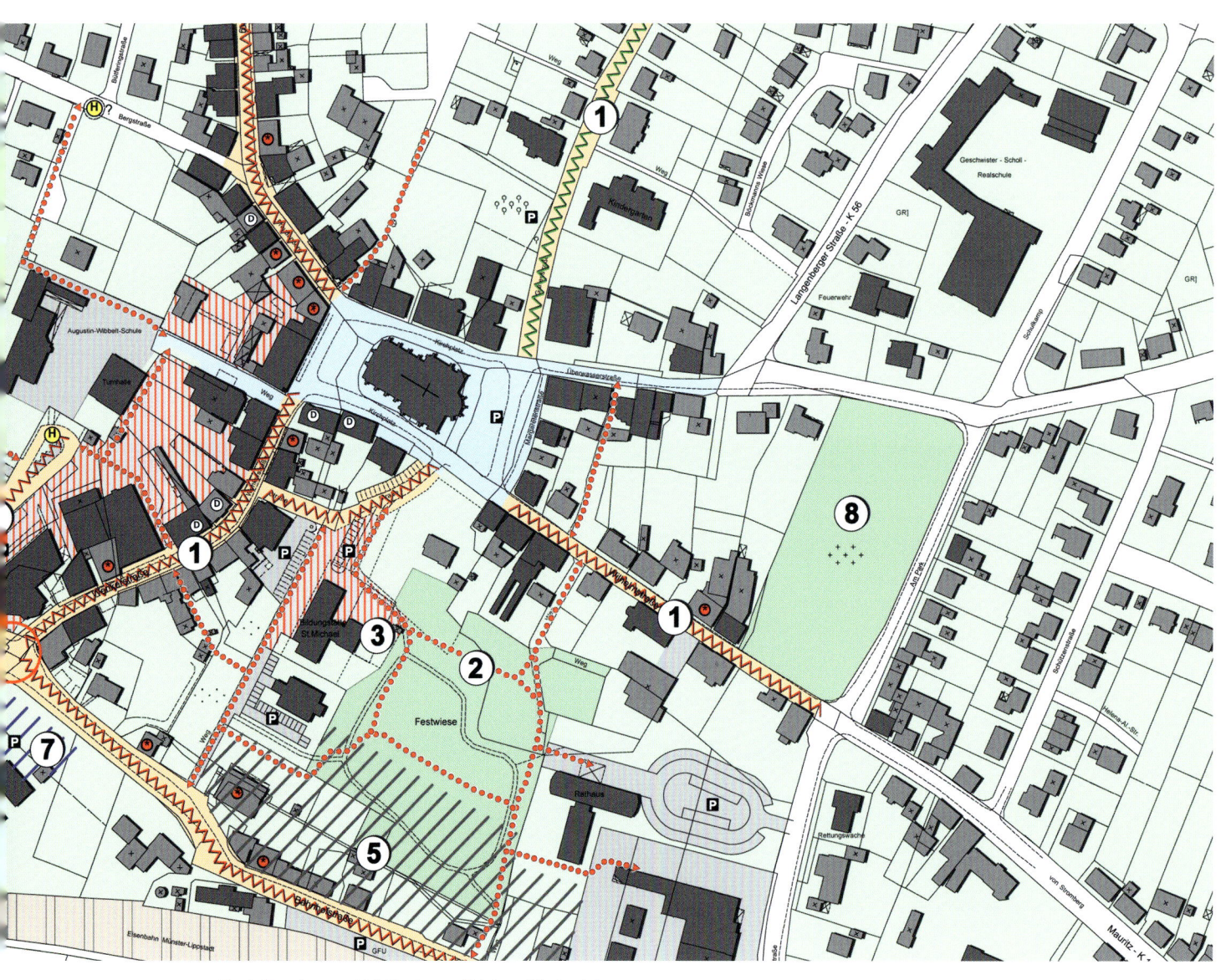

Gestaltanalyse und Maßnahmen Ortslage Wadersloh
Planung: Wolters Partner

Wadersloh

Bereits seit den 1970er-Jahren bis heute konnte die Entwicklung der Gemeinde Wadersloh am äußersten Südost-Rand des Münsterlandes von Wolters Partner begleitet werden – Flächennutzungsplan, zahlreiche Bebauungspläne und Straßenraumgestaltungen im Ortskern. Die Entwicklungskonzepte für die drei Ortsteile mit ihren verschiedenen Ausrichtungen zu den Mittelzentren Beckum und Lippstadt war eine besondere Herausforderung für Wolters Partner. Besonderes Augenmerk wurde auf eine intensive Bürgerdiskussion gelegt.

Das Kleinod Kloster Liesborn wurde umgestaltet und im Rahmen der REGIONALE 2004 mit einer baulichen Erweiterung (Architekt D. G. Baumewerd, Münster) begleitet.

Museum Abtei Liesborn
Foto: Klaus Bossemeyer

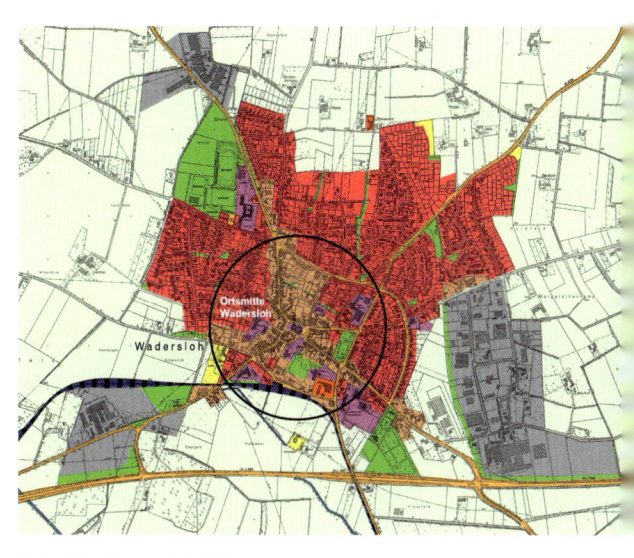

Ortsmitte Wadersloh/Flächennutzungsplan
Bearbeitung: Wolters Partner

Entwicklung im ländlichen Raum

Maßnahmenplan Heek-Nienborg, 2014
Planung: Wolters Partner

Heek-Nienborg

Nienborgs Dorfinnenbereich zeichnet sich durch das kulturhistorisch bedeutende Burggelände, eine Vielzahl an historischen Gebäuden und die weit über die Landesgrenzen hinaus bekannte Landesmusikakademie (LMA) aus. Um die Qualität Nienborgs als Wohn- und Lebensraum und Ort für Kultur und Freizeit für die Zukunft weiter auszubauen, hat die Gemeinde Heek bereits 1981 einen städtebaulichen Rahmenplan von Wolters Partner erarbeiten lassen. Dies gab auch den Anstoß zur Gründung der Landesmusikakademie.

Inzwischen hat sich die LMA zu einem Erfolgsprojekt der nordrheinwestfälischen Kulturpolitik entwickelt. Auf fünf Schwerpunkt-Standorten durchziehen die Gebäude für Musikausübung, Verwaltung, Mensa und Wohnen wie ein Netz das Dorfgebilde und vermischen Neubauten mit der bedeutenden historischen Substanz.

Im Jahr 2014 wurde das bestehenden Entwicklungskonzept aktualisiert.

Schwarzplan Heek-Nienborg, Rot gekennzeichnet sind die Gebäude der Landesmusikakademie
Zeichnung: Wolters Partner

Alte Schule – Umbau für LMA
Foto: Wolters Partner

Entwicklung im ländlichen Raum

Musik, Architektur und Landschaft im Einklang
Die Landesmusikakademie NRW e. V. in Heek-Nienborg
von Ernst Leopold Schmid

Als ich im Februar 1989 meine Stelle als Gründungsdirektor der Landesmusikakademie NRW antrat, war der im Dezember 1986 begonnene Bau der Akademiegebäude schon weit fortgeschritten. Nach einer Teileröffnung im September 1988 waren das historische „Lange Haus" und die beiden Betthäuser auf der Burg Nienborg schon in Betrieb. Das Musikzentrum und die Mensa wurden schließlich bis zum folgenden Sommer fertiggestellt, und am 18. August 1989 wurde die Landesmusikakademie NRW mit viel Prominenz aus Politik und Musikkultur ihrer Bestimmung übergeben.

Nun musste sich das bauliche und räumliche Konzept, das das Büro Wolters Partner seit 1982 im Auftrag des Trägervereins Landesmusikakademie NRW e. V. und mit dem Bauträger Kreis Borken entwickelt hatte, ebenso bewähren wie das ästhetische Konzept und die damit verbundene Ausstattung der Akademie. Zu dieser Zeit gab es schon Vorbilder, bei denen man sich informieren und an denen man sich orientieren konnte, wie die Bundesakademien in Trossingen und Remscheid oder die Bayerischen Musikakademien in Hammelburg und Marktoberdorf. Dennoch war das Konzept einer dezentralen Akademieanlage mit fünf im Ortskern von Heek-Nienborg verteilten Gebäuden zu dieser Zeit neuartig und wurde auch durchaus skeptisch beobachtet. Unter Einbeziehung der mittelalterlichen Ringburganlage „Burg Nienborg" (1198) mit dem Seminarhaus „Langes Haus" (1554) und zwei neuen Gästehäusern, der am Mauerring gelegenen Mensa im alten Fachwerkhaus „Wilpers" (16. Jahrhundert) und mit dem Musikzentrum auf dem unterhalb gelegenen ehemaligen Fabrikgelände der Textilfirma Cramer entwickelte sich ein Komplex, der den Ortskern von Nienborg baulich zu dominieren drohte. Um dem entgegenzuwirken, wurde einerseits, wo immer möglich und sinnvoll, die historische Bausubstanz erhalten und einbezogen, und andererseits wurden die neuerrichteten Gebäude in die vorhandene Struktur sorgfältig eingebettet.

Geradezu exemplarisch ist dies dem Büro Wolters Partner mit dem „Musikzentrum" gelungen, das sich an der Eingangsseite mit seiner Backsteinfassade geradezu bescheiden zwischen die vorhandenen Bürgerhäuser duckt, sich erst nach der Rückseite richtig ausdehnt und sich schließlich mit zwei Beinen (Seminartrakt und Übungstrakt) in die Landschaft streckt. Die flachen Blech-Kuppeln, mit denen die drei Säle versehen sind, und die Glaskuppeln der Bibliothek wie der Seminar- und Übungsbereiche reflektieren den Blick und lockern so die Baumasse auf. In der Mensa gelang ein überzeugendes ästhetisches Nebeneinander der erhaltenen Teile des historischen Fachwerkbaus und des neugebauten Küchentrakts durch einen dazwischenliegenden, lichtdurchfluteten Speisesaal in Glas. Die beiden neuerrichteten Gästehäuser auf der Burg mit 120 Betten wollen sich nicht verstecken, aber sie sind in ihren Fassaden schlicht und funktional gehalten, um die Dominanz des dahinterliegenden Burgmannsgebäudes „Hohes Haus" nicht unangemessen zu beeinträchtigen. Beim historischen Burgmannsgebäude „Langes Haus", das bei der Planung die Keimzelle der Akademie bildete und nun als Seminarhaus dient, wurden die Fassaden und Außenwände mit ihren sichtbaren Narben erhalten. Auch viele historische bauliche Details wurden im Innenraum in die Gestaltung der Räume mit einbezogen. So lässt sich von der wechselvollen Geschichte des Hauses noch einiges erahnen. Der Burgkeller, zuvor Kohlenkeller und Rumpelkammer, wurde mit seinem historischen Gewölbe zur Burgstube umgestaltet, in der die Gäste den Tag nun ausklingen lassen können. Auch der angrenzende „Amtsgarten", dessen Name noch an die Nutzung des Hauses als Schule und Gemeindeverwaltung erinnert, wurde neu gestaltet und verbindet sich harmonisch mit der Auenlandschaft ringsum.

Als Erweiterung wurde 2003 ein Gästehaus für Dozenten auf der Burg seiner Bestimmung übergeben. Bei seiner Planung mit dem Büro Wolters Partner konnten alle Erfahrungen aus über zehn Jahren Akademiebetrieb einfließen. So gelang es mit relativ bescheidenen Mitteln, einen angemessenen Wohnkomfort für Dozenten zu schaffen. Auch hier wurde ein ehemaliges Bürgerhaus auf der Burg, das am Kirchplatz gelegene „Haus Lösing",

Glasgang Seminartrakt
Foto: Wolters Partner

erworben und in ein Gästehaus umgestaltet. Die bauliche Struktur des Wohngebäudes, der Scheune und der angrenzenden Stallungen wurde erhalten und in die Wohnnutzung einbezogen. Es entstand ein vielgestaltiges Ensemble, das seinen besonderen Reiz durch die wieder geschlossene alte Fassade des Wohngebäudes mit Stufengiebel und die dahinter liegenden verschachtelten Dächer und Holzverkleidungen der Scheune und Stallungen erhält.

Auch bei der Innenarchitektur setzte sich das Grundkonzept von Wolters Partner unter Federführung von Friedrich Wolters fort. Es ist für mich der Gleichklang von Form und Funktion, von Ästhetik und Musik. So wurden z. B. bei der akustischen Ausgestaltung der Räume (Fachberatung: Prof. Levente Zorkóczy, Düsseldorf) Wandelemente entwickelt, die die Räume nicht nur akustisch, sondern auch ästhetisch profilieren. Auch wesentliche Bestandteile des Mobiliars wurden vom Architekten selbst entworfen und durch Handwerksbetriebe gefertigt. Eine grafische Bild-Collage zum Thema Musik, die Friedrich Wolters eigenhändig in einer Nachtaktion gestaltet hatte, ziert heute den Kammermusiksaal. Die hohe Ästhetik der Häuser und der Innenausstattung wird von den Gästen immer wieder neu empfunden, sie ist Anregung und Herausforderung für alle, die in der Akademie Musik machen oder sich pädagogisch und theoretisch mit Musik auseinandersetzen.

Das bauliche, ästhetische und funktionale Konzept der Akademie hat sich in den 22 Jahren meiner Tätigkeit bestens bewährt. Die dezentrale Anlage fördert die Kommunikation mit der Gemeinde und ihren Bürgern. 2010 dachte die Landesmusikakademie NRW schon weiter in die Zukunft. Zusammen mit Wolters Partner legte sie im November 2010 ein Konzept für eine Erweiterung der Akademie mit einem Anbau am Musikzentrum vor. Leider ließ sich das Projekt in meiner Amtszeit nicht mehr verwirklichen. Auf anderer Grundlage konnte nun aber im Sommer 2015 eine Erweiterung auf der Burg ihrer Bestimmung übergeben werden. Die Akademie wächst inhaltlich und räumlich weiter.

Stuhltürme im Konzertsaal
Foto: Wolters Partner

In über 22 Jahren intensiver Zusammenarbeit mit Wolters Partner und vor allem mit Friedrich Wolters ist in Gesprächen, Diskussionen und auch im kritischem Diskurs ein Vertrauen und eine Hochachtung und Wertschätzung entstanden, die mir über das Fachliche hinaus immer auch menschlich viel bedeutet hat. So danke ich Friedrich Wolters und seinem Team für die langen Jahre der Zusammenarbeit und gratuliere von Herzen zum Jubiläum.

Der weiteren Zusammenarbeit von Wolters Partner mit der Landesmusikakademie NRW und meiner Nachfolgerin Antje Valentin wünsche ich
„Ad multos annos".

Detail, Verbindungen Stahl-Holz in der Mensa
Foto: Wolters Partner

Ausschnitt Collage Kammerkonzertsaal
Collage: Wolters/Hendrix

Entwicklung im ländlichen Raum

Bibliothek Musikzentrum
Foto: Wolters Partner

Einangsbereich Musikzentrum, Wandbild von Wolfgang Troschke
Foto: Wolters Partner

Langes Haus
Foto: Hermann Willers

Historische Spuren
Foto: Hermann Willers

Entwicklung im ländlichen Raum 65

Hofansicht Musikzentrum
Foto: Hermann Willers

Mensa der Landesmusikakademie, Lithografien Wolfgang Schmitz
Foto: Hermann Willers

Schloss Ringenberg
Foto: Wolters Partner

Hamminkeln

Die Stadt Hamminkeln, geografisch und soziokulturell an der Nahtstelle zwischen dem Niederrhein und dem Münsterland gelegen, konnte Wolters Partner seit den 1970er-Jahren über Jahrzehnte mit dem Flächennutzungsplan, den Bebauungsplänen, Wohnumfeld- und Ortskerngestaltungen begleiten. Für die eigenständigen Ortslagen wurde ein Dorfentwicklungskonzept unter dem Motto „7 unter einem Dach" erarbeitet.

Eine weitere Herausforderung war die Sanierung und Umnutzung des Westflügels von Schloss Ringenberg zu einem Kunst- und Veranstaltungszentrum. Die dreiflügelige Anlage ist von einem Wassergraben umgeben. Der Backsteinbau im Stil des münsterländischen klassizistischen Barocks ist vermutlich in den 1660er-Jahren entstanden; während des 2. Weltkrieges wurde das Schloss stark beschädigt. In den Jahren 1990 bis 1994 wurde der Westflügel von Wolters Partner erneuert und durchgebaut: Restaurant im Gewölbekeller, Gemeinschaftsräume im Erdgeschoss und Künstlerwohnungen der Derik-Baegert-Gesellschaft im Obergeschoss.

Westseite Schlossgraben
Foto: Wolters Partner

Entwicklung im ländlichen Raum

Bürgerwerkstatt Borken-Gemen
Fotos/Plakat: Wolters Partner

70 Entwicklung im ländlichen Raum

Stadt Borken, Ortsteil Gemen

Die „Schlosslandschaft Gemen", das historische Ensemble von Burg, Freiheit und Sternbusch sowie den verschiedenen Gärten, war Ausgangspunkt der Projektidee, die die Stadt Borken im Rahmen der Regionale 2016 verfolgte.

An einem Ort hoher geschichtlicher Bedeutung werden in Gemen wie an wenigen Orten in der Region die Bezüge zwischen Siedlungsentwicklung, Landschaftsgestaltung und Religion deutlich. Die Herren von Burg Gemen verteidigten bis zur Auflösung des Heiligen Römischen Reiches ihre Unabhängigkeit von den Fürstbischöfen in Münster.

In Folge der Reichsunmittelbarkeit bestand in Gemen über Jahrhunderte eine einzigartige Vielfalt mit katholischen, protestantischen, reformierten und jüdischen Gemeinden in friedlichem Nebeneinander.

Mit der Möglichkeit zur Reaktivierung des ehemaligen Franziskanerklosters auf der „oberen Freiheit" entwickelte Wolters Partner daraus die Projektidee, mit dem „Zentrum für Religionen" einen Ort der Diskussion und Verständigung über das Zusammenleben von Menschen unterschiedlicher Religionen zu schaffen.

Im Rahmen der Projektskizze „Von der Burg zur Freiheit, von der Freiheit zur Burg", die durch die Stadt Borken im August 2011 eingereicht wurde, stand die Weiterentwicklung dieser baulichen und naturräumlichen Potenziale der Schlosslandschaft im Fokus.

In mehreren Workshops mit Bürgern und Experten wurde in den darauffolgenden Jahren eine weitere konzeptionelle Verdichtung des Projektes vorgenommen, die jedoch im Rahmen der Regionale 2016 nicht weiter verfolgt wurde.

Skizze
Zeichnung: Friedrich Wolters

Dokumentation Bürgerwerkstätten Borken-Gemen
Gestaltung: Wolters Partner

Entwicklung im ländlichen Raum

Hausdülmen

Marl-Polsum

Rosendahl-Darfeld
Planungen/Foto: Wolters Partner

Drei kleine Beispiele aus vielfältigen Dorfentwicklungsprojekten

Dülmen-Hausdülmen

Der ovale Grundriss einer ehemaligen Burganlage des Ortsteils Hausdülmen im Süden der Stadt Dülmen wird von einer Landesstraße Richtung Haltern durchschnitten.

Das im Auftrag des Landesamtes für Agrarordnung NRW von Wolters Partner 1997 erarbeitete Dorfentwicklungskonzept beschäftigte sich in drei Arbeitskreisen besonders mit dem Thema der Dorfgestaltung unter dem Aspekt der Verkehrsbelastung und der historischen Identität. Die Dorfökologie – auch im Hinblick auf den umgebenden Naturraum – war ein weiteres Schwerpunktthema.

Marl-Polsum

Das Dorf Polsum – Stadt Marl, Nahtstelle am Grüngürtel zwischen Ruhrgebiet und ländlichem Raum – sollte im Rahmen des Dorfentwicklungskonzeptes möglichst ausschließlich mit seinen innerörtlichen Ressourcen baulich entwickelt bzw. lebendig erhalten werden und seine landschaftlichen Potenziale sollten unangetastet bleiben. Der umfangreiche Maßnahmenkatalog beinhaltete insbesondere baugestalterische und freiraumgestalterische Vorschläge.

Rosendahl-Darfeld

Das Dorf Darfeld – einer der drei Ortsteile der Gemeinde Rosendahl nordwestlich von Münster – wurde bis zur Entlastung durch eine Umgehungsstraße von zwei Landesstraßen durchschnitten, die die Bildung einer Ortsmitte mit Aufenthaltsqualität verhinderten.

Von historischer Bedeutung ist das Wasserschloss Darfeld (1612) im Südwesten der Ortslage. Zur Erhaltung bzw. Wiederherstellung einer Dorfidentität wurde im Dorfentwicklungsplan 1990 (Auftrag des Landesamtes für Agrarordnung) von Wolters Partner insbesondere ein Gestaltungsplan für die im Wesentlichen erhaltene Bausubstanz in der Ortsmitte und zur Straßengestaltung vorgelegt. Ein umfangreiches Maßnahmenpaket wurde für die Dorfökologie und Gewässersituation erarbeitet.

Haltern

Die Stadt Haltern in der Lippezone war im 1. Jh. v. Chr. ein bedeutendes Römerlager am Lippeübergang. Die Siedlungsstätten machen Haltern noch heute zu einer bedeutenden archäologischen Fundstätte und haben viele Stadtplanungsprojekte begleitet. Nach dem Zusammenschluss von acht Gemeinden zur Stadt begann für Wolters Partner 1976 mit dem Stadtentwicklungsplan und daraus abgeleiteten „Standortprogramm" die Vorarbeit zur Flächennutzungsplan-Aufstellung und anschließend vielfältiger Bebauungsplanung aufgrund des starken Entwicklungsdrucks.

Gewissermaßen experimentell war im Zusammenhang mit der Flächennutzungsplanung die 1973 durchgeführte Realnutzungskartierung durch Befliegung (Institut für Planungsdaten, Frankfurt) nach insgesamt 31 Kriterien. Die Digitalisierung sollte die Fortschreibbarkeit gewährleisten.

Die bereits ab 1973 von Wolters Partner durchgeführten vorbereitenden Untersuchungen für die Sanierung des historischen Stadtkerns waren Grundlage für die Neugestaltung des Innenstadtbereichs.

Zurzeit bearbeitet Wolters Partner die Neuaufstellung des Flächennutzungsplanes unter den geänderten Wachstumsvoraussetzungen.

Stadtentwicklung Haltern
Dokumentation und Titelgrafik: Wolters Partner

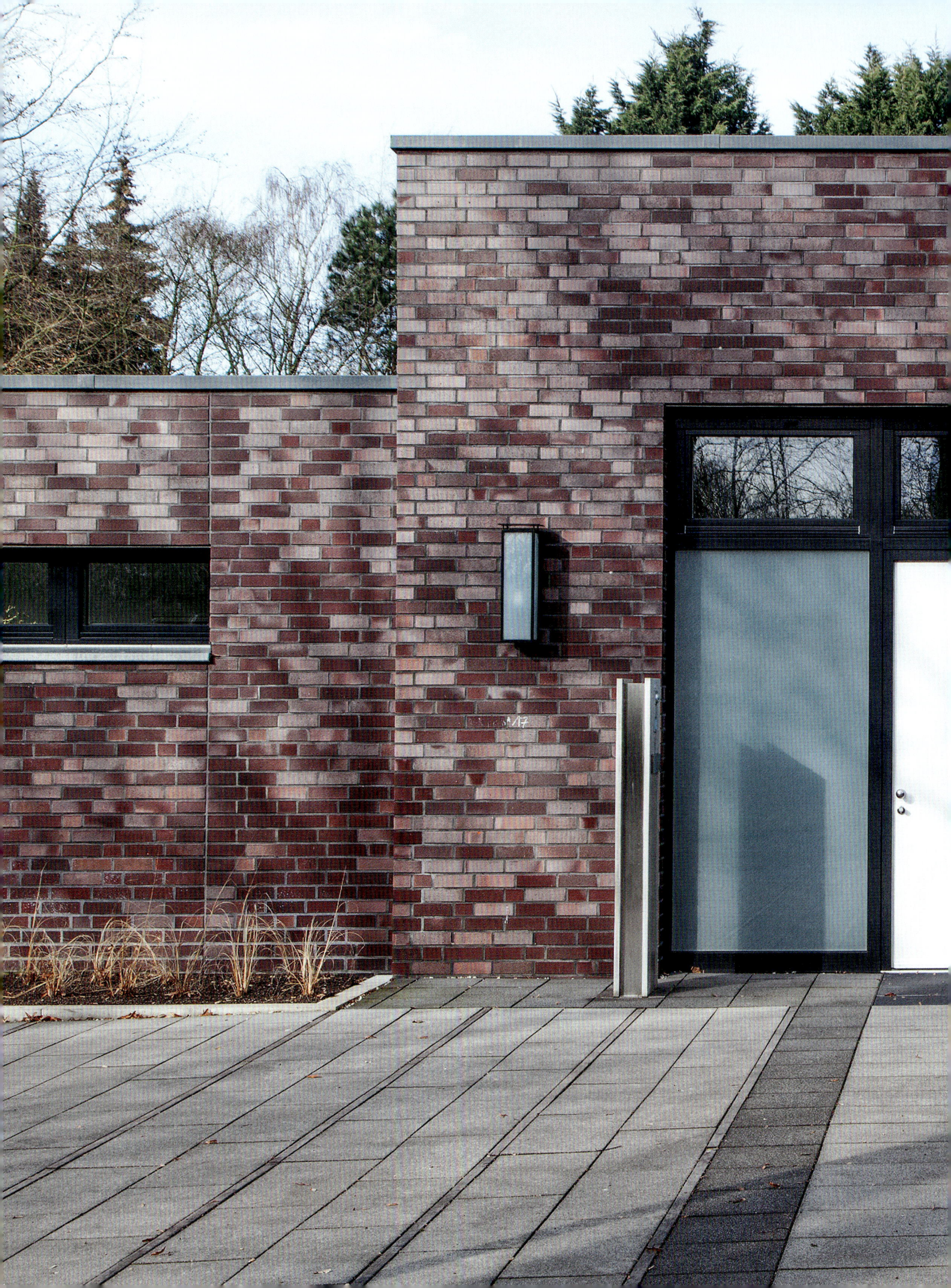

Wohnen

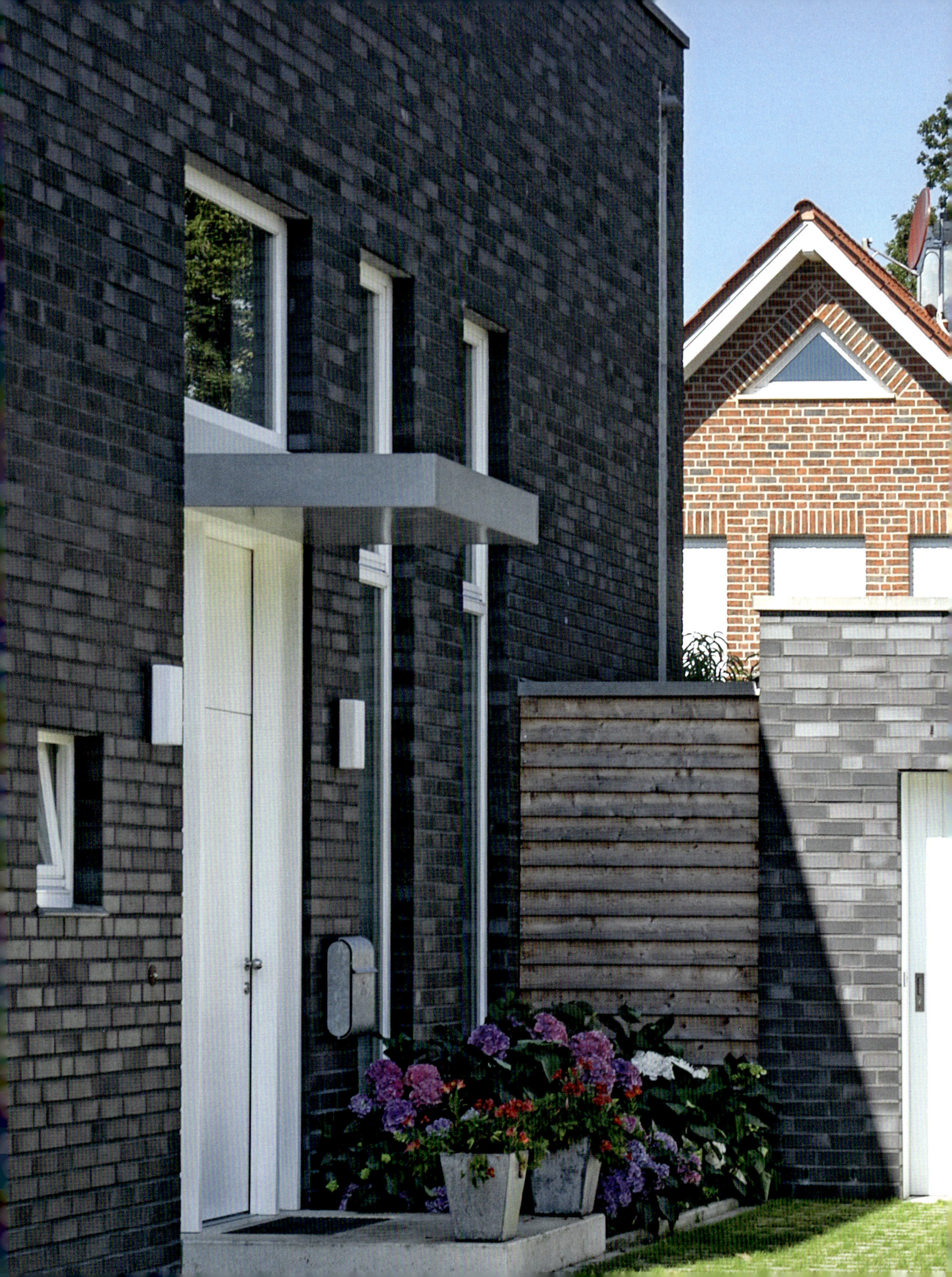

Vorherige Doppelseite:
Wohnhaus K. in Coesfeld
Foto: Hermann Willers

Wohnen

Die planungsrechtliche Sicherung durch Bauleitplanung setzt eine vorbereitende Rahmenplanung voraus, um langfristige Entwicklungsmöglichkeiten auch in Alternativen zu „checken" und gegebenenfalls im Laufe der Zeit auch einen „Schalter umlegen" zu können. Diese informellen Planungen müssen somit ständiger Kontrolle zur möglichen Fortschreibung unterliegen.

Die Jahrzehnte zeigen – auch für Wolters Partner – unterschiedliche Wellen der flächigen Entwicklung von Wohn- und Gewerbegebieten, z. B. nach der Kommunalen Neugliederung in den 1970er-Jahren, der Wende in den 1990er-Jahren sowie in wirtschaftlichen Boom- und Stagnationszeiten.

Das Bemühen, Gestaltqualität bereits auf der Ebene der Bebauungsplanung zu festigen, war immer ein wichtiger Aspekt – wenn auch häufig individuelle Bürgerwünsche Vorrang hatten. Gestaltungssatzungen wurden aufgeweicht – vielfach auch, weil sie nicht (rechtzeitig) angepasst wurden.

Bis heute hat Wolters Partner in den ländlichen Kommunen der ungebrochenen Nachfrage nach flächenintensiver Einfamilienhausbebauung folgen müssen. Ältere Bebauungspläne mit angebotener verdichteter Bauweise wurden wieder dem Bedarf angepasst und „entdichtet".

Gestaltungsprobleme bei der im ländlichen Bereich vorherrschenden individuellen Realisierung der Bauten sind leider unübersehbar.

Heute wird das Thema Innenverdichtung zu einer neuen Aufgabenstellung für die Baugebiete mit den opulenten Grundstücken der 1960er-Jahre.

Wohnhaus K. + R. in Telgte
Foto: Wolters Partner

STADT MÜNSTER – STADTTEIL HILTRUP
BEBAUUNGSPLAN NR. HI 8
"WESTLICH DER WESTFALENSTRASSE"
STRUKTURPLAN

Stadt Münster

Nach der kommunalen Neugliederung und den daraus resultierenden Eingemeindungen von bis dahin selbstständigen Umgebungsgemeinden war die Neuaufstellung des Flächennutzungsplans 1976/1982 für Wolters Partner in Zusammenarbeit mit der Stadtverwaltung Münster eine nicht einfache Aufgabe mit großen Herausforderungen. In der Folge erarbeitete Wolters Partner eine Vielzahl von Detailplanungen, Strukturplänen (u. a. in den Stadtteilen Hiltrup, Mecklenbeck, Wolbeck).
Zu der damals großflächigen neuen Wohnbauentwicklung gehörten auch die Quartiere Emmerbachtal und Hünenburg in Hiltrup in den 1970/80er-Jahren.

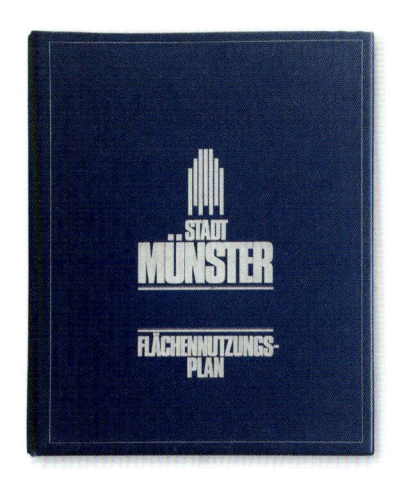

Flächennutzungsplan Münster
Stadtplanungsamt Münster
mit Wolters Partner 1976/77
Entwurf Titel: Co-Design, Hamburg
Foto: Wolters Partner

Münster-Hiltrup – Bebauungsplan/Strukturplan
„Westlich der Westfalenstraße", 1979/80
Planung: Wolters Partner

geschlossen

offen

Dortmund, Wickede-West
Wohnen am Ortsrand

Mehrfachbeauftragung, 2002, 2. Rang
zusammen mit ST-Freiraum, Duisburg

Zwei Seiten für einen Ortsrand
Der Abschluss des Ortsrandes Wickede-West zeigt ein Beispiel für einen neu ausgeformten Ortsrand. Insbesondere die Verknüpfung mit der Landschaft und die Freiraumqualität für die neuen Quartiere thematisierten das Entwurfskonzept.

Erschließung und bauliche Anordnung nehmen die unterschiedlichen Situationen auf: der offene Rand mit weiten Blickbeziehungen in die Landschaft im Westen und die vorhandene geschlossene Bebauung im Norden, die derzeit keinen Kontakt mit dem Umfeld zum Wickeder Holz hat.
Die einzelnen Quartiere sind über eine im Versatz angeordnete Verkehrsführung untereinander verkehrsberuhigt verbunden.

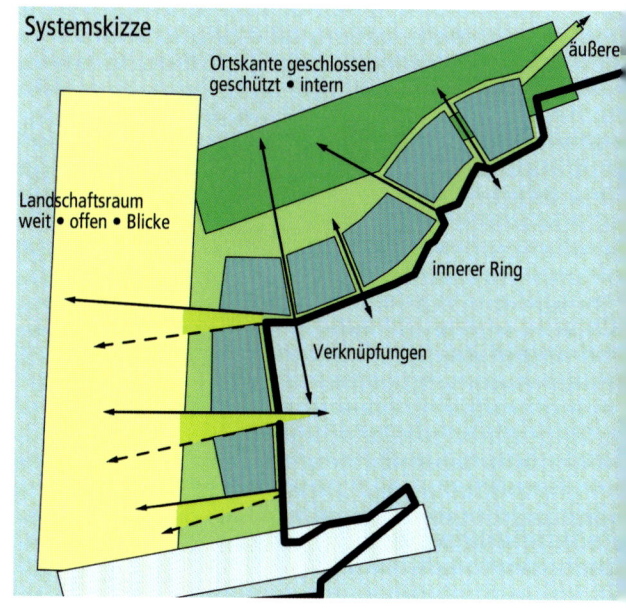

Systemskizze
Planung: Wolters Partner/ST-Freiraum

Städtebaulicher Entwurfsplan
Planung: Wolters Partner

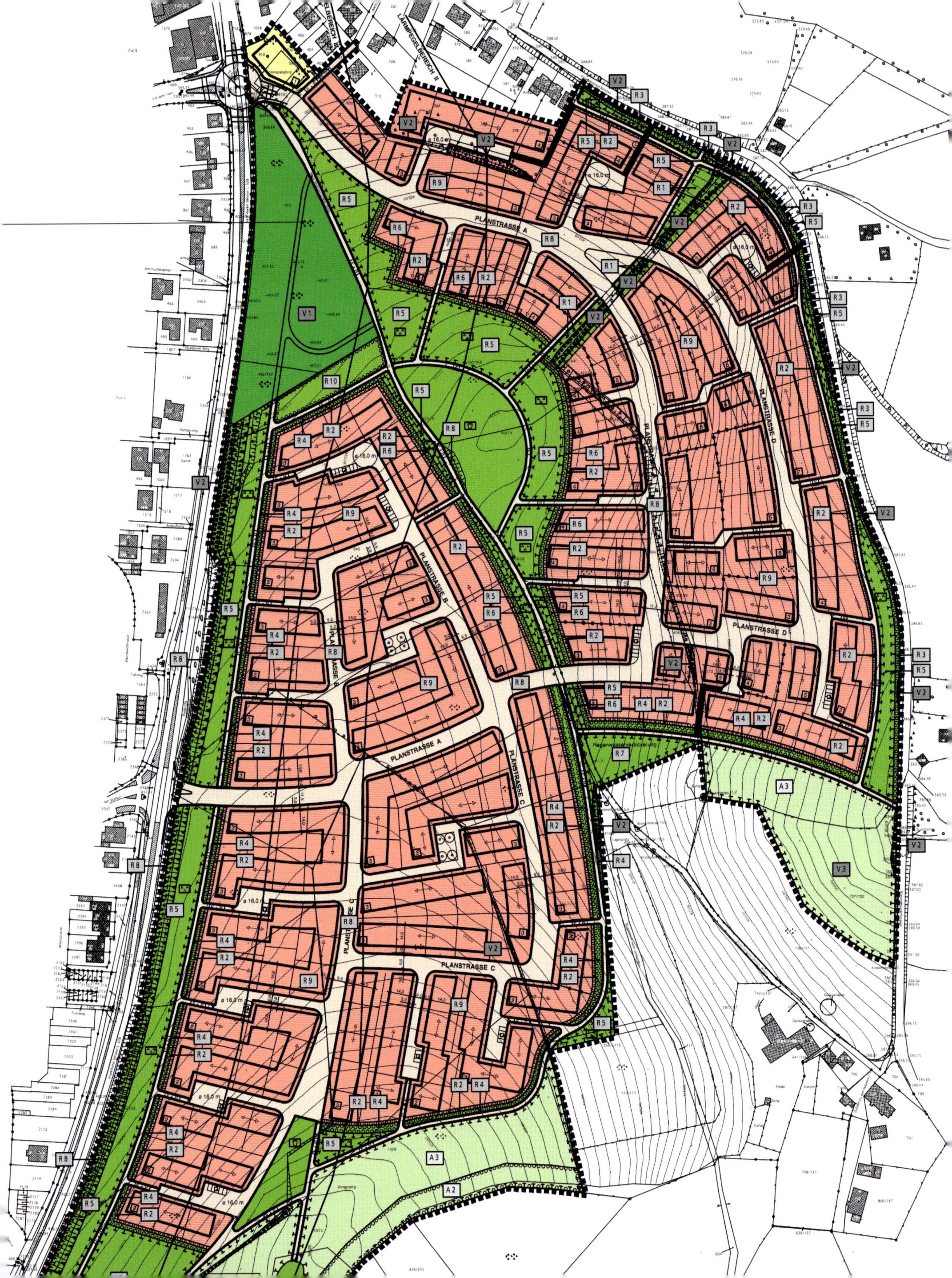
LÄRMPEGELBEREICH II
PLANSTRASSE A
PLANSTRASSE B
PLANSTRASSE C
PLANSTRASSE D
Regenwasserversickerung
V1
V2
V3
R1
R2
R3
R4
R5
R6
R7
R8
R9
R10
A2
A3
ø 16,0 m

Breckerfeld
Wohngebiet Heider Kopf

Auftraggeber: Stadt Breckerfeld
Bearbeitungszeit: 2000–2002

Für die Wohnbauflächenerweiterung im Südosten der Stadt Breckerfeld (Sauerland) hat Wolters Partner nach umfangreicher Prüfung aller Entwicklungskomponenten in einem Rahmenplan 2002 den Bebauungsplan mit landschaftspflegerischem Begleitplan abgeschlossen.

Besondere Herausforderung war die Berücksichtigung der topografischen Situation – Freihalten des Heider Kopf und sorgfältige Anpassung der Bebauung an die Höhenentwicklung Richtung Wengeberg.

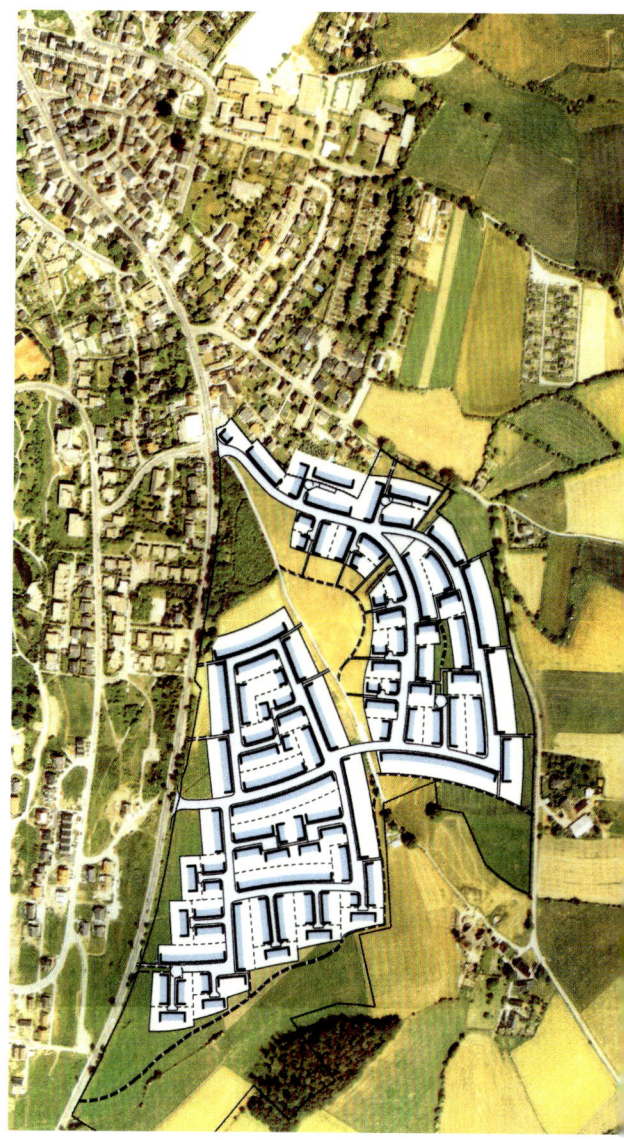

Strukturkonzept „Heider Kopf"
Planung: Wolters Partner

Bebauungsplan „Heider Kopf"
Planung: Wolters Partner

Bebauungsplan „Telgte Süd-Ost" (DGK 5)
Planung: Wolters Partner

Telgte
Wohngebiet Süd-Ost

Auftraggeber: Stadt Telgte, 2006

Aufbauend auf den Zielen des von Wolters Partner erarbeiteten Entwicklungskonzeptes „Telgte 2010" und dem Strukturkonzept „Süd und Ost 2003" begann ab 2005 die Planung für die großflächige Wohnbauentwicklung am landschaftlich attraktiven Süd-Ost-Rand der Stadt.

Voraussetzung für die Entwicklung von ca. 30 ha Wohnbaufläche mit 300–350 Wohneinheiten war der Bau einer Süd-Ost Umgehungstraße zur Lösung der innerstädtischen Verkehrsprobleme.
An dieser Tangente reihen sich in dem langgestreckten Plangebiet insgesamt fünf Wohnquartiere wie eine Perlenkette mit grünen Fugen aneinander. Aufgrund der jeweils unabhängigen Zufahrten von der Umgehungsstraße konnte eine damals vermutete langfristige Realisierung abschnittsweise ohne Beeinträchtigung abgeschlossen bebauter Quartiere erfolgen – inzwischen ist der gesamte Entwicklungsbereich „vermarktet".

Im Hinblick auf die längere Realisierungszeit wurden die Gestaltungsvorschriften flexibel gehalten – „sortiert" nach der städtebaulichen Bedeutung der jeweiligen Situation: enge Vorschriften als Adresse am Quartierseingang, gestaltete Dachlandschaft am Ortsrand entlang der Umgehungsstraße und weniger rigorose Regelungen im inneren Bereich der Quartiere.

Der Immissionsschutz zur Umgehungsstraße wurde durch einen ausreichend berechneten „grünen" Abstand – und nicht durch einen landschaftsbildbeeinträchtigten Wall – sichergestellt.

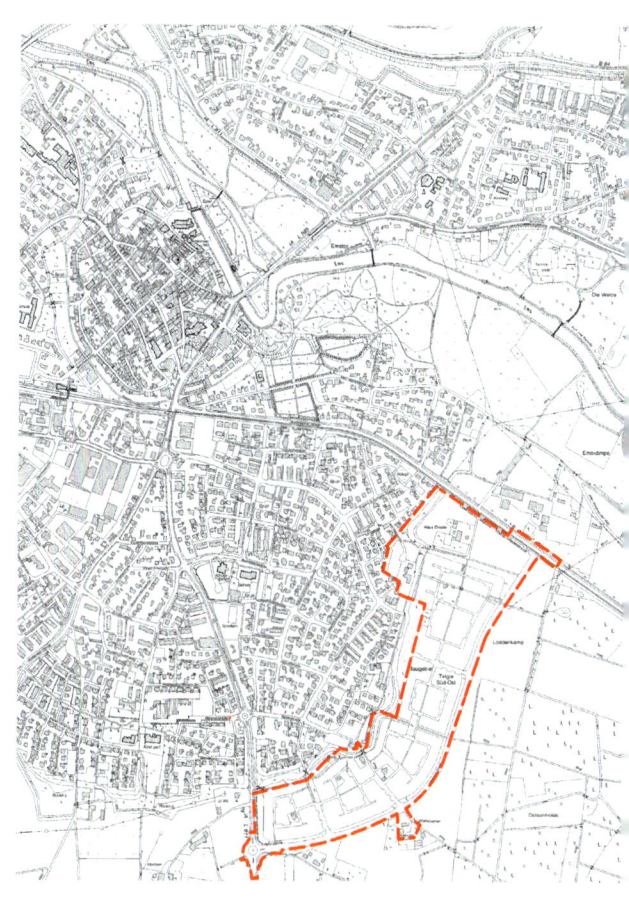

Bebauungsplan „Telgte Süd-Ost"
Planung: Wolters Partner

Ostbevern

Die Gemeinde Ostbevern im Nordosten von Münster gehört zu den zahlreichen Gemeinden, die WoltersPartner über Jahrzehnte seit den 1980er-Jahren für alle planerischen Aufgaben betreut hat – von der Flächennutzungsplanung und vielfältigen Bebauungsplänen bis zum Ortsmitteentwicklungs- und Gestaltungskonzept.

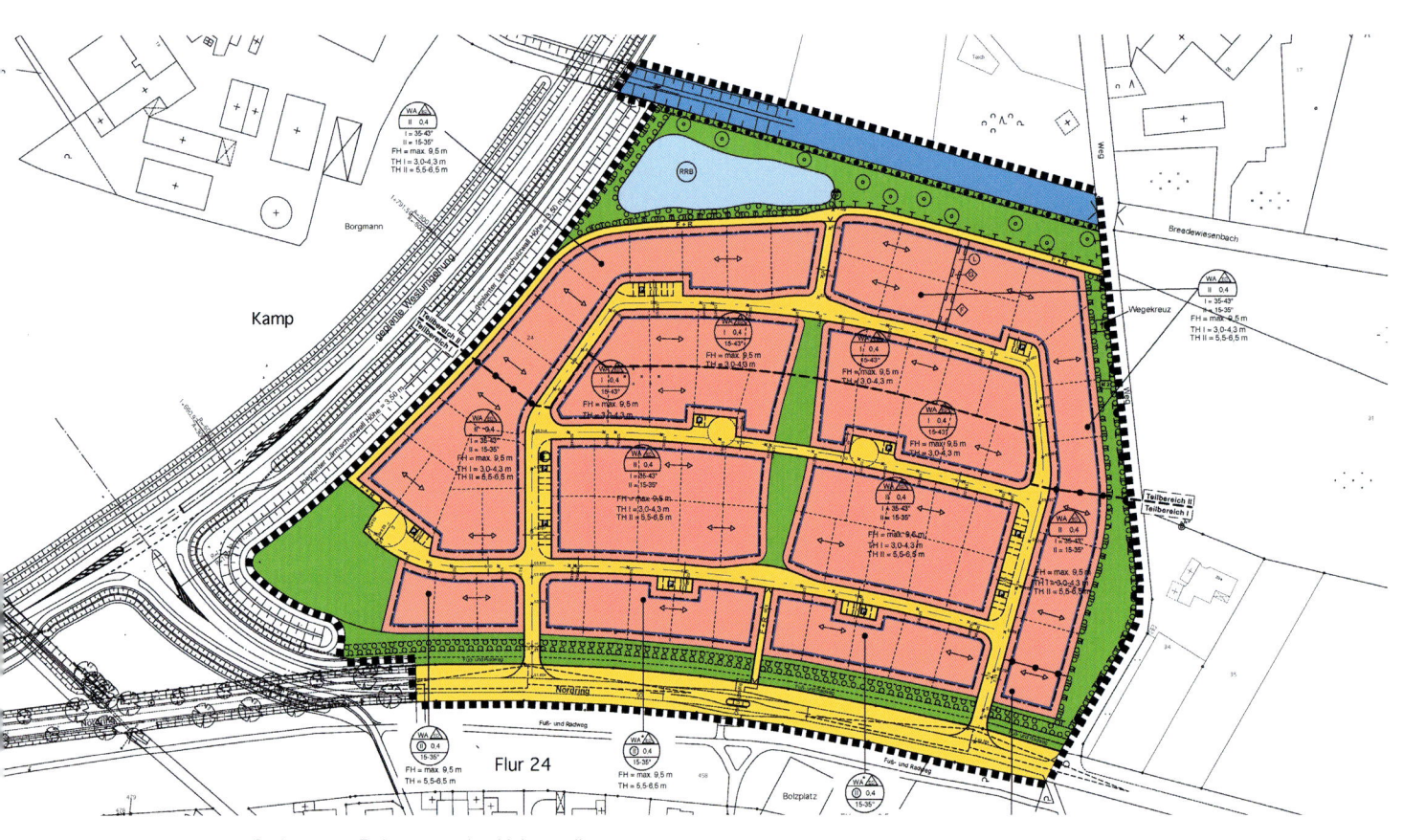

Ostbevern – Bebauungsplan Kokamp II
Planung: Wolters Partner

Wohnen

Sassenberg

Die Stadt Sassenberg am nordöstlichen Rand des Regierungsbezirkes Münster wird von Wolters Partner bis heute seit 1980 planungsrechtlich betreut – Flächennutzungsplan, Rahmenpläne, Erholungskonzepte, Bebauungspläne für alle Baugebietstypen, die im Stadtgebiet vertreten sind.
Es gehört somit zu den Erfolgserlebnissen eines Planungsbüros, wenn die Beratung kontinuierlich gefragt ist.

Die nebenstehende Abbildung zeigt eine Wochenendhaussiedlung innerhalb des Erholungsgebietes Feldmark. Hier entstand im Meer großflächiger Wochenendhausgebiete eine Anlage in sternförmiger Anordnung von weilerartigen Nachbarschaften.

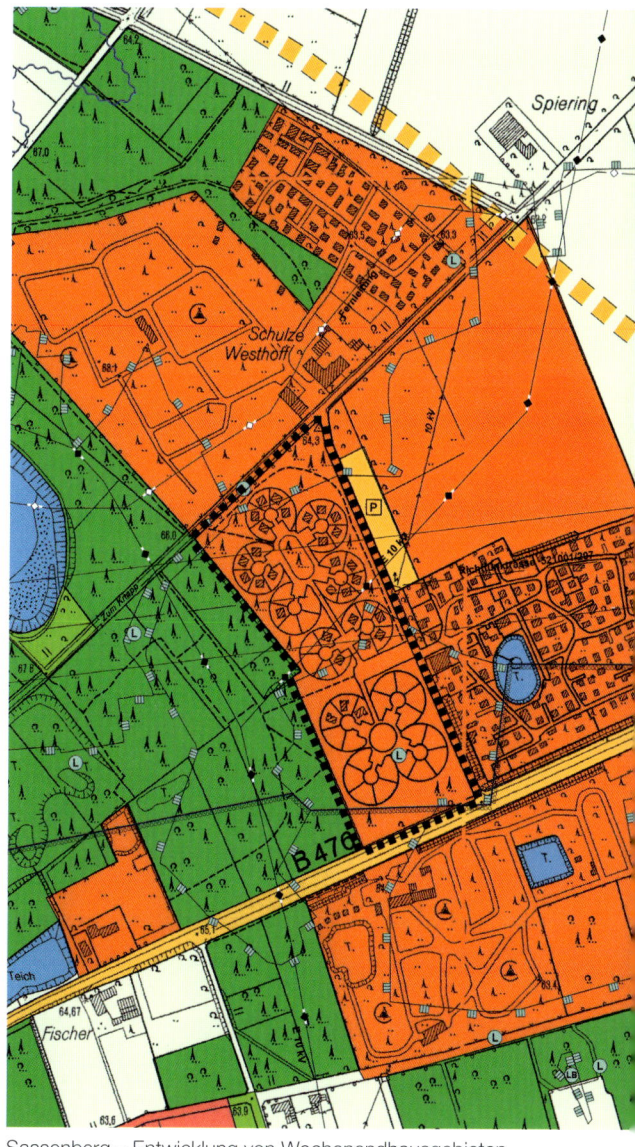

Sassenberg – Entwicklung von Wochenendhausgebieten
Planung: Wolters Partner

Wohnen

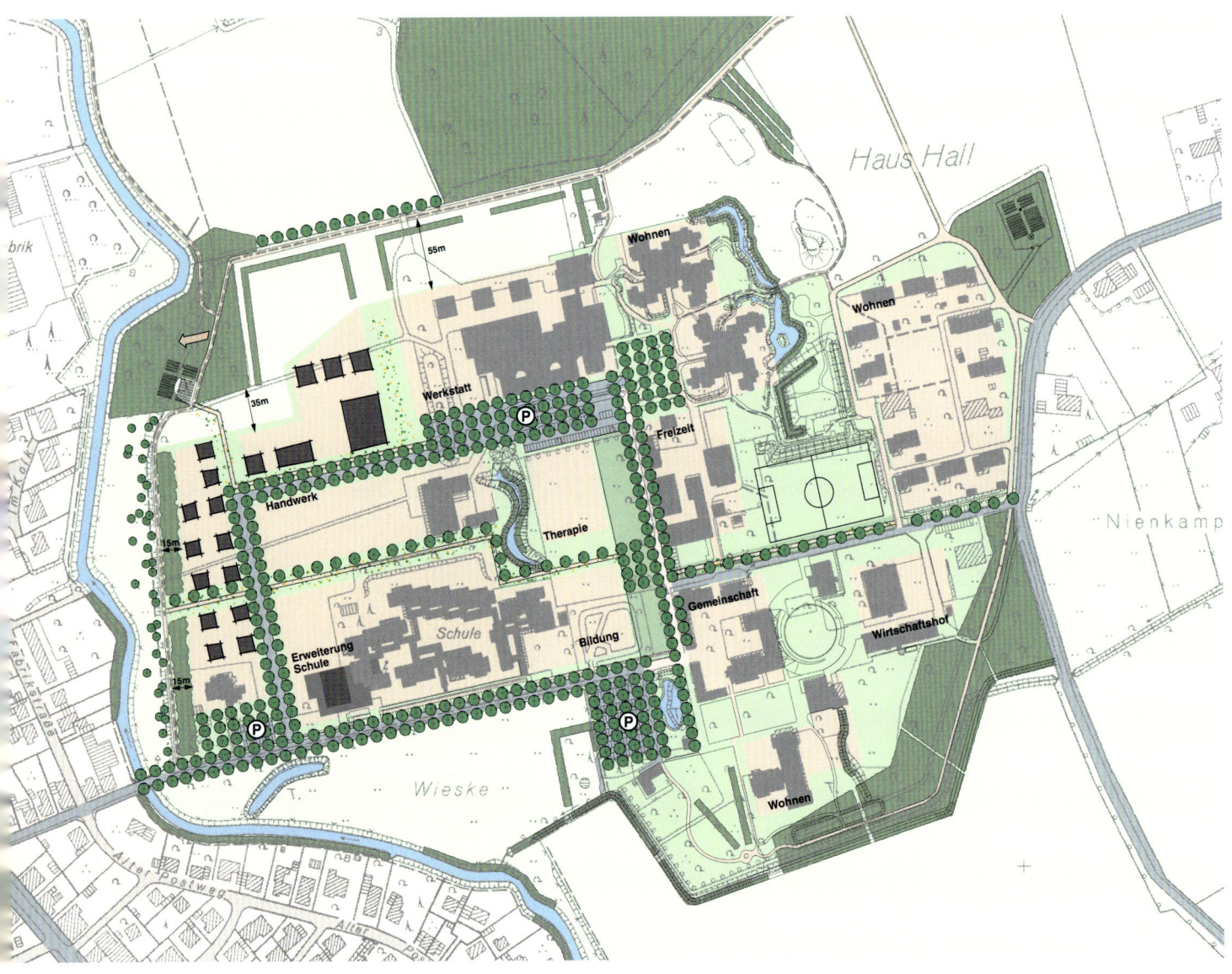

Bischöfliche Stiftung Haus Hall, Gescher, Entwicklungskonzept
Planung: Wolters Partner

Gescher
Bischöfliche Stiftung Haus Hall
Stift Tilbeck

Auftraggeber: Bischöfliche Stiftung Haus Hall
Bearbeitungszeit: 2007

Die „Bischöfliche Stiftung Haus Hall" liegt am Ostrand der Stadt Gescher im westlichen Münsterland. Im Zeitalter der rechtlichen Ansprüche auf Inklusion sollen die durch die Stiftung hier betreuten Menschen mit Behinderung weitestgehend in die „Alltagsgesellschaft" (Menschen ohne Behinderung) integriert werden.

Im Auftrag der Stiftung hat Wolters Partner 2007 ein räumliches Entwicklungskonzept und anschließenden Bebauungsplan erarbeitet mit dem Ziel, weitere Wohn- und Gewerbenutzung, die eine Beziehung zum Stiftungszweck nachweisen, auf der weitläufigen Anlage in landschaftlich attraktiver Umgebung unterzubringen.

Derzeit werden die Wohneinrichtungen bereits durch Einrichtungen der Stiftung, wie Behindertenwerkstätten und Bildungseinrichtungen, ergänzt. Zukünftig soll das Angebot an Wohnformen für Beschäftigte und Angehörige der Einrichtung sowie affine Gewerbe-/Handwerkseinrichtungen erweitert werden, das sich jedoch nicht zu einem konkurrierenden Wohn- und Gewerbequartier der Stadt Gescher entwickeln darf. Voraussetzung für die Ansiedlung ist ein persönlicher oder funktioneller Bezug zum Stiftungszweck.

Das Entwicklungs- und Erschließungskonzept hat zum Ziel, die vorhandenen und geplanten Nutzungen soweit zu ordnen, dass sie eine gute städtebauliche Orientierung auf dem großen Gelände ermöglichen.

Abgesehen von der sorgfältigen Einfügung der baulichen Einrichtungen in den landschaftlichen Umraum war die Querung der Berkelaue mit einer neuen Fußwegbrücke zwingende Voraussetzung zur Anbindung an die westlich angrenzende Ortslage von Gescher.

Luftbild Haus Hall
Foto: Stadtmarketing Verein Coesfeld e. V.

Wohnhaus E., Gartenansicht, 1994–1996
Foto: Dieter Rensing

Wohnhäuser

In den 1980er-Jahren bauten Wolters Partner vornehmlich in Coesfeld einige Wohnhäuser:
- an der Daruper Straße, die auch die Adresse von Wolters Partner ist
- an der Promenade im Einmündungsbereich der Fegetasche in die Berkelumflut
- am Fuße des Coesfelder Berges
- am Gerlever Weg

Die unterschiedlichen, individuellen Bauherrenwünsche führten zwar zu eigenständigen Lösungen, jedoch ist die Handschrift von Wolters Partner immer erkennbar.

Wohnhaus E., Straßenansicht
Foto: Wolters Partner

Wohnhaus K., Blick aus dem Garten
Foto: Wolters Partner

Wohnhaus K., Straßenansicht
Foto: Wolters Partner

Wohnhaus K., Gartenansicht
Foto: Wolters Partner

Wohnhaus B., Gartenansicht
Foto: Hermann Willers

Wohnhaus B., Straßenansicht
Foto: Hermann Willers

Wohnhaus B., Stahlbalken/Bank
Konzeption: Friedrich Wolters, Ausführung: Werner Pass
Foto: Hermann Willers

Wohnen 95

Wohnhaus T., Ansicht von der Promenade
Foto: Hermann Willers

Wohnhaus T., Detail
Foto: Hermann Willers

Wohnhaus T., Gartenansicht
Foto: Hermann Willers

Wohnen

Wohnhaus H., Straßenansicht
Foto: Hermann Willers

Wohnhaus H., Straßenansicht
Foto: Hermann Willers

Wohnhaus H., Gartenansicht
Foto: Wolters Partner

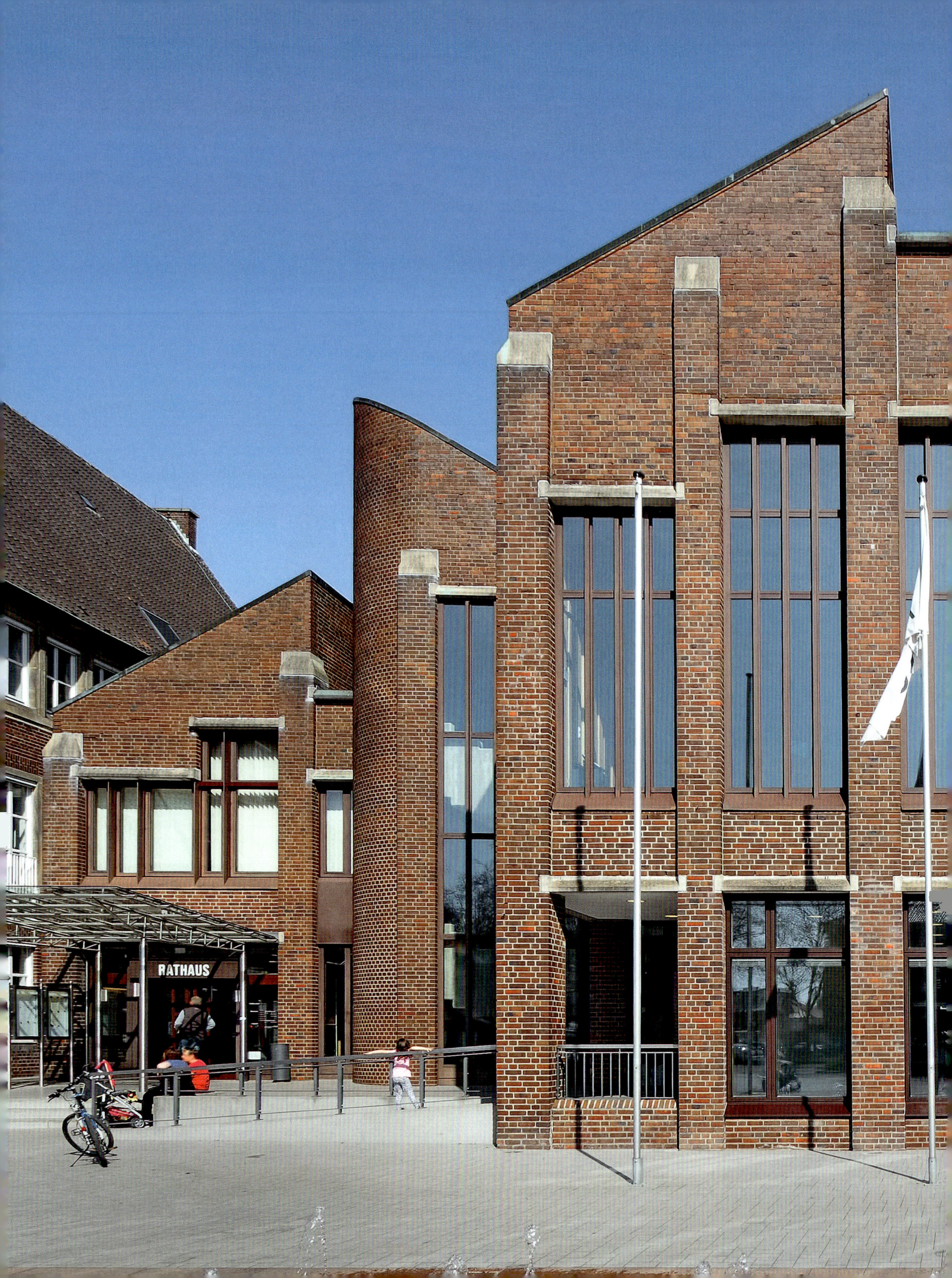
RATHAUS

Gewerbe, Verwaltung und Kultur

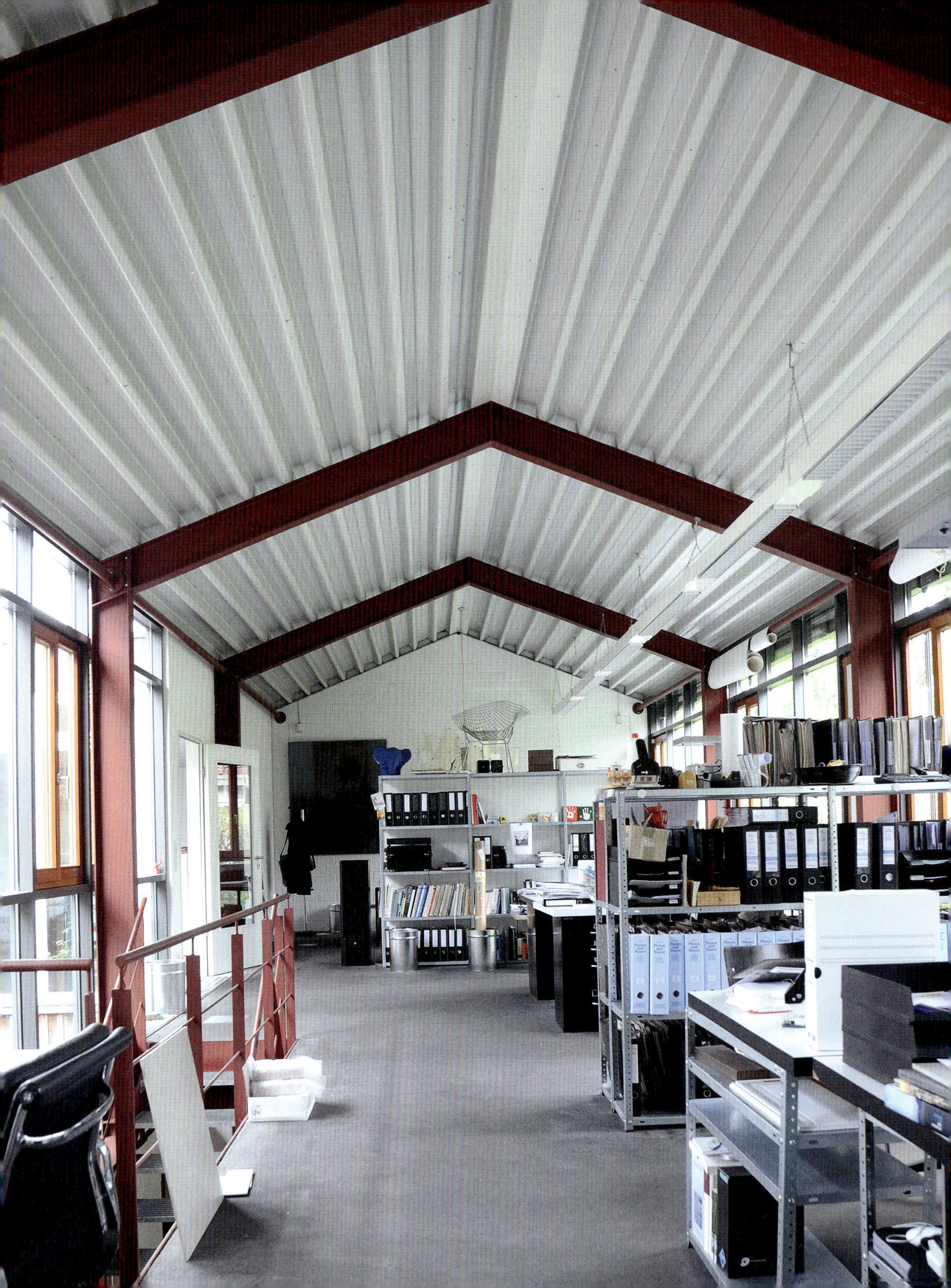

Vorherige Doppelseite:
Rathaus Ahaus
Foto: Klaus Bossemeyer

Gewerbe, Verwaltung und Kultur

Das Thema Gewerbeflächenplanung musste – auch landesplanerisch abgestimmt – in ländlichen Gemeinden häufig auf Vorrat erfolgen, um als kommunalpolitische Zielsetzung im Ansiedlungswettbewerb schnell reagieren zu können.

Interessante Sonderaufgaben stellten sich für Wolters Partner u. a. mit dem „Airport-Park" am Flughafen Münster-Osnabrück oder auch mit großflächigen Planungen für Logistik-Zentren und Interkommunale Gewerbeparks. Die Schaffung von Planungsrecht – insbesondere für die Industrie – bedeutete die Auswertung und rechtliche Abwägung der gutachterlichen Zuarbeit von Ökologie, Immissionsschutz, Betriebsfunktionen usw.

Zum Planen und Bauen gehörte für Wolters Partner immer der Umgang mit den Umweltbelangen im Abwägungsprozess. Die im Laufe der Zeit rechtlich verankerten Umweltberichte, Eingriffsbilanzierungen und Artenschutzvorprüfungen werden im Büro Wolters Partner von Landschaftsökologen planungsbegleitend erarbeitet. Dazu gehören grünkonzeptionelle Beiträge.

Treppenhaus im Büro Wolters Partner
Foto: Wolters Partner

Anbau Atelier Wolters Partner, 1995–1996
Foto: Wolters Partner

Rathaus in Ahaus: Links der Schäfer-Bau von 1959, in der Mitte die Erweiterung von 1982 und rechts die Erweiterung von 2014
Foto: Klaus Bossemeyer

Rathaus Ahaus

Die Stadt Ahaus an der „westfälischen" Grenze zu den Niederlanden hatte sich in ihrer Entwicklung gegen den starken Twente-Raum um die Stadt Enschede zu behaupten. Nach dem Zusammenschluss von sechs Gemeinden zur Stadt Ahaus stellte Wolters Partner 1976 den gemeinsamen Flächennutzungsplan auf – zusammen mit einem sogenannten „Standortprogramm" als 10-jährigen Maßnahmenplan und nachfolgenden Bebauungsplänen für alle Ortsteile bis zum Ende der 1990er-Jahre.

In den 1970er-Jahren war der Umbau der Marktstraße zu einer Fußgängerzone mit ihren holländisch geprägten roten Backsteinen für uns ein wichtiger Beitrag zur identitäts-geprägten Straßenraumgestaltung. Hinzu kamen weitere Straßen- und Platzumbauten – auch in anderen Ortsteilen – immer mit dem Ziel, als hätte „es schon immer so ausgesehen".

Das damalige Amt für Agrarordnung förderte in den 1980er-Jahren unsere Untersuchungen zur Dorferneuerungsbedürftigkeit für die Ortsteile Altstätte und Ottenstein.

Sichtbares Symbol für die Tätigkeit von Wolters Partner in Ahaus war der Bau des Rathauses 1982 nach einem gewonnenen Wettbewerb. Die Architekten Benteler und Wörmann bauten 1930 ein neues Rathaus für die Stadt Ahaus; ein Backsteinbau mit gestuftem Giebel, der sich der Moderne verpflichtete. Dieser wurde im März 1945 bei Bombenangriffen total zerstört. 1950 Wiederaufbau des Rathaus nach Wettbewerb; Realisierung des Entwurfes Hein A. Schäfer, Coesfeld – Einzug 1955.

Ende der 1960er-Jahre wurde ein Erweiterungsbau erforderlich. Der 1977 durchgeführte Wettbewerb wurde zugunsten von Wolters Partner zusammen mit Herbert Goldmann entschieden. Der Schäfer-Bau von 1950 wurde mit seinem dreifach gestaffelten Stufengiebel in die Gesamtkonzeption eingebunden und bildet bis heute ein harmonisches Backsteinensemble, das den Inhalt Rathaus auf selbstverständliche Weise städtebaulich, architektonisch und funktional verbindet.

Der zweite Abschnitt wurde 2014 – ohne wesentliche Veränderungen des damaligen Konzeptes – von Wolters Partner ergänzt.

Der städtebauliche Kontext, 1977
Skizze: Friedrich Wolters

Rathaus Havixbeck
Foto: Hermann Willers

Rathaus Havixbeck

Energetische Fassadensanierung
Auftraggeber: Gemeinde Havixbeck
Baujahr: 1972, Architekt Fritz König, Münster
Fassadensanierung und Bestandserneuerung: 2011, Wolters Partner

Im Rahmen der Sanierungsmaßnahme wurden die ursprüngliche Fassade und ihre Betonfertigteile rückgebaut und durch eine Backsteinfassade mit Kerndämmung ersetzt. Treppenturm und Sockel wurden im Mauerwerk besonders strukturiert. Das fünfte Geschoss erhielt im Zusammenhang mit der Aufzugsüberfahrt eine dunkle Metallverblendung, um den Baukörper optisch zu drücken.

Treppenhaus
Foto: Hermann Willers

Ensemble Alter Hof Herding und Neubau
Foto: Hartwig Heuermann

Coesfeld-Lette
Glasmuseum Hof Herding

Umbau Tenne zum Kammerkonzertsaal und Neubau Glasmuseum „Alter Hof Herding" – Ernsting Stiftung

Auf dem alten Hof Herding wurde 1995 die ehemalige Tenne, die schon über viele Jahre für junge Künstler mit der Werkstatt zur Verfügung stand, zu einem Kammermusiksaal umgebaut. Die daneben stehende große Scheune diente als Maßordnung für das Glasmuseum. Die Fassade wurde mit Sandstein vermauert.
Gemeinsam mit dem Kammermusiksaal und der Verwaltung der Ernsting-Stiftung ist das Ensemble aus dem damaligen Schulzenhof zu einem Zentrum für Kunst und Kultur mit Glassammlung entwickelt worden.

Ausstellungsraum im Erdgeschoss
Foto: Hartwig Heuermann

Sanierung des Verwaltungsgebäudes für den Landesbetrieb Straßenbau.NRW, Coesfeld
Foto: Hermann Willers

**Coesfeld
Erweiterung Regionalniederlassung
Münsterland,
Landesbetrieb Straßenbau NRW**

Baujahr Bestand: 1964, Architekten: Wolters und Berlitz
1. Erweiterung: 1992 Wolters Partner
2. Erweiterung: 2010/2011 Wolters Partner

Der Backsteinbau von 1964 wurde in zwei Bauabschnitten 1992 und 2011 jeweils um ein Geschoss erweitert. Die Aufstockung des zweigeschossigen Atriumbaus erfolgte in einem Holzfertigbau. Das ehemals grüne Atrium wurde zu einer großen Archivfläche umgebaut. Das bereits aufgestockte fünfgeschossige Gebäude erhielt bei der zweiten Erweiterung hinsichtlich der Fassadenmaterialien eine Korrektur, um mit der neuen Materialhaftigkeit auf die bestehende Backsteinarchitektur einzugehen. Beide Erweiterungen wurden jeweils im laufenden Betrieb durchgeführt.

Eingangsbereich
Foto: Hermann Willers

Seitenansicht
Foto: Hermann Willers

Sanierung und Neugestaltung der Fassade Kreissparkasse Steinfurt
Foto: Klaus Bossemeyer

Burgsteinfurt
Kreissparkasse Steinfurt/Burgsteinfurt

Bauherr: Kreissparkasse Steinfurt

Baujahr des Ursprungsgebäudes: 1967 Architekten Dustmann und Trappmann

Fassadensanierung: 2013/2014 durch Wolters Partner

1. Rang Mehrfachbeauftragung

Das Hauptstellengebäude der Kreissparkasse Steinfurt liegt unmittelbar am nördlichen Rand der historischen Altstadt. Im Zuge der energetischen Fassadensanierung wurden die Terrassen und Balkonbrüstungen abgesägt. Das Betonskelett wurde mit einer Klinkerfassade neu strukturiert. Der Energiebedarf des sanierten Gebäudes konnte um 30 % minimiert werden.

Ursprungsgebäude
Foto: Wolters Partner

Sanierung und Bestandserneuerung Stadtschloss Coesfeld
Foto: Wolters Partner

Coesfeld
Umbau ehemaliges Jesuitenkolleg/ Stadtschloss

Bauherr: Stadt Coesfeld
Baujahr: 1627
Kriegszerstört: 1945
Wiederaufbau: bis 1955

In drei Sanierungsstufen zwischen 2009 bis 2015 von Wolters Partner für Büronutzung und Standesamt saniert.

Das ehemalige Jesuitenkolleg/Stadtschloss ist eines der wenigen historischen Gebäudeensembles in Coesfeld, im Krieg stark zerstört, aber dann im Kontext der Denkmalpflege wieder aufgebaut. Beide, Jesuitenkirche und Stadtschloss (17. Jh.), wurden im vergangenen Jahrhundert neuen Nutzungen zugeführt. Die ehemalige Jesuitenkirche wurde zur evangelischen Stadtkirche. Das Schloss wurde nach unterschiedlichen Nutzungen der Stadtverwaltung Coesfeld überantwortet. Neben einzelnen Ämtern wurde auch das Standesamt in einem teilweise zweigeschossigen Trauzimmer dort untergebracht.

Trauzimmer Stadtschloss
Foto: Wolters Partner

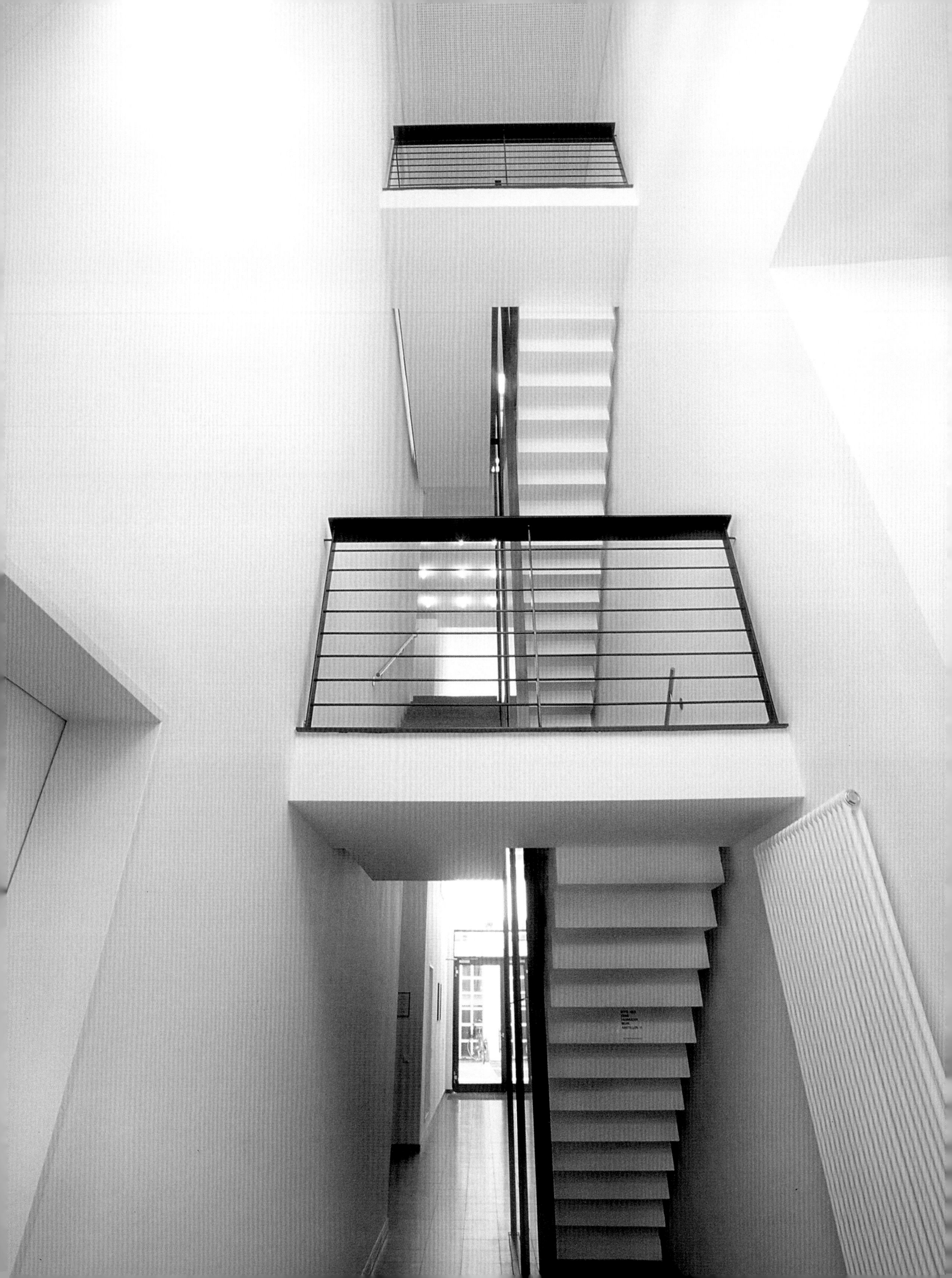

Herten
Gloria Center

Auftraggeber: Maria Schulte, Herten
Baujahr: 1997/1998

Vom Gloria-Theater zum Gloria Center
Anlässlich des Tages der Baukultur, 21.08.1999, wurde das Gloria Center als eines von 100 vorbildlichen Projekten der IBA Emscher Park ausgezeichnet.

Für das freigewordene Gloria-Theater – zwischenzeitlich auch als Kino genutzt – wurde nach einer Voruntersuchung der Wirtschaftlichkeit und der zu erwartenden Baukosten von Maria Schulte der Auftrag an Wolters Partner erteilt, eine Umnutzung, Totalsanierung des Nachkriegsbaus zu planen. Im Erdgeschoss wurden unterschiedlich große Ladeneinheiten vorgesehen. Das geplante einheitliche Werbekonzept – Nasenschilder – wurde durchgesetzt.

Aufgrund der statischen Gegebenheiten war oberhalb der Sockelkante nur eine leichte Putzfassade möglich.

Gloria Center in Herten
Foto: Klaus Bossemeyer

Treppenhaus Gloria Center
Foto: Klaus Bossemeyer

Gewerbe, Verwaltung und Kultur

Ansicht Fußgängerzone
Foto: Wolters Partner

Coesfeld
Modehaus, Letter Straße

Bauherr: Hugo Ernsting GbR
Bestandsanierung und Erweiterung: 1989/1990

Das Textilkaufhaus Hugo Ernsting wurde 1928 durch den Architekten Eduard Comes errichtet. 1945 zerstört, erfolgte 1949 der Wiederaufbau durch den Architekten Hein A. Schäfer, ebenso die Erweiterung 1959. Die grundlegende Bestandssanierung und Erweiterung erfolgte 1989/1990 durch Wolters Partner Coesfeld. In dieser letzten Bauphase wurden auch die ursprünglich zwei- und dreigeschossigen Bauteile wieder in den Fassaden deutlich gemacht.

Fassadendetail
Foto: Wolters Partner

Autohaus LUEG in Witten
Foto: Klaus Bossemeyer

Witten
Mercedes-Center Witten, Fahrzeugwerke LUEG, Essen

Auftraggeber: Fahrzeugwerke LUEG AG, Essen
Architekten: Wolters Partner, Coesfeld, zusammen mit Gerd Grossmann-Hensel, Mülheim/Ruhr

Im Rahmen der Entwicklung der Center Standorte war der Fokus seit Jahren auf den Standort Witten im Kreuzungspunkt Dortmunder Straße/Stockumer Straße gerichtet.

Nach einem komplizierten Genehmigungsverfahren – Wolters Partner war auch mit der verbindlichen Bauleitplanung beauftragt – gelang es im Zeitraum zwischen 1998 und 2001, das Mercedes-Center Witten zu bauen. Die Präsentation des Autohauses an der Dortmunder Straße wurde zur „neuen Adresse" für die Fahrzeugwerke LUEG in Witten.

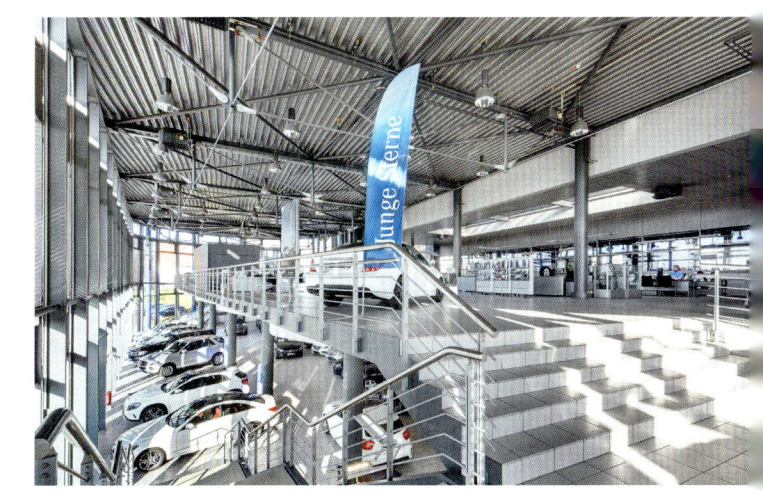

Ausstellungsfläche
Foto: Klaus Bossemeyer

Gewerbe, Verwaltung und Kultur

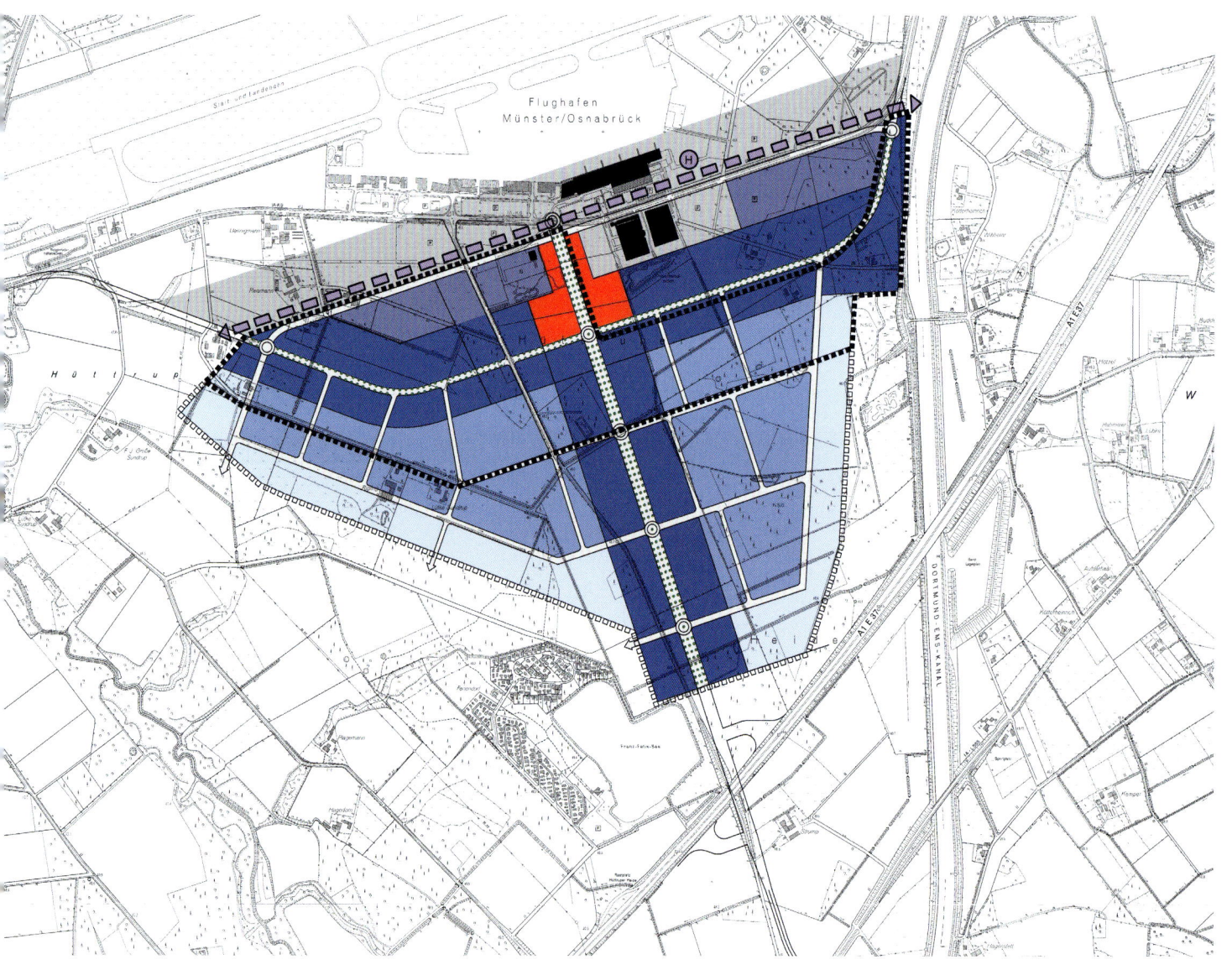

Strukturkonzept
Planung: Wolters Partner

122 Gewerbe, Verwaltung und Kultur

Greven
AirportPark FMO

Das Umfeld des Flughafens Münster-Osnabrück sollte als hochwertiger Gewerbe- und Dienstleistungsstandort entwickelt werden, um die in der Region vorhandenen Potenziale zu ergänzen und zu stärken. Eine Konkurrenz zu benachbarten Gewerbestandorten muss durch Ansiedlungsvorgaben ausgeschlossen werden.

Die Entwicklung des AirportPark wurde von Wolters Partner von der Ebene der Regionalplanung über die kommunale Bauleitplanung bis hin zur Entwicklung eines Gestaltungshandbuchs für die Ansiedlung der Betriebe betreut. Das von Wolters Partner entworfene Strukturkonzept für den Gesamtraum hat sich zwischenzeitlich auch als „Bild" verfestigt. Der signifikante Grundriss definiert ein robustes städtebauliches Gerüst, das die künftige räumliche Ausdehnung und inhaltliche Zielsetzung des AirportPark FMO beschreibt.

Das Plangebiet südlich des Flughafens bietet einen Ausschnitt der typisch münsterländischen Parklandschaft. Das städtebauliche Strukturkonzept zeigt die räumliche Entwicklung unter Berücksichtigung der langfristig zu erhaltenden ökologischen Strukturen. Von Bedeutung war die Verbesserung der Standortgunst durch den direkten Flughafen-Autobahn-Anschluss an die A 1.

Die Baufelder stellen ein Höchstmaß an Flexibilität für verschiedene Grundstücksgrößen sicher. Die Festlegung der internen Erschließungsstrukturen der einzelnen Baufelder erfolgt bedarfsgerecht mit der Besiedlung.

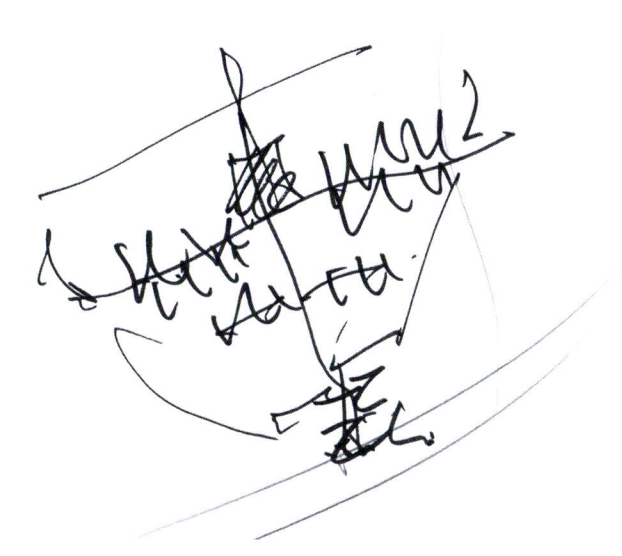

Entwurfsskizze
Zeichnung: Wolters-Krebs

Interkommunaler Gewerbepark, Dorsten-Marl
Planung: Wolters Partner

Dorsten-Marl
Interkommunaler Industriepark

Bedingt durch den Strukturwandel in der Montanindustrie war das Ruhrgebiet in den letzten Jahrzehnten von einem starken Rückgang industrieller Arbeitsplätze betroffen. Die Ansiedlung neuer Industriebetriebe gestaltete sich zunehmend schwierig, da sich die bestehenden Industriestandorte aufgrund der historischen Siedlungsentwicklung häufig in unmittelbarer Nähe zu Wohnsiedlungsbereichen befanden und somit für die Neuansiedlung von Industriebetrieben nicht oder nur bedingt geeignet waren.

Im Grenzbereich zwischen den Städten Dorsten und Marl bot sich auf einer im Landesentwicklungsplan NRW ursprünglich für einen Kraftwerksstandort vorgesehenen Fläche die Möglichkeit, mit der Entwicklung eines großflächigen Industriestandortes einen neuen Impuls für die wirtschaftliche Entwicklung im nördlichen Ruhrgebiet zu geben.

Wesentliche Zielvorgabe des Projektes war es, Betriebsansiedlungen nur in einer Größenordnung von mindestens 3 ha durchzuführen.

Zur Realisierung dieses Projektes gründeten die Städte Dorsten und Marl einen Interkommunalen Zweckverband, dem die Planungshoheit für die betroffenen Flächen übertragen wurde.

Wolters Partner hat die planerische Entwicklung, beginnend von den ersten konzeptionellen Studien über die städtebauliche Rahmenplanung bis hin zum Bebauungsplan, begleitet und bauleitplanerische Leistungen für den Zweckverband übernommen.

Strukturkonzept INLOGPARC, Hamm-Bönen
Planung: Wolters Partner

Gewerbe, Verwaltung und Kultur

Hamm-Bönen
INLOGPARC

Im Zuge der sich vertiefenden europäischen Einigung und der zunehmenden wirtschaftlichen Verflechtungen mit Osteuropa verzeichnete die Logistikbranche bundesweit starke Zuwächse. Hierdurch bedingt stieg auch entlang der A 2, einer der wichtigsten Hauptverkehrsachsen in Ost-West-Richtung, die Nachfrage nach Logistikflächen stark an.

Vor diesem Hintergrund wurde seitens der Stadt Hamm und der Gemeinde Bönen im Rahmen der „Logistikinitiative östliches Ruhrgebiet" die Idee eines Interkommunalen Logistikstandortes (INLOGPARC) auf dem Gebiet der Stadt Hamm und der Gemeinde Bönen entwickelt, um damit den Strukturwandel weiter zu fördern.

In einem intensiven interkommunalen Dialog hat Wolters Partner hierfür gemeinsam mit dem Büro Landschaft + Siedlung aus Recklinghausen eine städtebauliche Rahmenplanung erarbeitet. Dabei galt es insbesondere, die verkehrlichen Ansprüche eines modernen Logistikstandortes in einem bereits stark belasteten Raum mit den Anforderungen an Ökologie, Landschaftsschutz und Immissionsschutz zu vereinbaren.

Aufbauend auf der städtebaulichen Rahmenplanung wurden in Bönen und Hamm die jeweiligen Bebauungsplanverfahren in einem „Parallelverfahren" separat durchgeführt. Wolters Partner hat hierzu die verschiedenen Bebauungspläne erarbeitet und den Arbeitskreis zum interkommunalen Abstimmungsprozess moderiert.

Bebauungsplan INLOGPARC, Teilabschnitt Hamm
Planung: Wolters Partner

Luftbild mit Gebäudevolumen
Visualisierung: Engel & Haehnel GbR, Münster

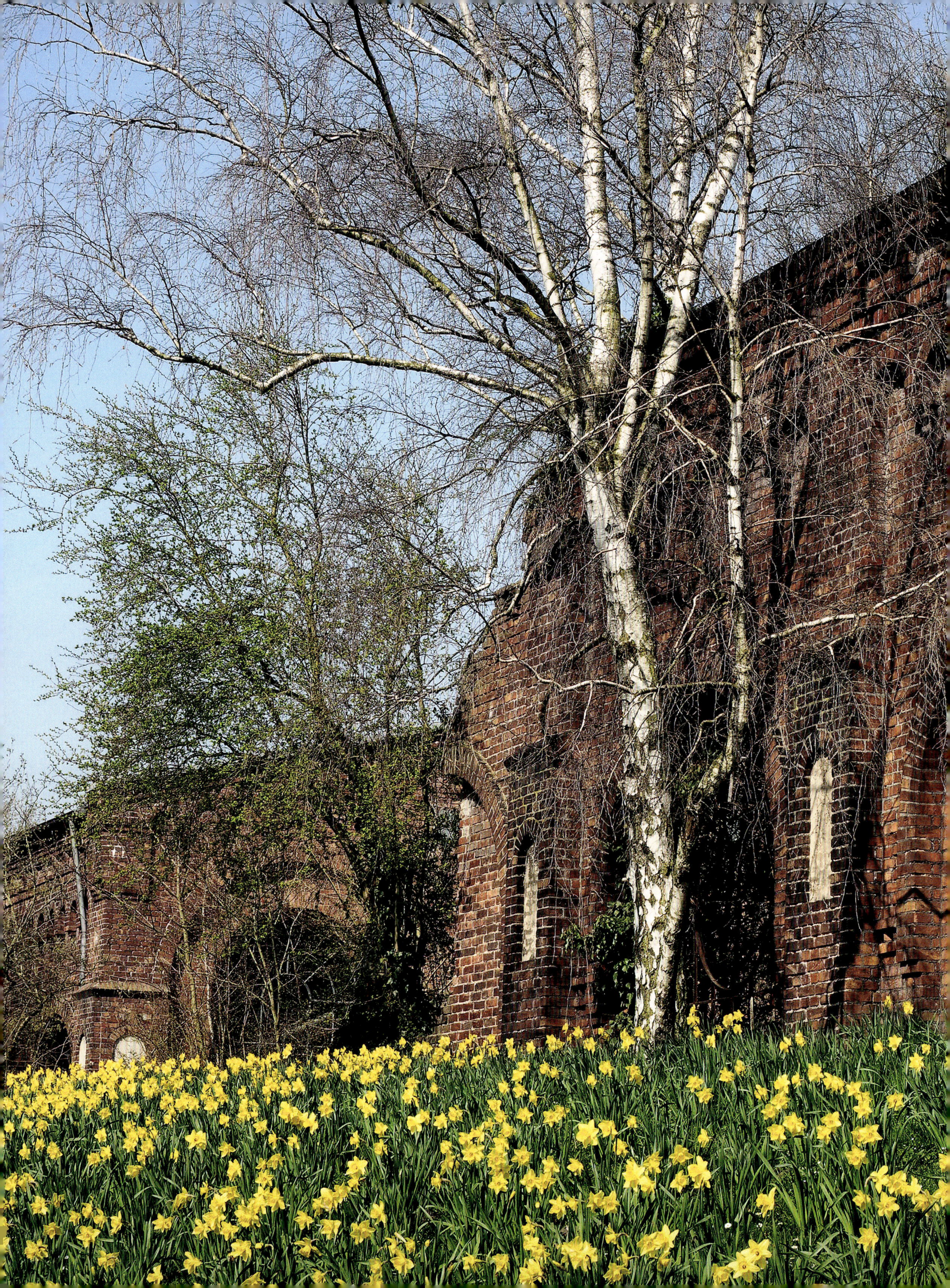

Konversion

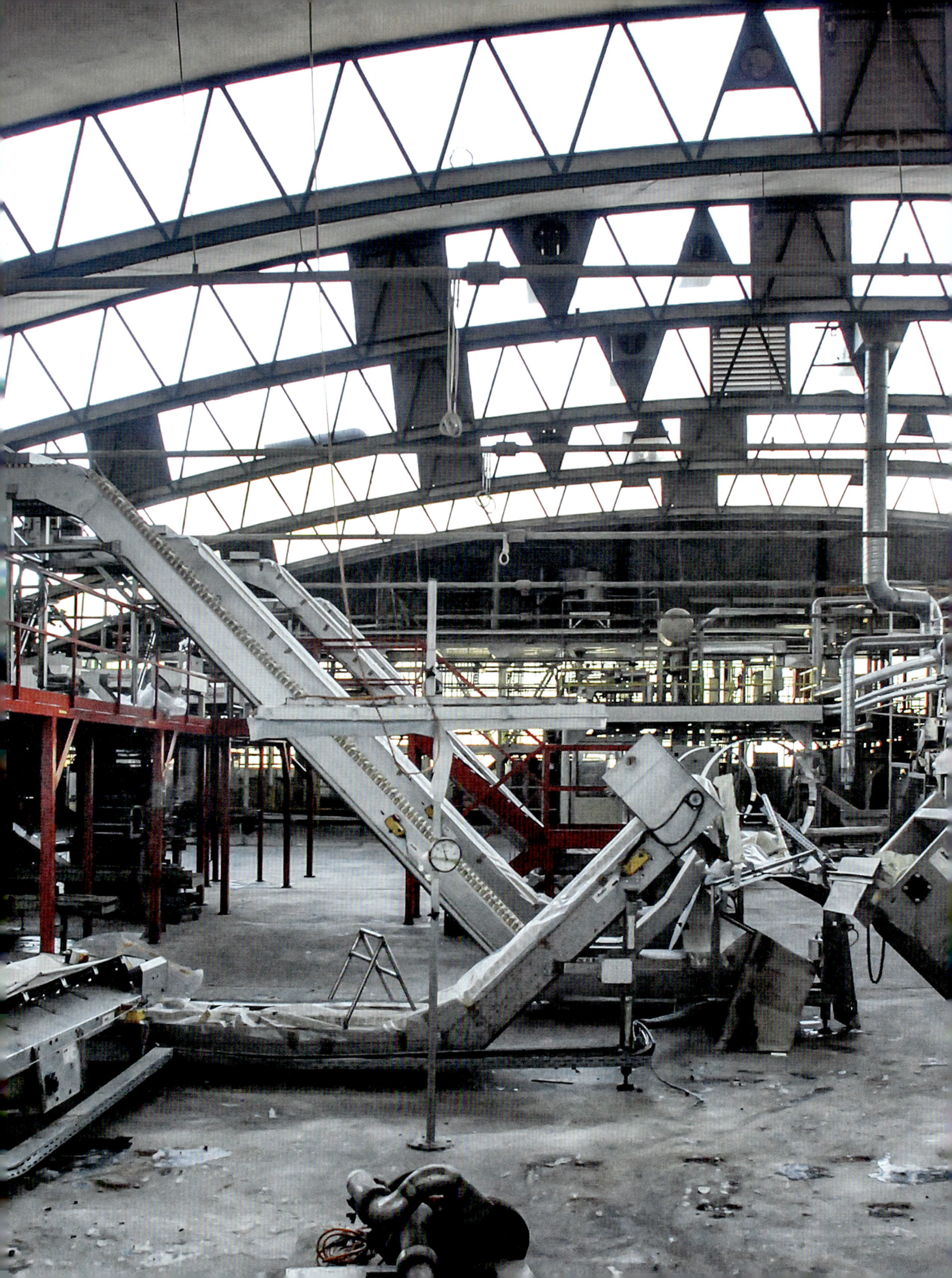

Vorherige Doppelseite:
Maximilianpark Werkstattgebäude, Hamm
Beitrag Wolters Partner zur ersten Ruinenkultur in NRW
Foto: Klaus Bossemeyer

Konversion – Gewerbebrachen- und Kasernenumnutzungen

Mit Veränderungen und Zusammenbrüchen in der Wirtschaft stehen Gewerbeflächen häufig in integrierter Lage mit optimaler Standortgunst für unterschiedliche neue Nutzungen zur Verfügung. Nutzungen, insbesondere für Wohnen sowie u. a. für Kultur und Erholung geben gleichzeitig Impulse für die Stärkung des Umfeldes.

Ein weiteres Aufgabenfeld ergab sich aus freiwerdenden Kasernenstandorten, für die Wolters Partner attraktive Wohnstandorte entwickeln konnte.

Ehemalige Produktionshalle Katjes, Emmerich
Foto: Wolters Partner

Werkstatthalle
Foto: Klaus Bossemeyer

Hamm
Zeche Maximilian

Auftraggeber: Stadt Hamm
Wettbewerb 1. Preis mit Martin + Pridik Landschaftsarchitekten, Marl

Die Landesgartenschau Hamm 1984 war die erste Gartenschau in NRW. Auf dem Gelände der ehemaligen Zeche Maximilian gewannen die Landschaftsarchitekten Martin + Pridick im Team mit Wolters Partner den Wettbewerb.

Die zu Beginn des 20. Jahrhunderts noch im Stile des Historismus erbauten Zechengebäude wurden im Zuge der Landesgartenschau in das Gartenschaugeschehen eingebunden.

Die Fördermaschinenhalle war nur als Ruinenarchitektur in das Ensemble zu integrieren. Der Erhalt der Kohlenwäsche konnte erst im Kontext mit Friedensreich Hundertwasser („Baummieter") und dem Architekten Horst Rellecke („Elefant") gesichert werden.

Der Maximilianpark ist heute eine überzeugend funktionierende Park- und Freizeiteinrichtung, die ohne große Rückbauten nach der Landesgartenschau in eine stabile Zukunft geführt wurde.

Elektrische Zentrale
Foto: Klaus Bossemeyer

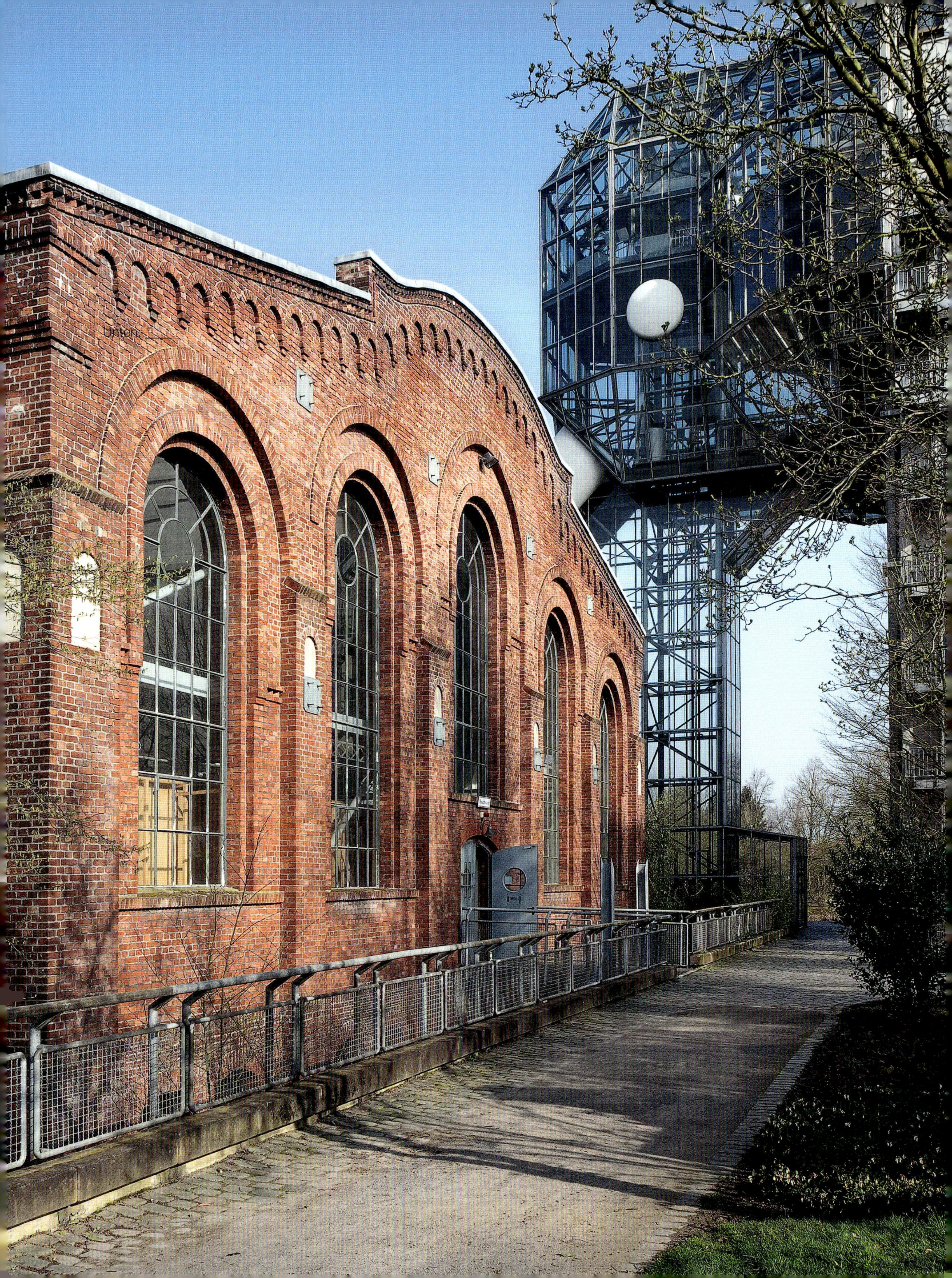

Elektrische Zentrale
Foto: Klaus Bossemeyer

Elektrische Zentrale
Im Hintergrund: Elefant auf der Kohlenwäsche, Architekt und Künstler: Horst Rellecke
Foto: Klaus Bossemeyer

Rahmenplan
Planung: Wolters Partner

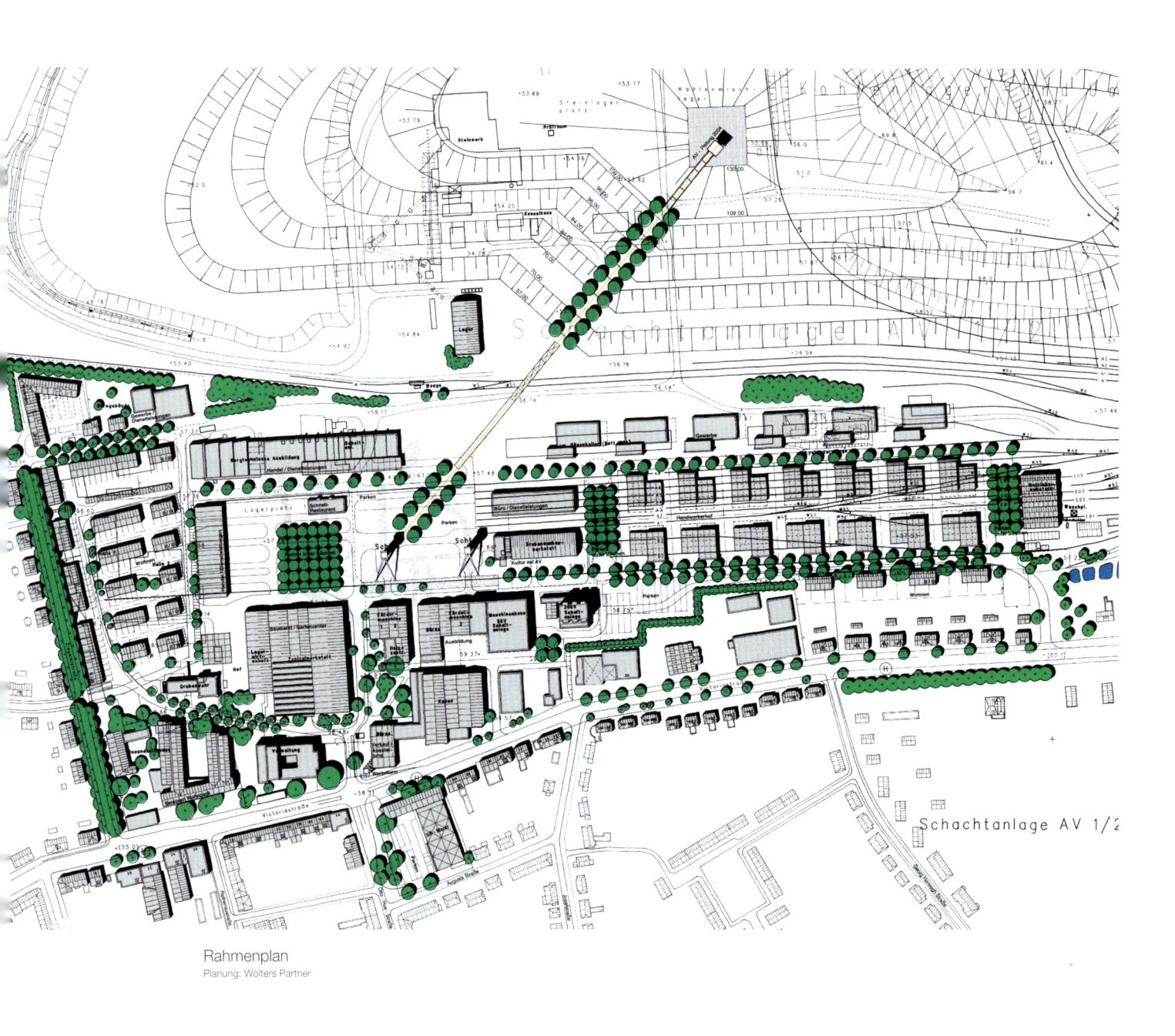

Marl
Zeche Auguste Victoria

Auftraggeber: Gewerkschaft Auguste Viktoria GmbH
Bearbeitungszeit:1998

Die Gewerkschaft Auguste Victoria GmbH hat in ihrer über 100-jährigen Geschichte als Bergbauunternehmen die Stadt Marl – insbesondere auch den Ortsteil Hüls – wesentlich mitgeprägt und hier entscheidende Impulse für die Entwicklung gesetzt.

Nachdem Mitte der 90er-Jahre die letzte Schicht auf AV 1/2 verfahren war, konnten die Zechenflächen an der Viktoriastraße in Marl-Hüls einer neuen Nutzung zugeführt werden.

Das ehemalige Eisenlager und die Grubenausbauwerkstatt wurden von den Ruhrfestspielen über Jahre erfolgreich als Spielorte genutzt. In unterschiedlichen Architekturen zwischen Historismus und Moderne – Architekt Fritz Schupp – wurden Konzepte für gewerbliche Nutzungen entwickelt.

Die Konzepte für eine feste Bleibe für Kultur – Grubenausbauwerkstatt – konnten auf Grund veränderter Rahmenbedingungen der Ruhrkohle nicht realisiert werden.

Gewerbe in unterschiedlichen Nutzungsgrößen wurden zwischenzeitlich auf dem Gelände angesiedelt, der von Wolters Partner entwickelte Masterplan diente mit seinen robusten städtebaulichen Figuren als Leitbild.

Südlich der Viktoriastraße im Kreuzungsbereich Otto-Hue-Straße wurde von Wolters Partner ein Wohnungsbau mit einem SB-Markt gebaut.

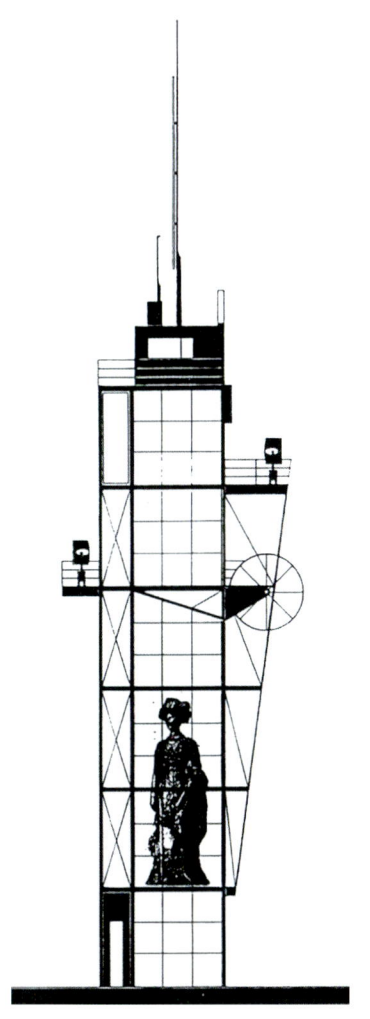

AV-Turm, Hommage an A. + W. Vesnin
Planung: Friedrich Wolters mit Christian Peirick

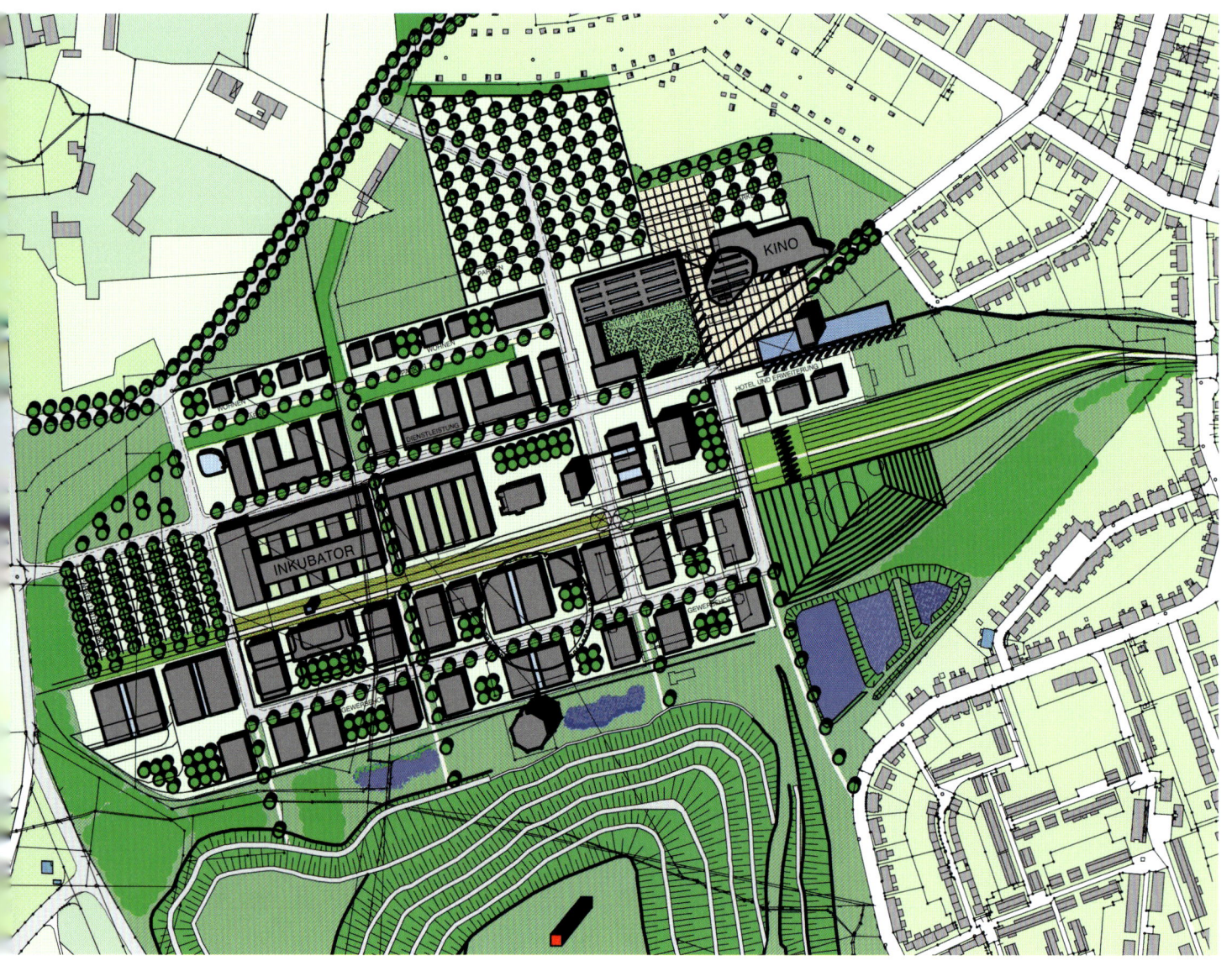

Wettbewerb Zeche Hugo, Gelsenkirchen
Planung: Wolters Partner

Gelsenkirchen
Zeche Hugo

Städtebauliches Werkstattverfahren 2001

Das Konzept Wolters Partner für die Standortentwicklung der 2000 aufgegebenen Zeche Hugo am südwestlichen Rand von Gelsenkirchen-Buer sollte Vergangenes – soweit vertretbar – für neue Entwicklungen als Dienstleistungsstandort erhalten.

Der sogenannte Inkubator (Gründerzentrum in Kooperation mit der Fachhochschule Gelsenkirchen) galt als Startprojekt.

Gerüst für das städtebauliche Konzept bilden die ehemalige Gleisharfe mit ruderalem Grün und die alten Alleen mit rasterhafter Baumstruktur.

Im nordwestlichen Bereich der zentralen grünen Gleisharfe war Wohnen und Dienstleistung vorgesehen, im nordöstlichen Bereich konnten wir uns Entertainment, Kino, Hotels und Gastronomie vorstellen, im Süden sollten Dienstleistungsbetriebe das Konzept ergänzen.

Prägend für den Gesamtraum sind die südlich der ehemaligen Schachtanlage entstandene „Rungenberg-Halde" und die angrenzende denkmalgeschützte „Schüngelberg-Siedlung".

Zeche Hugo – Die Spuren der montanen Vergangenheit
Foto: Wolters Partner

Mehrfachbeauftragung für das Zechengelände „Schlägel und Eisen" in Herten-Langenbochum
Planung: Wolters Partner

Herten
Entwicklungskonzept Zeche Schlägel & Eisen – Langenbochum

Mehrfachbeauftragung, ein 1. Rang 1999

Nach der Zielsetzung der Auslobung der Stadt Herten für die Nachnutzung des ehem. Zechengeländes sah der Beitrag Wolters Partner drei Entwicklungsbereiche vor:

- Der mittlere Bereich als Kern des Zechengeländes: weitere gewerbliche Entwicklung mit Handwerkerhöfen und Dienstleistern – Starterbetriebe – Umnutzung von bestehenden Gewerbebauten – Erhalt der Rundhalle als Veranstaltungsraum
- Im Osten: Ergänzung von Wohnquartieren
- Im Westen: Stärkung der Freiraumfunktion als Teil des „Regionalen Grünzuges – Emscher Landschaftspark" – Schaffung eines Siedlungsrandes.

Umnutzungsvorschlag Rundhalle
Planung: Wolters Partner

Baumarkt Eingangsfassade
Foto: Wolters Partner

Baumarkt – Eingang ehemalige Stuhlfabrik als Zitat der Industriearchitektur
Foto: Wolters Partner

Coesfeld, Dülmener Straße
Gartencenter, Baumarkt, Restaurant

Auftraggeber: GbR Ernsting
Bearbeitungszeit: 1991–1994

1918 Errichtung der Stuhlfabrik Bücking, 1945 kriegszerstört, teilweise wieder aufgebaut, bis 1992 Standort einer Discothek.

Auf der Konversionsfläche der ehemaligen Stuhlfabrik Bücking wurden zwischen 1991 und 1994 in Etappen die einzelnen Gebäude für ein Gartencenter, einen Baumarkt und Gastronomie errichtet. Das Gesamtensemble wurde 1994 von der Landesregierung NRW als vorbildliche Fläche für Gewerbe und Stadtökologie ausgezeichnet.

Eingangsbereich Baumarkt
Foto: Wolters Partner

Gartencenter
Foto: Hartwig Heuermann

Unterstand Einkaufswagen
Foto: Wolters Partner

Seitenansicht
Foto: Wolters Partner

Konversion 145

Blick über den Mustergarten
Foto: Wolters Partner

Coesfeld
Mustergarten Klostermann
Park der 1000 Steine

Auftraggeber: Heinrich Klostermann GmbH & Co. KG

Auf einer Konversionsfläche der Deutschen Bundesbahn entstand zwischen 1998 bis 2000 der Mustergarten der Betonwerke Klostermann. Die Themenbereiche Pflaster, Vegetation und Wasser verbinden sich zu einem Gesamtensemble. Der Mustergarten „Park der 1000 Steine" ist so strukturiert, dass das robuste Konzept des Gartens Veränderungen bei den befestigten Flächen ermöglicht, um so auf die Produkte der Firma eingehen zu können. Das Gesamtbild bleibt jeweils erhalten.

6.000 qm Fläche gliedern sich jeweils zu 50 % in Grün und befestigte Zonen.

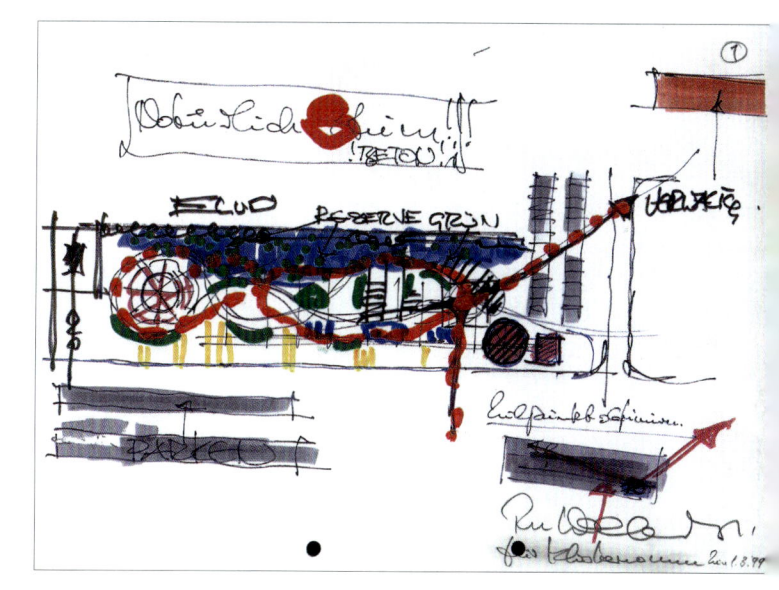

Entwurfsskizze
Zeichnung: Friedrich Wolters

Konversion 147

Dispositions-Gebäude der Betonwerke
Foto: Wolters Partner

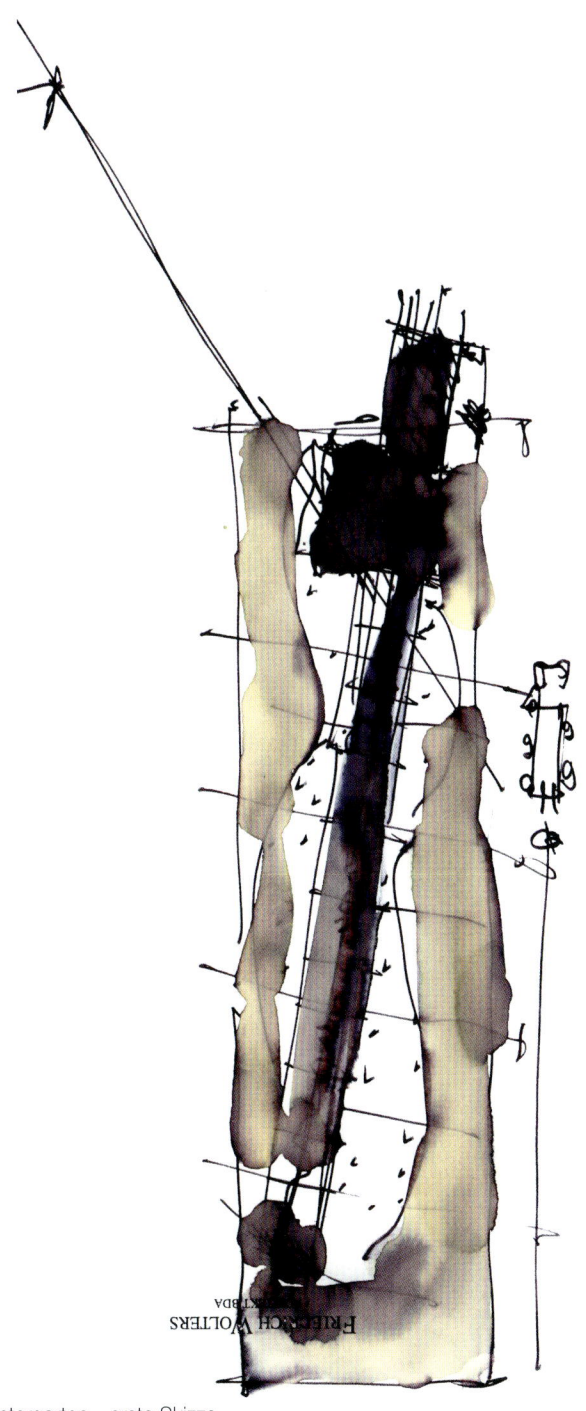

Mustergarten – erste Skizze
Zeichnung: Friedrich Wolters

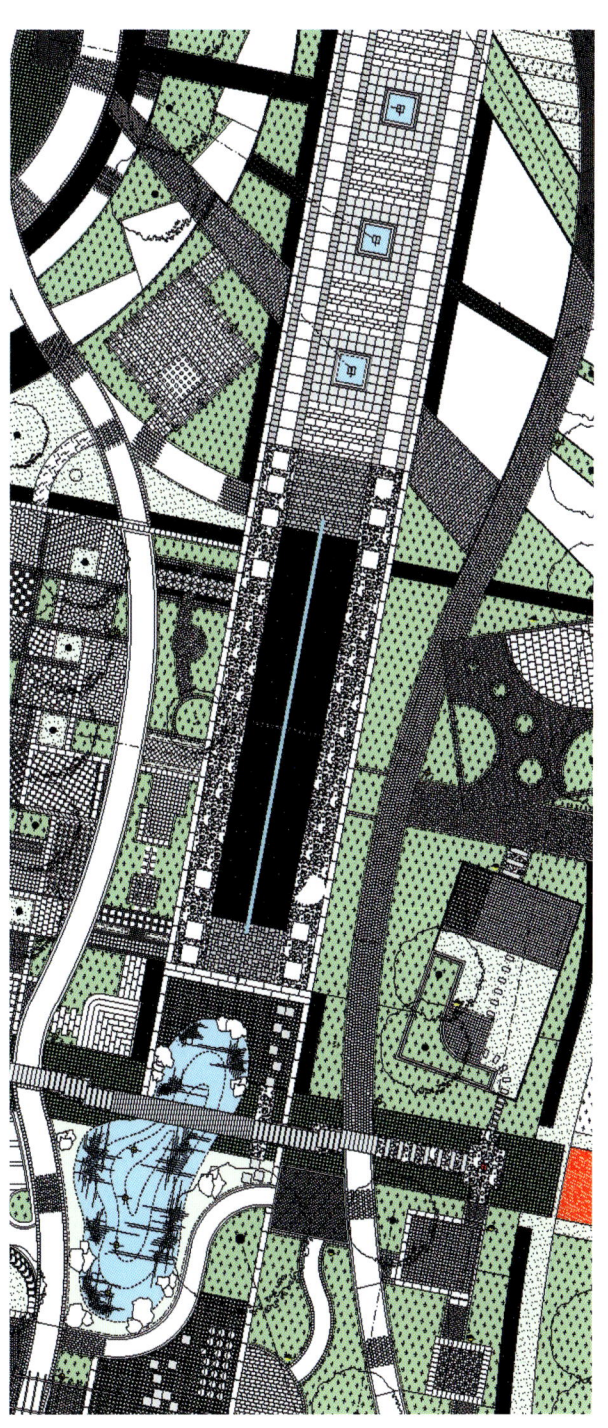

Der Park der 1000 Steine
Planung: Wolters Partner

Konversion 149

Masterplan Gesamtgebiet Maybacher Heide, Recklinghausen
Planung: Wolters Partner

Recklinghausen, Maybacher Heide
Ehem. Preston Barracks

Auftraggeber: Stadtentwicklungsgesellschaft Recklinghausen (SER)

Bearbeitungszeit: 2005–2008 in Zusammenarbeit mit dem Büro Landschaft und Siedlung, Recklinghausen

Nach Aufgabe der militärischen Nutzung auf dem Gelände der ehemaligen Preston Barracks im Stadtteil Hillerheide wurde Wolters Partner von der Stadtentwicklungsgesellschaft Recklinghausen (SER) zunächst mit der Erarbeitung eines Masterplans zur Reaktivierung des Kasernengeländes beauftragt.
Kernelemente des Masterplans sind die Entwicklung eines Wohnquartiers für ca. 170 Wohneinheiten in unterschiedlichen Wohnformen, das trotz seiner innerstädtischen Lage eine direkte Verknüpfung mit der Grünzone des rekultivierten Bärenbachs besitzt. Zentrales Gestaltungselement des Quartiers ist daher eine Grünachse, die ausgehend von dem zentralen Quartiersplatz eine Anbindung in den östlich gelegenen Freiraum bietet. Aufbauend auf dem Masterplan wurde seitens Wolters Partner der Bebauungsplan für das Gesamtareal erarbeitet sowie ein Handbuch für die Gestaltung der privaten Bauvorhaben entwickelt. Die öffentlichen Straßenräume wurden auf Grundlage der von Wolters Partner erarbeiteten Gestaltungsentwürfe realisiert. Im Rahmen der Umsetzung des Bebauungsplanes wurde zudem der Investorenwettbewerb für die Realisierung der Bebauung am Quartiersplatz betreut.

Luftbild Maybacher Heide 2014
Foto: Stadtentwicklungsgesellschaft Recklinghausen mbH

Oberirdische Straßenentwässerung
Maybacher Heide
Entwurf: Wolters Partner

Rahmenplan für die Umnutzung zu einem Gebiet für Wohnen und Gewerbe
Planung: Wolters Partner

Emmerich am Rhein
Moritz-von-Nassau-Kaserne

Die Moritz-von-Nassau-Kaserne und der Pionierübungsplatz aus den 1960er-Jahren wurden 2008 aufgegeben. Die Stadt Emmerich und die Bundesanstalt für Immobilienaufgaben beauftragten Wolters Partner 2007 mit der Erarbeitung einer städtebaulichen Rahmenplanung für das Gelände.

Die Konversionsfläche befindet sich in 1,5 km Entfernung zur Emmericher Innenstadt. In unmittelbarer Nähe zur ehemaligen Kaserne verlaufen die Autobahn A 3 sowie die Bundesstraße B 220, welche für eine gute verkehrliche Anbindung sorgen. Im Umfeld bestehen attraktive Naherholungsmöglichkeiten.

Das Konzept weist einen zentralen Quartiersplatz als Identifikationspunkt im Bereich der Hauptallee auf. Erhaltenswerte Vegetationsstrukturen wurden mit einem Quartierspark innerhalb der Wohnbebauung einbezogen. Im östlichen Teil wurden gewerbliche Hallenstrukturen als Gewerbe- und Dienstleistungsflächen ergänzt.

Luftbild des Standortes
Foto: Stadt Emmerich

Ehemaliges Offizierheim
Foto: Wolters Partner

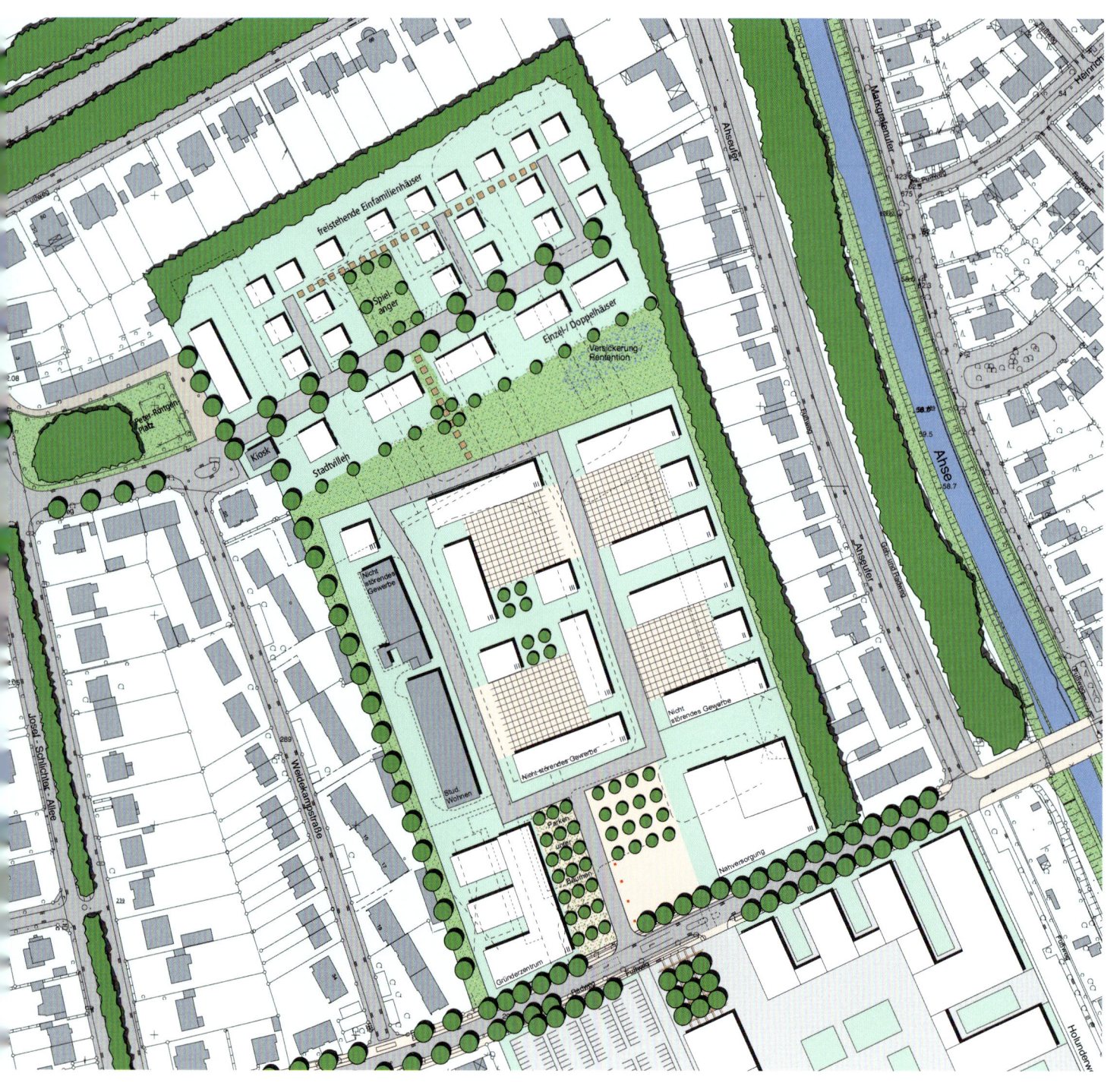

Rahmenplan für die Umnutzung zu einem Gebiet für Wohnen und Gewerbe
Planung: Wolters Partner

Hamm
Paracelsus Kaserne

Die bundesweite Umstrukturierung der Bundeswehrstandorte hatte auch unmittelbare Auswirkungen auf die 1,5 km östlich des Stadtzentrums von Hamm liegende Paracelsus Kaserne. Mit der im November 2004 getroffenen Entscheidung, das Sanitätsregiment 22 von Hamm nach Ahlen zu verlagern, geht am Standort Paracelsus Kaserne eine über 70-jährige Geschichte militärischer Nutzung zu Ende, die mit der Gründung der Kaserne als Infanterie-Kaserne im Jahre 1935 ihren Anfang nahm.

Die g.e.b.b. (Gesellschaft für Entwicklung, Beschaffung und Betrieb mbH) hat in enger Abstimmung mit der Stadt Hamm die ersten Schritte für eine Konversion des Kasernengeländes in eine zivile Nutzung eingeleitet. Wolters Partner erarbeitete in deren Auftrag ein städtebauliches Entwicklungskonzept, in dem die Potenziale des Standortes analysiert und Szenarien für mögliche Folgenutzungen diskutiert wurden.

Dabei waren neben den städtebaulichen Rahmenbedingungen insbesondere der Gebäude- und Vegetationsbestand sowie die Frage potenzieller Bodenverunreinigungen zu beachten. Die Vereinbarkeit möglicher Folgenutzungen mit dem vorhandenen Umfeld der Kaserne kam in der Diskussion mit den Bürgern von Beginn an eine große Bedeutung für einen möglichst breiten Konsens zu.

Umnutzung der Kasernengebäude zu Wohnheimen, Studie zur Bestandsumnutzung für die Fachhochschule Hamm-Lippstadt
Fotocollage: Wolters Partner

Rahmenplan Katjes-Gelände, Emmerich am Rhein
Planung: Wolters Partner

Emmerich am Rhein
Katjes-Gelände

Auftraggeber: Katjes GmbH 2010

Das Katjes-Quartier in Emmerich als ehemaliger Produktionsstandort der Firma liegt nur knapp 400 m vom Innenstadtkern entfernt. Das Gelände war vollständig mit Produktions- und Lagerhallen bebaut.

Wolters Partner wurde beauftragt, eine städtebauliche Rahmenplanung mit einer Nutzungs- und Bebauungskonzeption zu erstellen, die sich in die bereits vorhandenen Strukturen eingliedern sollte. Ziel war es, im Quartier unter Einbeziehung der historischen Bausubstanz innerstädtisches Wohnen und Arbeiten zu realisieren.

Das prägnante Gebäude Alte Tuchfabrik im Westen des Gebietes als Beispiel für die Industriearchitektur des ausgehenden Jahrhunderts wird erhalten und soll für Wohn-, Gewerbe und kulturelle Zwecke umgenutzt werden.

Die übrigen Flächen des Quartiers wurden mit einem zentralen Quartiersplatz für Reihen- und Doppelhäuser und für seniorengerechtes Wohnen sowie für Dienstleistungen geplant.

Ehemalige Produktionshallen
Fotos: Wolters Partner

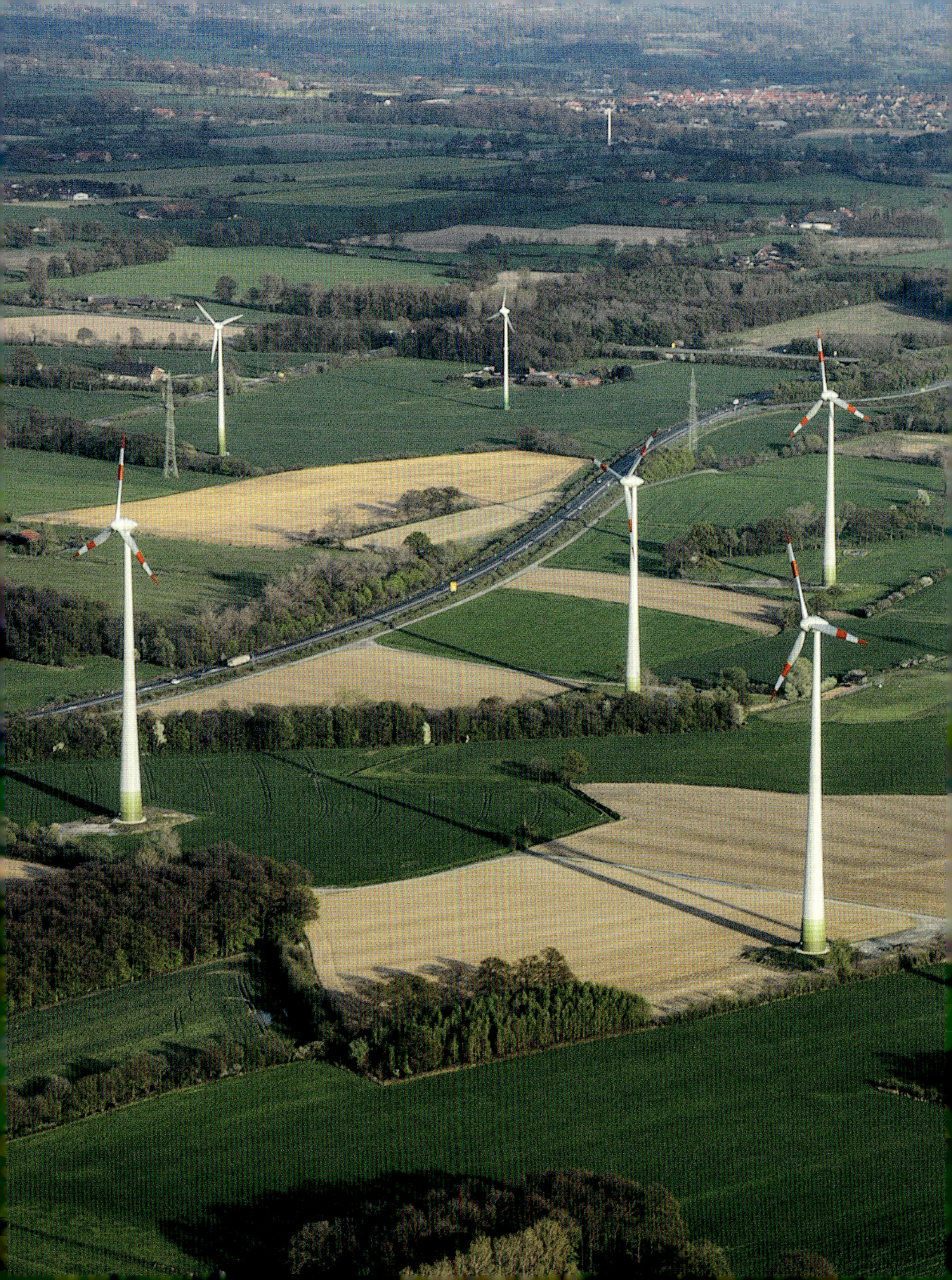

Planungen im regionalen Kontext

Nordrhein-Westfalen

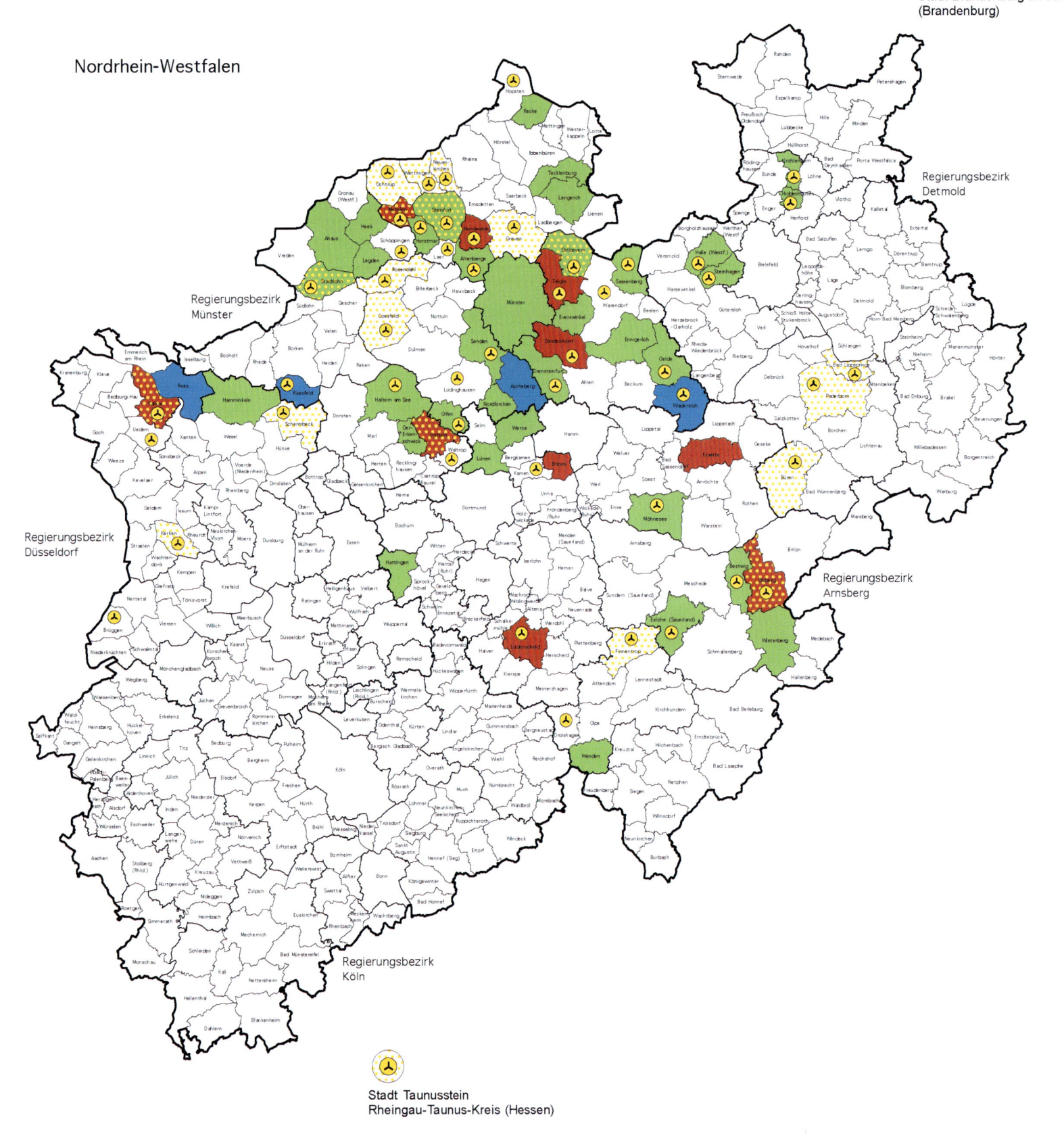

Flächennutzungsplan
Stadt Brandenburg an der Havel
(Brandenburg)

Regierungsbezirk Detmold

Regierungsbezirk Münster

Regierungsbezirk Düsseldorf

Regierungsbezirk Arnsberg

Regierungsbezirk Köln

Stadt Taunusstein
Rheingau-Taunus-Kreis (Hessen)

Wolters Partner: Vorbereitende Bauleitplanung Flächennutzungspläne

- Neuaufstellung Flächennutzungsplan
- Neuaufstellung Flächennutzungsplan mit Leitbildprozess/ Stadtentwicklungskonzept
- Planungen nach § 5 Abs. 2b BauGB (Teilflächennutzungspläne)
- Planungen nach § 35 Abs. 3 Satz 3 BauGB (Potenzialflächenanalyse überwiegend in FNP-Änderungen umgesetzt)
- digitale Neuzeichnung Flächennutzungsplan

160   Planungen im regionalen Kontext

Vorherige Doppelseite:
Sich verändernder Landschaftsraum
Foto: Klaus Bossemeyer

Planungen im regionalen Kontext

Die landes- und regionalplanerische Verantwortung in der Gemeindeentwicklung hat Wolters Partner auf verschiedenen Projektebenen wahrgenommen.

Für eine Vielzahl von Gemeinden – fast flächendeckend in manchen Regionen – erarbeiteten wir die Flächennutzungspläne zur mittelfristigen Entwicklung in verschiedenen Phasen der wirtschaftlichen, politischen und sozialgeografischen Veränderungen:

Die kommunale Neugliederung in den 1970er-Jahren verlangte – bei flächenmäßig teilweise großen Eingemeindungen von ehemals selbstständigen Gemeinden – einen Interessensausgleich der Wachstumserwartungen zwischen Zentralort und neuen Ortsteilen.

Ab den 1980er-Jahren musste die Wirklichkeit mit reduzierten Wachstumserwartungen zur Kenntnis genommen werden, bis im neuen Jahrtausend die wieder einsetzende Bauflächennachfrage den Zielsetzungen der Landesplanung zur Verringerung der Flächenversiegelung widersprach und Lösungsalternativen – u. a. Innenverdichtung in die Bilanz des Bauflächenbedarfs – zu suchen waren.

Übersicht Flächennutzungspläne
Zeichnung: Wolters Partner

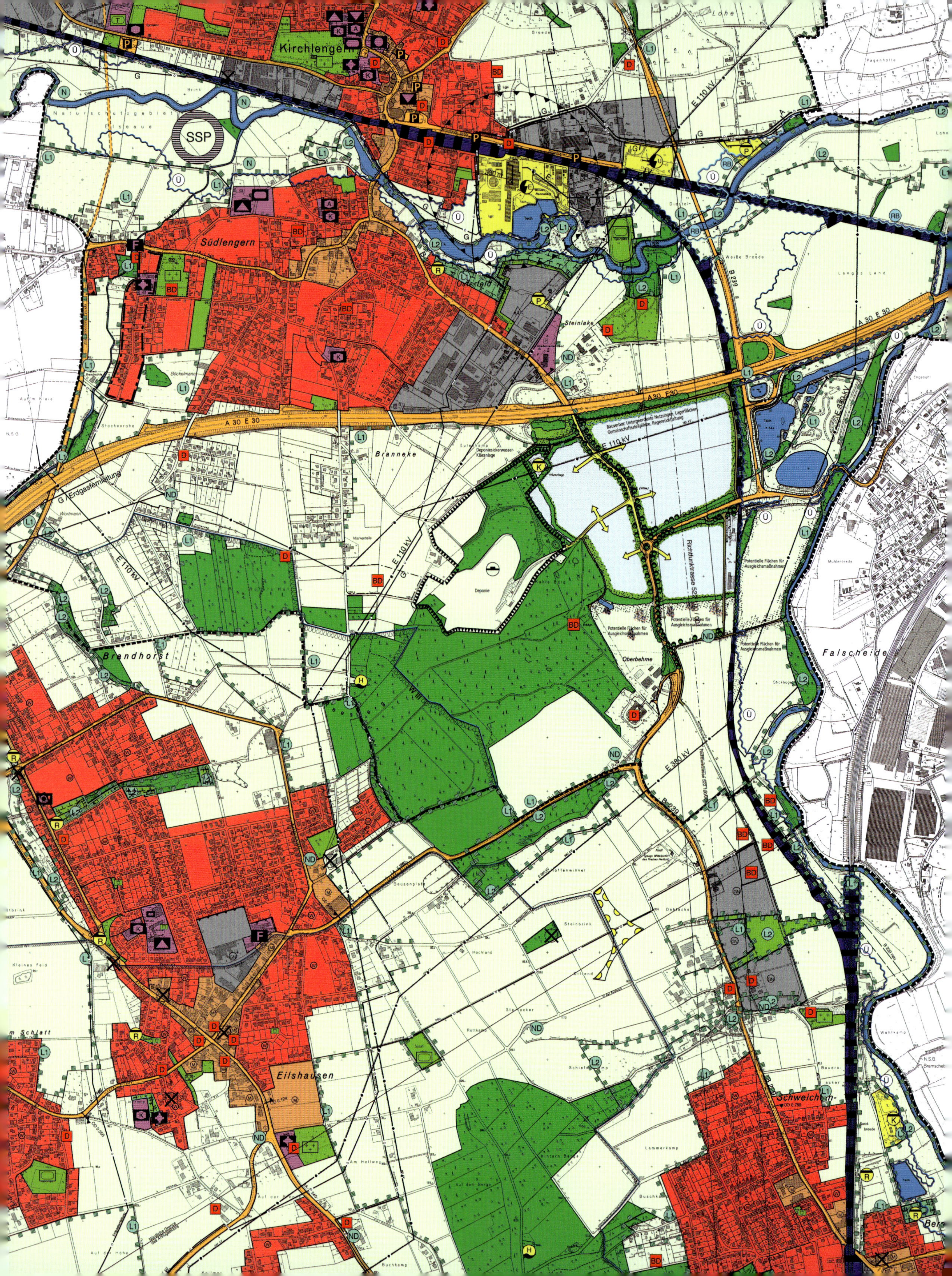
Kirchlengern
SSP
Südlengern
Steinlake
A 30 E 30
Branneke
Deponie
Brandhorst
Oberbehme
Falscheide
E 110 kV
E 380 kV
B 239
Eilshausen
Schweicheln

Die Fragen der Gemeindeentwicklung waren für Wolters Partner auch immer eine Moderationsaufgabe des Interessensausgleichs zwischen den Zielen der Landesplanung sowie der nachbargemeindlichen Konkurrenz – wie die Aufgabenstellung für Wolters Partner im folgenden Beispiel zeigt.

Nicht alle von Wolters Partner betreuten Planungsvorhaben waren zum Zeitpunkt der ersten Planungsüberlegungen mit den geltenden Zielen der Regionalplanung kompatibel. Insbesondere bei der Aufstellung neuer Regionalpläne durch die Bezirksplanungen wurde das Gegenstromprinzip genutzt, um durch eine zeitgleiche Aufstellung von Flächennutzungsplänen zu einem Zielabgleich zu kommen. Andere Vorhaben waren nur durch eine Änderung geltender Regionalpläne umzusetzen. Dies galt auch für die Planung eines interkommunalen Gewerbegebietes der Gemeinden Kirchlengern und Hiddenhausen im Kreis Herford. Die Gemeinde Hiddenhausen, die über keine Gewerbeflächenreserven verfügte, konnte ansiedlungswilligen Betrieben Flächen im Interkommunalen Gewerbegebiet Oberbehme in Kirchlengern vermitteln – begleitet durch Wolters Partner mit einer Machbarkeitsstudie zur Änderung des Gebietsentwicklungsplanes im Regierungsbezirk Detmold. Der Antrag wurde 2001 im Auftrag beider Kommunen gestellt. Durch die Darstellung eines „Gewerbe- und Industrieansiedlungsbereichs" an der A 30 wurde die Voraussetzung für die dann ebenfalls durch Wolters Partner erfolgten FNP-Änderungen in beiden Gemeinden und für den Bebauungsplan „Interkommunales Gewerbe- und Industriegebiet Oberbehme" geschaffen. Die Bearbeitung der Regionalplanänderung war mit umfangreichen Umweltprüfungen verbunden.

Machbarkeitsstudie Gewerbegebiet Oberbehme – Kirchlengern
Planung: Wolters Partner

Gemeinsamer Flächennutzungsplan
für Gewerbegebiet Oberbehme – Kirchlengern
Planung: Wolters Partner

Planungen im regionalen Kontext

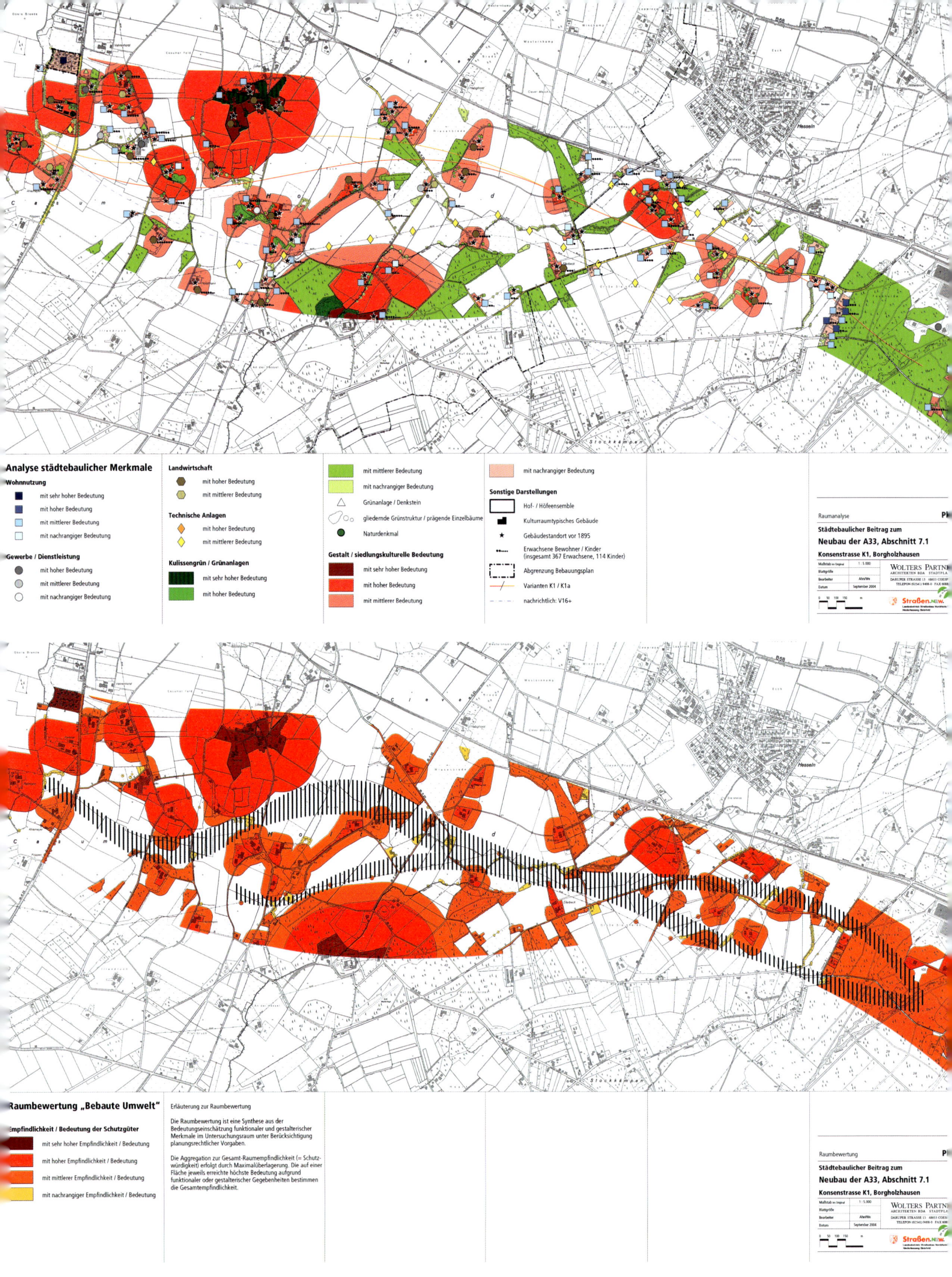

Analyse städtebaulicher Merkmale

Wohnnutzung
- mit sehr hoher Bedeutung
- mit hoher Bedeutung
- mit mittlerer Bedeutung
- mit nachrangiger Bedeutung

Gewerbe / Dienstleistung
- mit hoher Bedeutung
- mit mittlerer Bedeutung
- mit nachrangiger Bedeutung

Landwirtschaft
- mit hoher Bedeutung
- mit mittlerer Bedeutung

Technische Anlagen
- mit hoher Bedeutung
- mit mittlerer Bedeutung

Kulissengrün / Grünanlagen
- mit sehr hoher Bedeutung
- mit hoher Bedeutung
- mit mittlerer Bedeutung
- mit nachrangiger Bedeutung
- Grünanlage / Denkstein
- gliedernde Grünstruktur / prägende Einzelbäume
- Naturdenkmal

Gestalt / siedlungskulturelle Bedeutung
- mit sehr hoher Bedeutung
- mit hoher Bedeutung
- mit mittlerer Bedeutung
- mit nachrangiger Bedeutung

Sonstige Darstellungen
- Hof- / Höfeensemble
- Kulturraumtypisches Gebäude
- Gebäudestandort vor 1895
- Erwachsene Bewohner / Kinder (insgesamt 367 Erwachsene, 114 Kinder)
- Abgrenzung Bebauungsplan
- Varianten K1 / K1a
- nachrichtlich: V16+

Raumanalyse
Städtebaulicher Beitrag zum
Neubau der A33, Abschnitt 7.1
Konsensstrasse K1, Borgholzhausen

Maßstab im Original 1 : 5.000
Datum: September 2004

WOLTERS PARTNER
ARCHITEKTEN BDA STADTPLANER

Raumbewertung „Bebaute Umwelt"

Empfindlichkeit / Bedeutung der Schutzgüter
- mit sehr hoher Empfindlichkeit / Bedeutung
- mit hoher Empfindlichkeit / Bedeutung
- mit mittlerer Empfindlichkeit / Bedeutung
- mit nachrangiger Empfindlichkeit / Bedeutung

Erläuterung zur Raumbewertung

Die Raumbewertung ist eine Synthese aus der Bedeutungseinschätzung funktionaler und gestalterischer Merkmale im Untersuchungsraum unter Berücksichtigung planungsrechtlicher Vorgaben.

Die Aggregation zur Gesamt-Raumempfindlichkeit (= Schutzwürdigkeit) erfolgt durch Maximalüberlagerung. Die auf einer Fläche jeweils erreichte höchste Bedeutung aufgrund funktionaler oder gestalterischer Gegebenheiten bestimmen die Gesamtempfindlichkeit.

Raumbewertung
Städtebaulicher Beitrag zum
Neubau der A33, Abschnitt 7.1
Konsensstrasse K1, Borgholzhausen

Maßstab im Original 1 : 5.000
Datum: September 2004

WOLTERS PARTNER
ARCHITEKTEN BDA STADTPLANER

Städtebaulicher Fachbeitrag zu Umweltverträglichkeitsprüfungen

Die nach europäischem Recht eingeführte Verpflichtung zur Umweltverträglichkeitsprüfung und zum Städtebaulichen Fachbeitrag hat Straßenplanungen bereits in der Phase der Linienfindung massiv beeinflusst und die ohnehin meistens schon langen Planungszeiträume weiter ausgedehnt. Die Straßenbaulastträger waren nun gehalten, die günstigste Trasse nicht nur unter wirtschaftlichen Aspekten und nach der größten verkehrlichen Entlastungswirkung zu bestimmen. Die Suche nach der umweltverträglichsten Trasse wurde um sogenannte Umweltverträglichkeitsstudien (UVS) erweitert. Wolters Partner hat in einer Vielzahl von Projekten sowohl zu Umgehungsstraßen als auch zu Autobahnabschnitten, Bahnübergängen und Straßenbahnlinien diese UVS um einen „Städtebaulichen Fachbeitrag" erweitert.

Der gesetzliche Umweltbegriff verlangt ausdrücklich die Einbeziehung der Auswirkungen auf den Menschen, auf Kultur- und Sachgüter. Darüber hinaus ist innerhalb der UVS immer eine „Nullvariante", also die Beibehaltung des Status Quo zu untersuchen. Bei Straßenplanungen handelt es sich dabei in der Regel um die gewachsenen Straßenverläufe innerhalb von Städten und Dörfern. Hier stößt die Fachkompetenz der Umwelt- bzw. Landschaftsplaner an erkennbare Grenzen. Wolters Partner hat daher im Auftrag verschiedener Baulastträger die UVS zu Straßenbauprojekten inhaltlich um städtebauliche Belange erweitert und vertieft. Städtebauliche Funktionen und städtebauliche Gestaltmerkmale der betroffenen Räume haben eine wichtige (weitere) Entscheidungshilfe geliefert, um die verträglichste Trassenführung zu finden.

Der Städtebauliche Fachbeitrag hat dabei auch eine moderierende Funktion zwischen Umwelt und Verkehr und richtet den Blick nicht zuletzt wieder auf die betroffenen Menschen, die in der Regel ja Nutznießer der Planung sein sollen – und Betroffene sind. In einem Klageverfahren der Umweltverbände zu einem Abschnitt der A 33 vor dem Bundesverwaltungsgericht in Leipzig hat der vorsitzende Richter nach zwei langen Verhandlungstagen mit Verkehrsprognosen und Artenschutz-Diskussionen nachgefragt, wann denn endlich die Belange der betroffenen Bürger, deren zum Teil Jahrhunderte alte Hofstellen beiseitegeräumt werden sollten, zur Sprache kämen. Mit dem Städtebaulichen Fachbeitrag wurden genau diese Fragestellungen der Siedlungskultur thematisiert. Die Schwierigkeit dieser Planung lag in der Bewertung der vorgefundenen städtebaulichen Gegebenheiten. Um hier transparent zu bleiben, waren zum Teil sehr komplexe und tiefgestaffelte Bewertungsschritte erforderlich, die in separaten Gutachten, die später Teil der Planfeststellungsverfahren wurden, dokumentiert wurden.

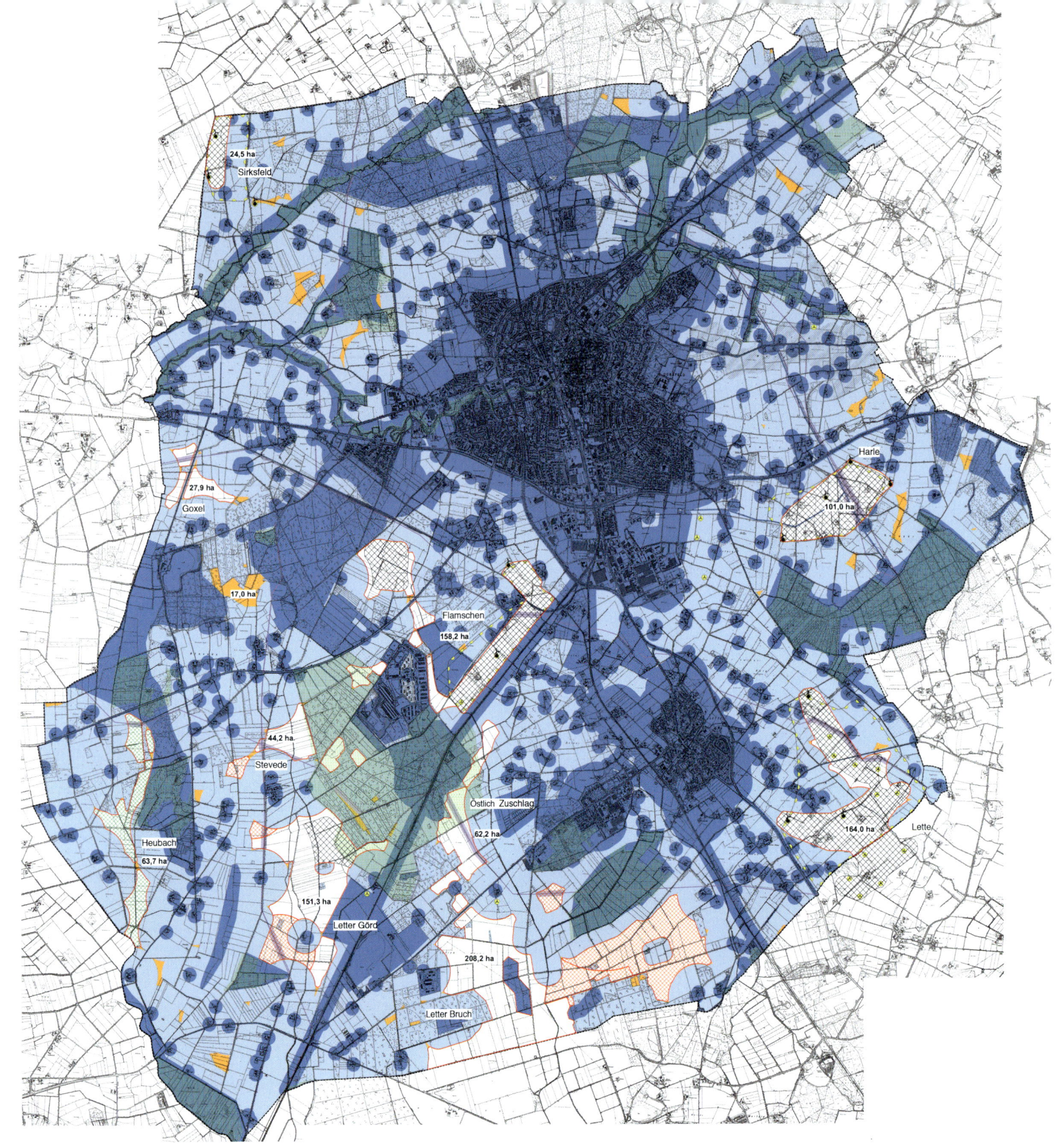

Tabukriterien

- "harte" (abwägungsresistente) Tabukriterien
- "weiche" (abgewogene) Tabukriterien

Hinweis: Nutzung außerhalb der Stadtgrenze bis 800 m berücksichtigt.

Sonstige Restriktionen

- Landschaftsschutzgebiete
- Biotopverbund mit herausragender Bedeutung gemäß LANUV
- Kammlage der Baumberge
- Unterirdisch verlegte Transportleitungen z. B. Gas
  (Bei der Standortplanung von Windkraftanlagen ist der Verlauf und notwendige Sicherheitsabstände – Gas: 8 m bis 40 m – zu beachten; ein pauschaler Tabuausschluss wird nicht berücksichtigt, da der Luftraum oberhalb der Leitungen ggf. durch Rotoren überstrichen werden kann.)

Potenzialflächen

- 942 ha — Vorgesehen als Konzentrationszone im FNP
- Keine Darstellung als Konzentrationszone aufgrund fachbehördlicher Bedenken der ULB und entgegenstehender Umweltvorsorgeziele der Stadt
- 189 ha — Keine Darstellung als Konzentrationszone aufgrund artenschutzfachlicher Bedenken im Rahmen der ASP II
- Keine Darstellung als Konzentrationszone wegen fehlender Konzentrationswirkung (< 20 ha ohne optischen Bezug zu einer benachbarten Zone) oder nicht ausreichender Ausdehnung zur vollständigen Aufnahme von WKA mit einem Rotordurchmesser von mindestens 70 m
- nachrichtlich: Vorrangzonen Sachlicher Teilplan „Energie" zum Regionalplan Münsterland (wirksam seit 16.02.2016)

Sonstige Darstellungen

- Derzeit dargestellte Eignungsbereiche für die Windenergienutzung mit einer Gesamthöhe von max. 140 m
- Vorhandene Windkraftanlage (WKA)
- Vorhandene Windkraftanlagen innerhalb oder unmittelbar am Rand ehemals vorhandener Konzentrationszonen (soweit nicht von einem absoluten Tabu betroffen), die als Ausnahme von der Regel erhalten bleiben sollen
- ---- Stadtgrenze

Regenerative Energien – ein heißes Thema

Zu den Aufgaben von Wolters Partner gehört auch die Unterstützung der Kommunen bei der Steuerung der Windenergienutzung.

Über das Instrument des Flächennutzungsplanes haben die Kommunen die Möglichkeit, die (nicht mehr ganz angemessene und zeitgemäße) Privilegierung von Windkraftanlagen zu steuern. Durch Wertung der Räume und Nutzungszuordnung im Außenbereich ist für die Stadtplaner eine wichtige Aufgabe entstanden.

In den langwierigen und komplexen Planungsprozessen wird die Bürgerschaft in der Regel gespalten – in Befürworter und Gegner. Unsere Moderationsfähigkeiten sind hier massiv gefordert, um den Spagat zwischen rechtlichen Anforderungen und der vielfältigen persönlichen Betroffenheit hinzubekommen.

Der Gesetzgeber hat 1996 die Privilegierung der Windenergienutzung eingeführt und dabei gleichzeitig den Kommunen einen Planungsvorbehalt eingeräumt. Die Kommunen machen davon Gebrauch, indem durch Darstellung von Konzentrationszonen für die Windenergienutzung in den Flächennutzungsplänen eine städtebauliche Steuerung vorgenommen werden kann. Als „Flächennutzungsplaner" war Wolters Partner in diesen umfangreichen Aufgabenbereich eingebunden.

In über 50 Kommunen wurden sogenannte Potenzialflächenanalysen erarbeitet, um geeignete Flächen für die Windenergienutzung zu ermitteln. Die notwendige politische Diskussion zu „harten" und „weichen" Tabukriterien verlangt eine fachkundige, oftmals im Verbund mit Planungsrechtsanwälten durchgeführte fundierte Betreuung. Während in den Kommunen, in denen von vornherein der Gedanke des „Bürgerwindparks" umgesetzt wurde, Umsetzungsprobleme eher im Bereich Artenschutz auftauchten, war in den übrigen Kommunen mit massiven Bürgerwiderständen umzugehen.

Mit den Flächennutzungsplänen zur Steuerung der Windenergienutzung wurde einerseits das Fundament für die Umsetzung der Energiewende geschaffen. Andererseits wurden Investoren aber auch in ihre Schranken verwiesen, indem einer ungesteuerten, wahllosen und nur an Profitinteressen orientierten Standortplanung von Windkraftanlagen gleich „der Wind aus den Segeln/Flügeln" genommen wurde.

Stadt Coesfeld: Potenzialflächenanalyse zur Ermittlung von Konzentrationszonen für die Windenergienutzung
Planung: Wolters Partner

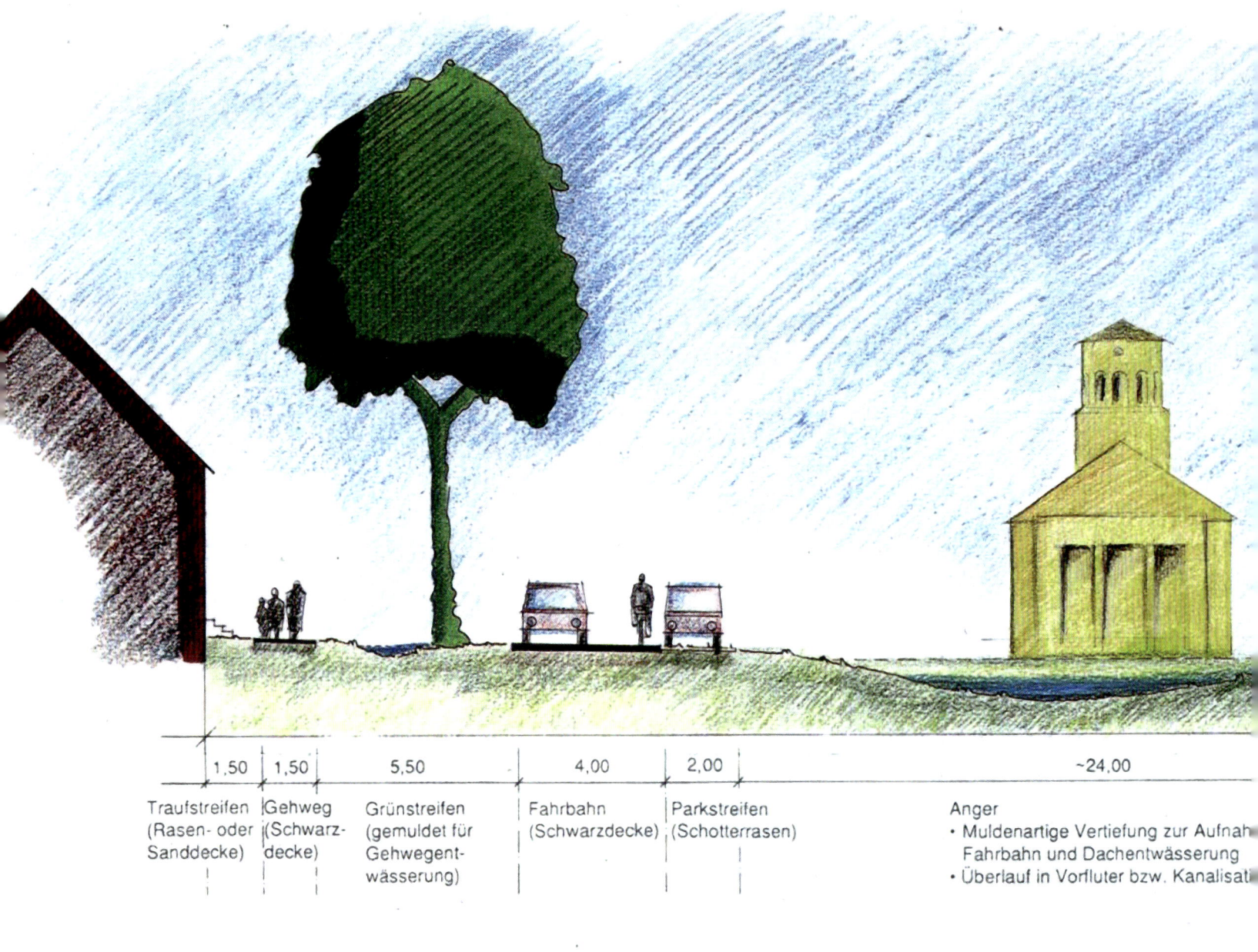

1,50	1,50	5,50	4,00	2,00	~24,00
Traufstreifen (Rasen- oder Sanddecke)	Gehweg (Schwarzdecke)	Grünstreifen (gemuldet für Gehwegentwässerung)	Fahrbahn (Schwarzdecke)	Parkstreifen (Schotterrasen)	Anger • Muldenartige Vertiefung zur Aufnah[me] Fahrbahn und Dachentwässerung • Überlauf in Vorfluter bzw. Kanalisat[ion]

Der Schinkel-Anger in Neuhardenberg

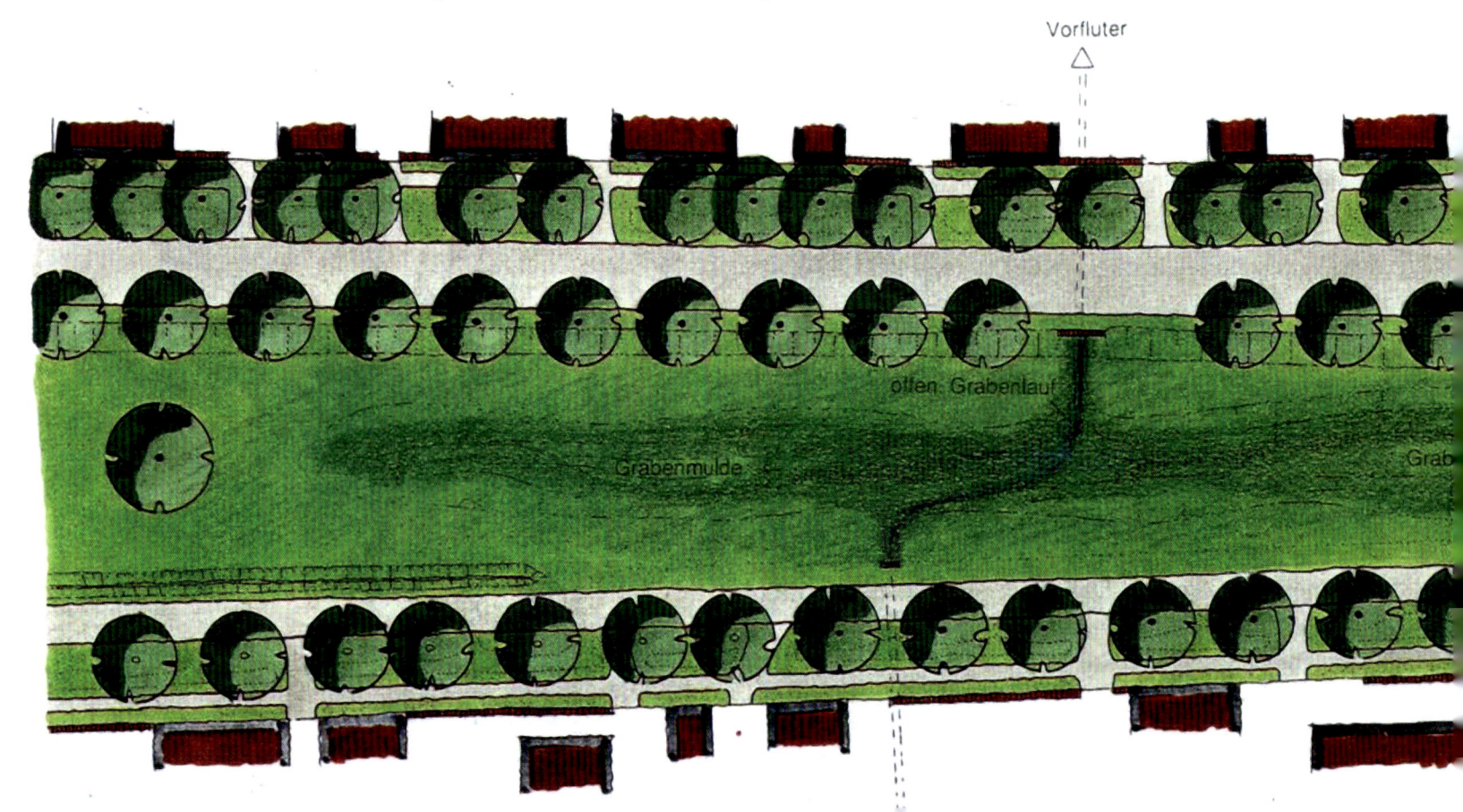

Vorfluter

offen. Grabenlauf

Grabenmulde

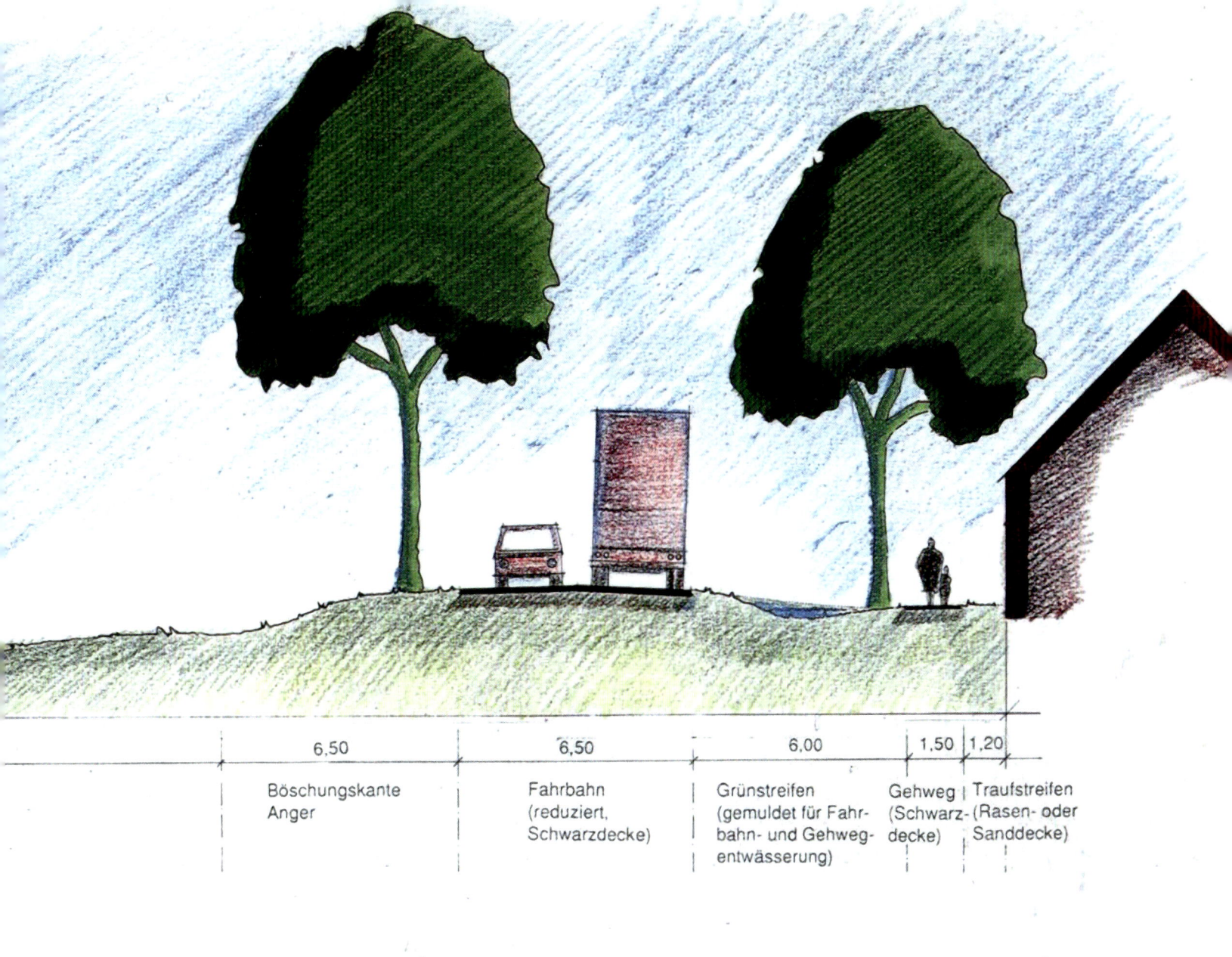

6,50	6,50	6,00	1,50	1,20
Böschungskante Anger	Fahrbahn (reduziert, Schwarzdecke)	Grünstreifen (gemuldet für Fahrbahn- und Gehwegentwässerung)	Gehweg (Schwarzdecke)	Traufstreifen (Rasen- oder Sanddecke)

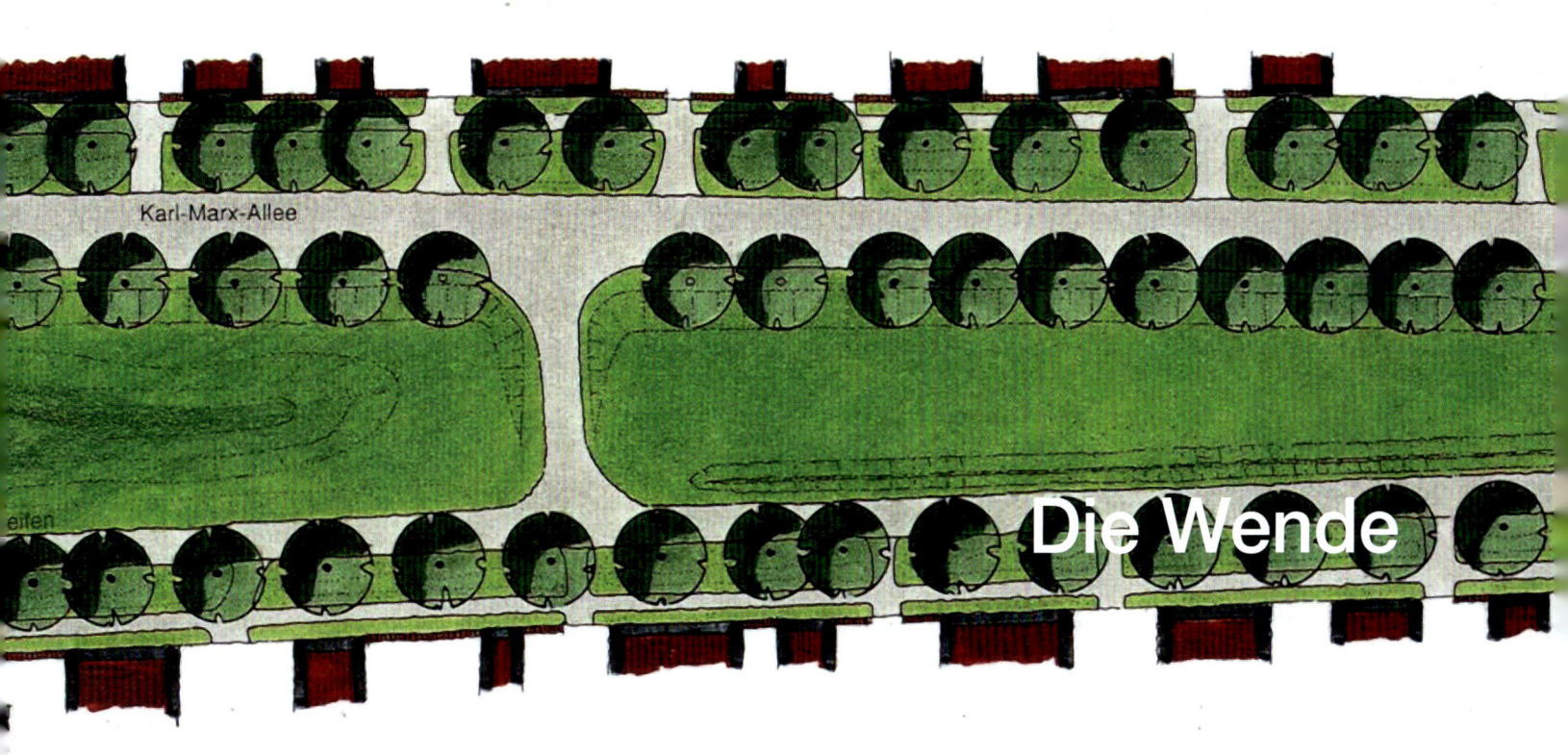

Karl-Marx-Allee

Die Wende

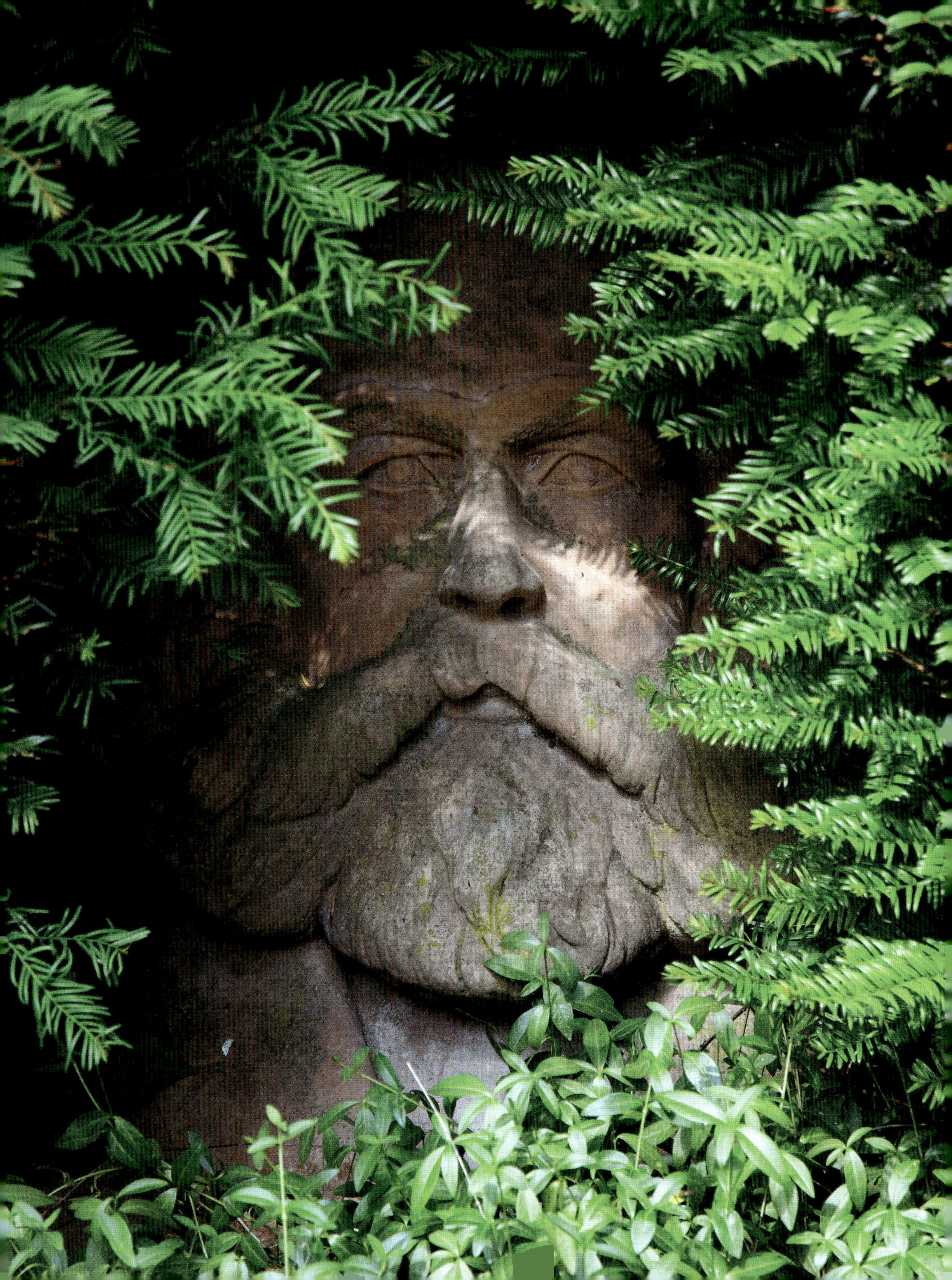

Vorherige Doppelseite:
Neuhardenberg, Angergestaltung
Planung: Wolters Partner

Die „Wende" – Eine aufregende Planungsphase

Der Mauerfall bedeutete das besondere Erlebnis, die vom Wirtschaftswachstum nicht noch nachträglich zerstörten historischen Stadtbilder in der ehemaligen DDR zu begreifen.

Durch die Partnerschaften einiger Kommunen, für die Wolters Partner in Nordrhein-Westfalen planerisch tätig war, mit Gemeinden in Brandenburg und Sachsen-Anhalt stellten sich hier unglaublich schöne Aufgaben:
- Rahmenpläne für vorsichtige Ortsentwicklungen
- Gestaltung von öffentlichen Platz- und Straßenräumen bis zur Umsetzung
- Gestaltungspläne- und Gestaltungssatzungen für Denkmalbereiche

Schwerpunkte waren für Wolters Partner traumhafte historische Orte wie Neuhardenberg, Neuruppin, Treuenbritzen oder Klieken-Rosslau.

Neuhardenberg – ehemals Marxwalde
Foto: Wolters Partner

Karl Marx
Bildhauer: Otto Leibe, Halle an der Saale
Foto: Wolters Partner

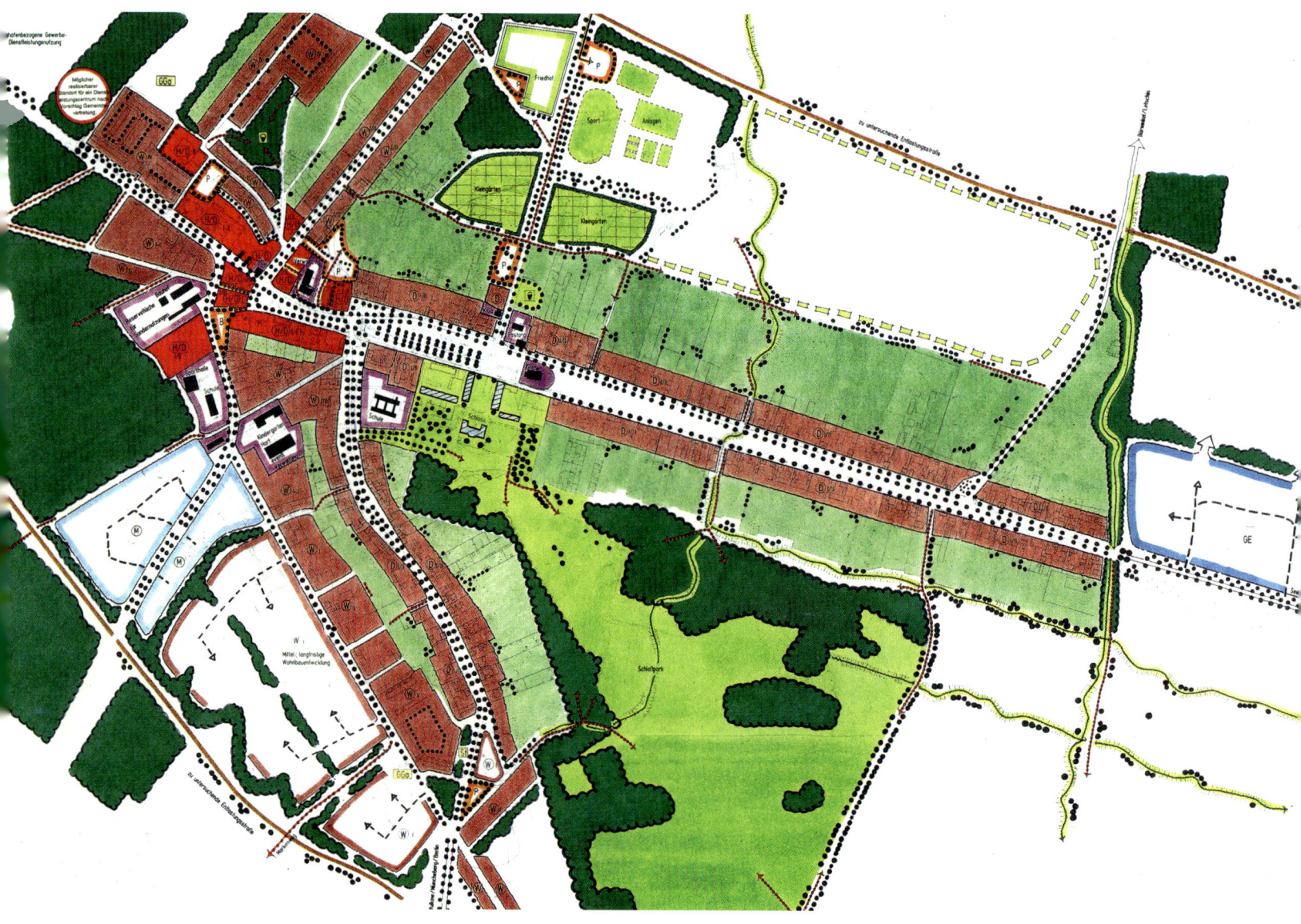

Rahmenplan Neuhardenberg
Planung: Wolters Partner

Neuhardenberg

Bereits 1990 setzte der damalige Bürgermeister von Neuhardenberg mit Realitätssinn und Fantasie die planerische Zukunft der Gemeinde in Bewegung – unterstützt von seiner Partnergemeinde im niederrheinischen Hamminkeln.

Quilitz – Neuhardenberg – Marxwalde – Neuhardenberg, diese wechselnden Ortsnamen bezeichnen die farbenreiche Geschichte der Gemeinde – 30 km nördlich von Frankfurt/Oder (man lese Fontane „Wanderung durch die Mark Brandenburg – Das Oderland").

Das Zusammenwirken von Karl Friedrich Schinkel als Architekt des Schlosses Neuhardenberg, der Dorfkirche und Angerbebauung mit Josef Peter Lenné als Landschaftsgestalter von Schlosspark und Schossfreiheit geben der Ortslage ein unverwechselbares Gepräge mit höchstem Denkmalwert. Mächtiger Auftraggeber war Fürst und Staatskanzler von Hardenberg und sein Schwiegersohn Fürst Pückler.

Mit entsprechender Ehrfurcht erarbeitete Wolters Partner 1992 den Rahmenplan für diese historische Struktur: Bebauungspläne und Gestaltungssatzung sowie Straßenraumgestaltung. Besonders reizvoll war dabei die Entwicklung von Alternativen zukünftiger Nutzungen/ Umnutzungen der historischen Angerbebauung.

Nahe Neuhardenberg beheimatet war der auch in der damaligen West-Bundesrepublik bekannte Bildhauer Werner Stötzer als Vizepräsident der (ostdeutschen) Akademie der Künste, mit dem ein Wettbewerb zu Kunst im öffentlichen Raum Neuhardenberg durchgeführt wurde.

1995 organisierte Wolters Partner einen Bürger-Workshop „Wohnquartier Waldfrieden". Hier sollte Ersatz für die 80 abzureißenden Plattenbauwohnungen geschaffen werden, die westlich des Schlosses die Schlossfreiheit stark beeinträchtigten.

Im Jahre 1996 wurde von Wolters Partner noch ein Entwurf „Gemeindeübergreifende Entwicklungsplanung" für die Gemeinden des Amtes Neuhardenberg erarbeitet (Reichenberg, Batzlow, Altfriedland, Ringenwalde, Quappendorf, Wulkow, Platkow, Gusow).

Neuhardenberg 2006, Schinkel-Anger
Steinplastik von Werner Stötzer
Foto: Wolters Partner

Erläuterungen:

- Bauliche Raumleitkante / Baulückenschließung
- Im Einzelfall auf Bebauungsmöglichkeit zu prüfende Obstbaumwiesen-/ Nutzgartenzone
- Erschließung (Straßen sowie Fuß- und Radwege)
- Schiffsanleger / Bootshafen
- Öffentlich zugängiger Uferbereich
- Öffentliche Grünfläche / Aufenthaltsbereich (Spielplatzstandort)
- Auf ihre Landschaftsverträglichkeit prüfende Kleingartenfläche
- Geplanter Landschaftspark
- Alleebepflanzung / Baumgruppen
- Offene- / dichte Gehölzstrukturen
- Ortsrandbegrünung
- Ortseingangsgestaltung

STADT NEURUPPIN
RAHMENPLAN ORTSTEIL TRESKOW

Gestaltplan

Maßstab 1 : 2.000

WOLTERS PARTNER
ARCHITEKTEN BDA STADTPLANER

Neuruppin

Ortsteilentwicklung Treskow

Nach der Wende bot der Ortsteil Treskow – 3 km südlich des Stadtkerns der historischen Garnisionsstadt Neuruppin Richtung Autobahnanschluss Berlin–Hamburg – die standortgünstige Möglichkeit einer neuen Einfamilienhaus-Wohnbauentwicklung für die Gesamtstadt. Die Lage am Ruppiner See machte den Ortsteil attraktiv.

Wolters Partner erarbeitete 1992 eine intensive und detailreiche Rahmenplanung für die Gesamtentwicklung des Ortsteils sowie die Verbindliche Bauleitplanung für die neuen Wohnbauflächen.

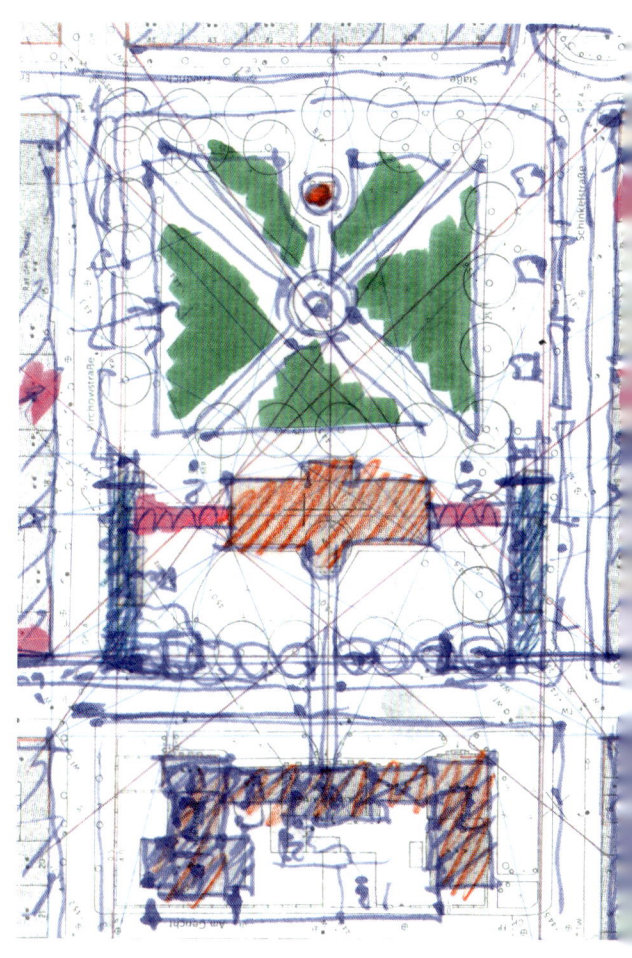

Nutzungskonzept für die Pfarrkirche St. Marien, Neuruppin
Zeichnung: Friedrich Wolters

Rahmenplan für den Ortsteil Treskow
Planung: Wolters Partner

Gestaltplan Treuenbrietzen
Planung: Wolters Partner

Treuenbrietzen

Für die Stadt Treuenbrietzen südwestlich von Berlin erarbeitete Wolters Partner 1992/1993 ein Entwicklungskonzept mit Baulückenkataster und anschließend den Rahmenplan für die Erhaltung und Renovierung des historischen Stadtkerns mit einem umfangreichen Maßnahmenplan zur Gestaltung der Blockinnenbereiche.

Der Stadtgrundriss zeigt ein prägnantes Oval mit angerartig erweiterter Hauptstraße. Für die Große Straße – seinerzeit durch die B 2 stark belastet – hat Wolters Partner 1994 ein Verkehrsberuhigungs- und Gestaltungskonzept erarbeitet.

„Sabinchenbrunnen"
Foto: OTFW, Berlin – Selbst fotografiert, [CC BY-SA 3.0]
via Wikimedia Commons

Vorschlag für Straßenraumaufwertungen
Foto und Planung: Wolters Partner

178   Die Wende

Klieken

Die Dorfentwicklung in den neuen Bundesländern stand nach der Wende vor einer großen Herausforderung. Mit dem Wandel aus der sozialistischen Agrarstruktur in die marktwirtschaftliche Struktur war zu beachten, dass die Dörfer über ein beeindruckendes Potenzial an dörflichen Strukturen verfügten, das es zu sichern und zu entwickeln galt. Vor allem die Belange der Dorfökologie waren in hohem Maße positiv zu bewerten, so dass hier Fragen des Erhaltens und des behutsamen Entwicklens im Vordergrund stehen sollten.

Für die Gemeinde Klieken im Regierungsbezirk Dessau zeigte sich, dass nach der Wende aufgrund der fehlenden planerischen Vorgaben des Landes Sachsen-Anhalt der Flächennutzungsplan in diesem frühen Stadium kein geeignetes Mittel als flexibles Planungsinstrument gewesen wäre. Der von Wolters Partner schon 1991 erarbeitete Dorfentwicklungsplan sollte den „Rahmen" vorgeben, in dem sich die dörfliche Struktur der Orte Klieken und Buro stabilisieren und entwickeln sollte.

Ein besonderer Faktor für die Entwicklung war die Ansiedlung eines Verteilzentrums des Textilunternehmens Ernsting's family, das gerade für die Bewohner der Orte optimale Arbeitsplätze in „Fahrradnähe" bieten konnte. Auch die Dorfentwicklungsplanung Klieken und Buro wurde durch Ernsting's family ermöglicht.

Bürgerbeteiligung im Prozess nach der Wende
Entwurf Plakat: Wolters Partner

Logistikzentrum in Klieken, 1991
Auftraggeber Ernsting's Vermögens GmbH, Coesfeld-Lette
Architekten Wolters Partner mit Bernd Ernsting Kunst und Architektur, Köln
Foto: Wolters Partner

Seitenansicht des Logistikzentrums
Foto: Wolters Partner

Gestaltplan Herzberg
Planung: Wolters Partner

Herzberg bei Brandenburg

Kernstück des städtebaulichen Ideenwettbewerbs 1992 war der Neubau der Kreissparkasse, der als Hochbauleistung mit ausgelobt war. Sowohl für den städtebaulichen als auch für den architektonischen Teil wurde die Arbeit Wolters Partner mit dem 1. Preis ausgezeichnet. In den weiteren Ost-West-Verflechtungen wurde unser Beitrag dann nicht mehr berücksichtigt.

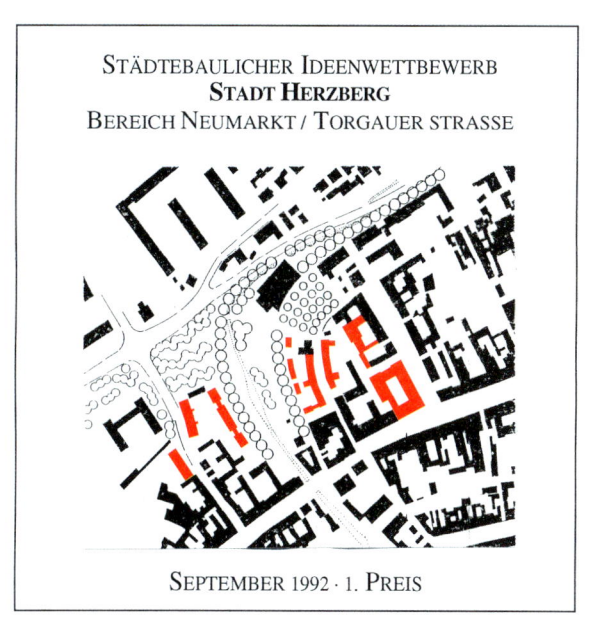

Strukturplan Herzberg
Planung: Wolters Partner

Die Wende

STRUCTURE OF THE AREA

- MAINROAD
- ROAD
- PIPELINE
- ENERGY (EL-CIRCUIT)
- NOISY ZONE OF THE AIRPORT
- RESIDENTIAL AREA
- INDUSTRIAL AREA (A=AIRPORT, H=HARBOUR)
- WATER-SUPPLY (DESALINATION OF SEAWATER)
- TOURISM CENTRUM
- ZONE OF HIGH TOURISTIC ACTIVITY
- ZONE FOR STABILIZE OF ECOLOGICAL BALANCE IN THE AREA OF THE SHELVING COAST
- ZONE FOR STABILIZE OF ECOLOGICAL BALANCE IN THE AREA OF THE BEACH
- AGRICULTURAL AREA
- FOREST, WOOD

SYSTEM OF INFRA-STRUKTURE AND CONCENTRATION OF UTILIZATION (CAPACITY PLAN)

- AIRPORT (A)
- MAIN ROAD
- ROAD
- WATER-SUPPLY (DESALINATION OF SEAWATER)
- WATER-PIPELINE
- SUN-ENERGY
- ENERGY (THERMO ELECTRIC)
- HARBOUR
- YACHTING-PORT
- PUBLIC UTILITIES, SUPPLY-CENTRE
- RESIDENTIAL AREA (TOURISTS PREDOMINATING)
- RESIDENTIAL AREA (PERMANENT DWELLING)
- EXISTING RESIDENTIAL AREA NOT TO BE DEVELOPED
- INTENSIVE AGRICULTURAL UTILIZATION
- INDUSTRY (H=HARBOUR)
- ATTRACTIVE POINT FOR TOURISM
- NOISY ZONE OF AIRPORT (NO SETTLEMENTS TO BE DEVELLOPED)
- NR NAVAL RADIO STATION
- 350 INHABITANTS (INCL. TOURISTS)

3 STRUCTURE PLAN

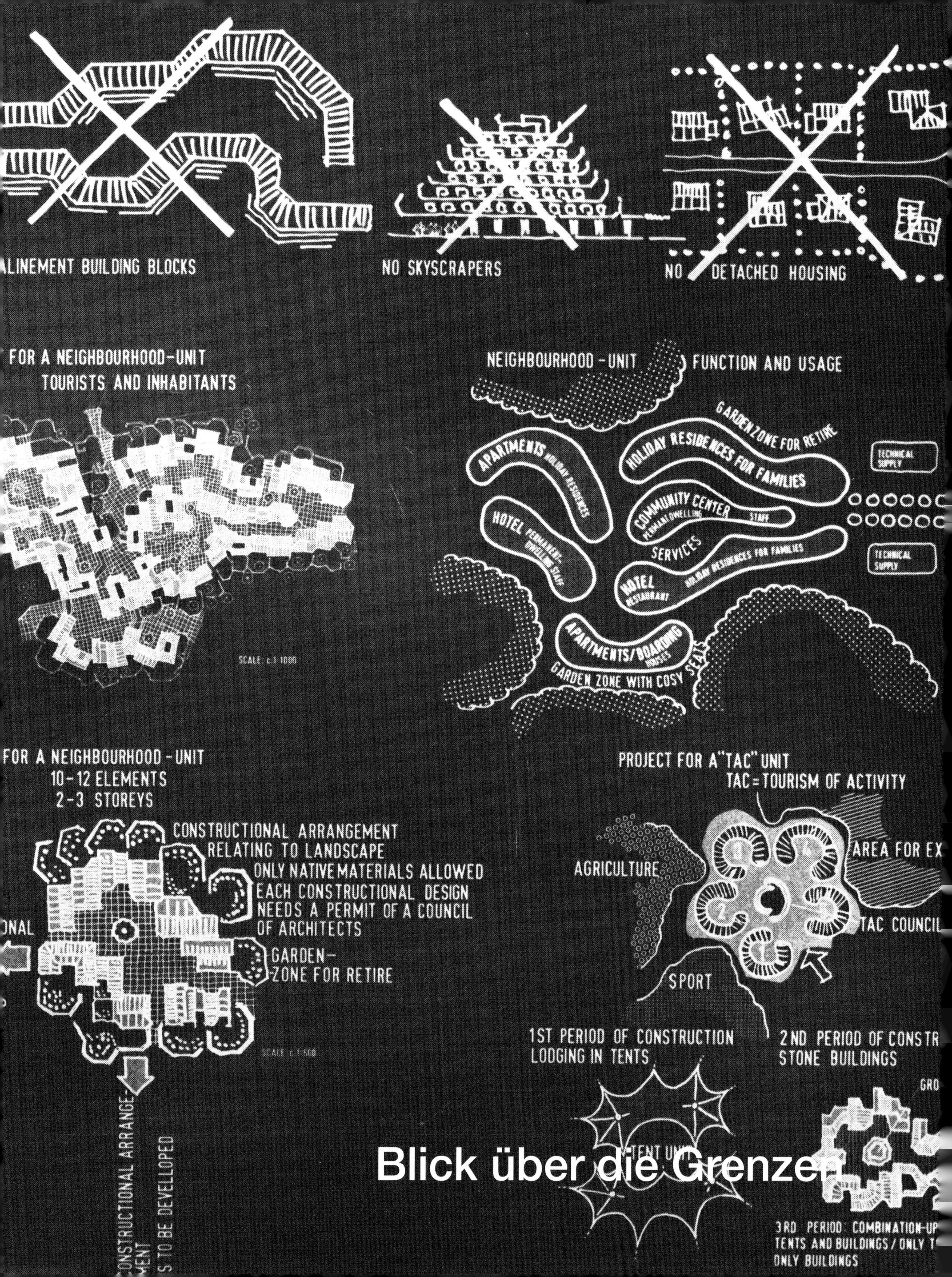

ALINEMENT BUILDING BLOCKS · NO SKYSCRAPERS · NO DETACHED HOUSING

FOR A NEIGHBOURHOOD-UNIT
TOURISTS AND INHABITANTS

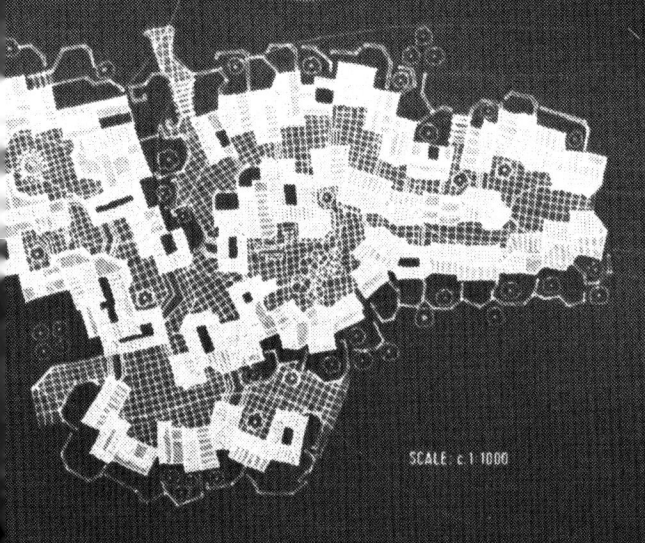

NEIGHBOURHOOD-UNIT   FUNCTION AND USAGE

APARTMENTS HOLIDAY RESIDENCES
GARDEN ZONE FOR RETIRE
HOLIDAY RESIDENCES FOR FAMILIES
TECHNICAL SUPPLY
HOTEL PERMANENT DWELLING STAFF
COMMUNITY CENTER PERMANENT DWELLING STAFF
SERVICES
HOTEL RESTAURANT
HOLIDAY RESIDENCES FOR FAMILIES
TECHNICAL SUPPLY
APARTMENTS / BOARDING HOUSES
GARDEN ZONE WITH COSY SEATS

SCALE c. 1:1000

FOR A NEIGHBOURHOOD-UNIT
10-12 ELEMENTS
2-3 STOREYS

PROJECT FOR A "TAC" UNIT
TAC = TOURISM OF ACTIVITY

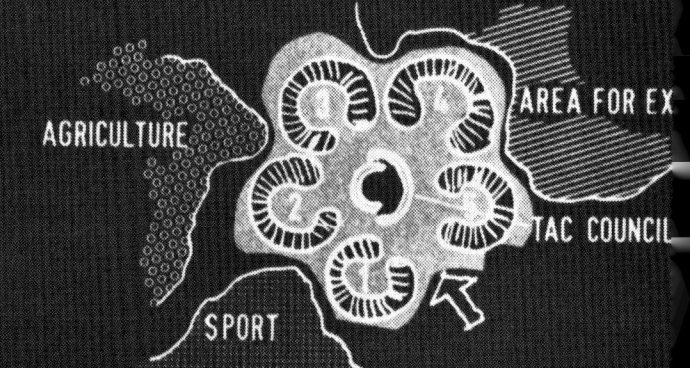

AGRICULTURE

AREA FOR EX

CONSTRUCTIONAL ARRANGEMENT
RELATING TO LANDSCAPE
ONLY NATIVE MATERIALS ALLOWED
EACH CONSTRUCTIONAL DESIGN
NEEDS A PERMIT OF A COUNCIL
OF ARCHITECTS

GARDEN-
ZONE FOR RETIRE

TAC COUNCIL

SPORT

SCALE c. 1:500

1ST PERIOD OF CONSTRUCTION
LODGING IN TENTS

2ND PERIOD OF CONSTR
STONE BUILDINGS

CONSTRUCTIONAL ARRANGE
MENT ...S TO BE DEVELOPPED

TENT UN

GRO

Blick über die Grenzen

3RD PERIOD: COMBINATION-UP
TENTS AND BUILDINGS / ONLY T
ONLY BUILDINGS

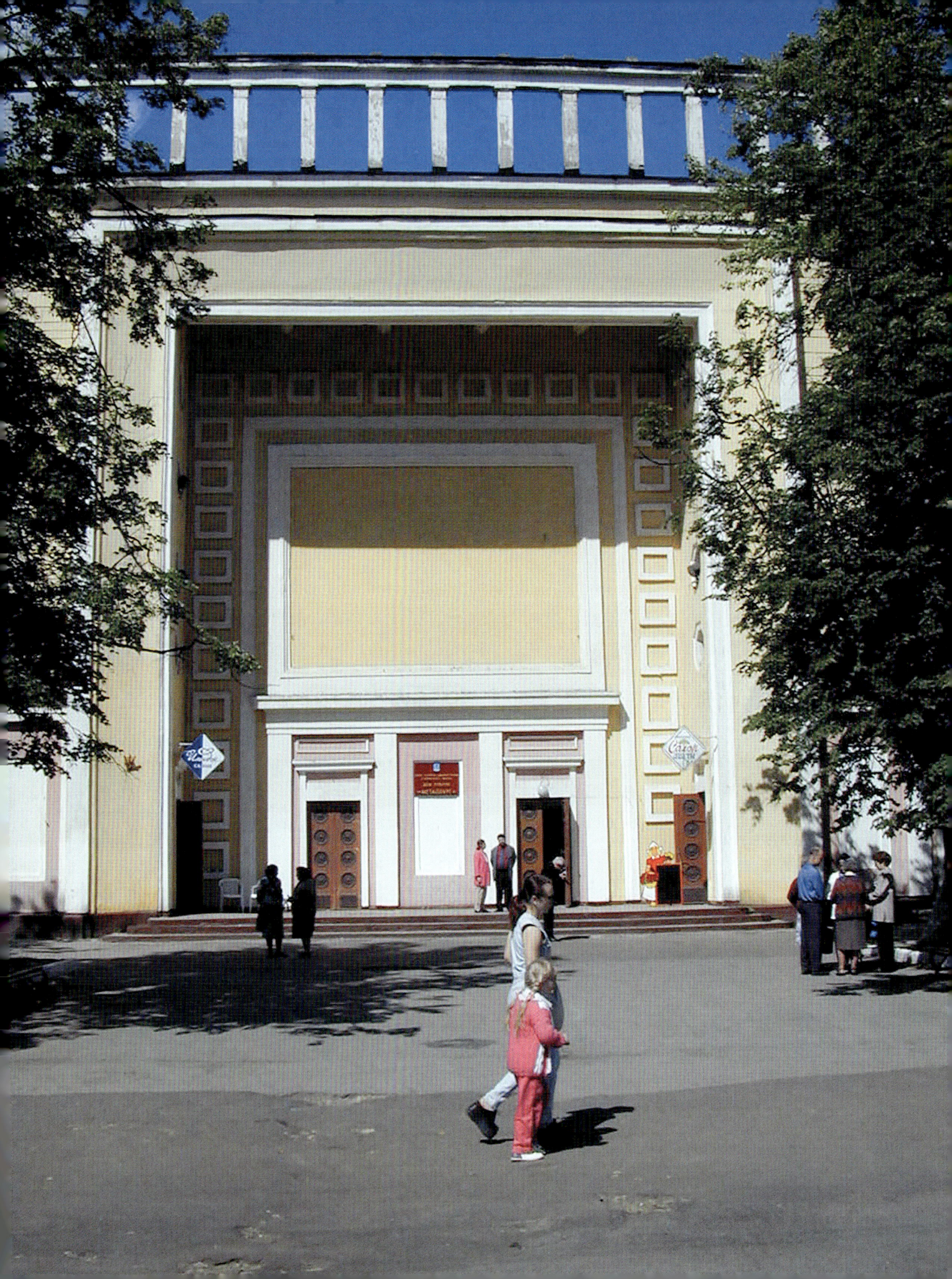

Vorherige Doppelseite:
Strukturplan Porto Santo, Portugal
Planung: Wolters Partner

Blick über die Grenzen

Die Schwerpunkte der Tätigkeiten von Wolters Partner lagen sicherlich durch alle Jahrzehnte in Nordrhein-Westfalen – umso spannender waren immer wieder „Ausflüge" aus dem planerischen Alltag ins Ausland – zur Horizont-Erweiterung im wahrsten Sinne.

Begonnen hatte es 1974 mit einem von der portugiesischen Regierung ausgelobten internationalen Wettbewerb zur Entwicklung der Azoreninsel Porto Santo. Hier konnte Wolters Partner zusammen mit dem Landschaftsplanungsbüro Brandenfels aus Münster den 4. Platz belegen.

Ein besonderes Kapitel bedeuteten die über 10 Jahre andauernden Planungen für russische historische Stadtkerne in Kooperation mit der nordrhein-westfälischen Landesregierung und der Arbeitsgemeinschaft Historische Stadtkerne NRW.

Weitere Projekte waren in Lettland (7 + SIEBEN Tourismusentwicklung) in den Niederlanden (Doetinchem – Innenstadtentwicklung) und in Frankreich (ein Künstlerhaus in Burgund).

„Winter-Club" Stupino
Foto: Wolters Partner

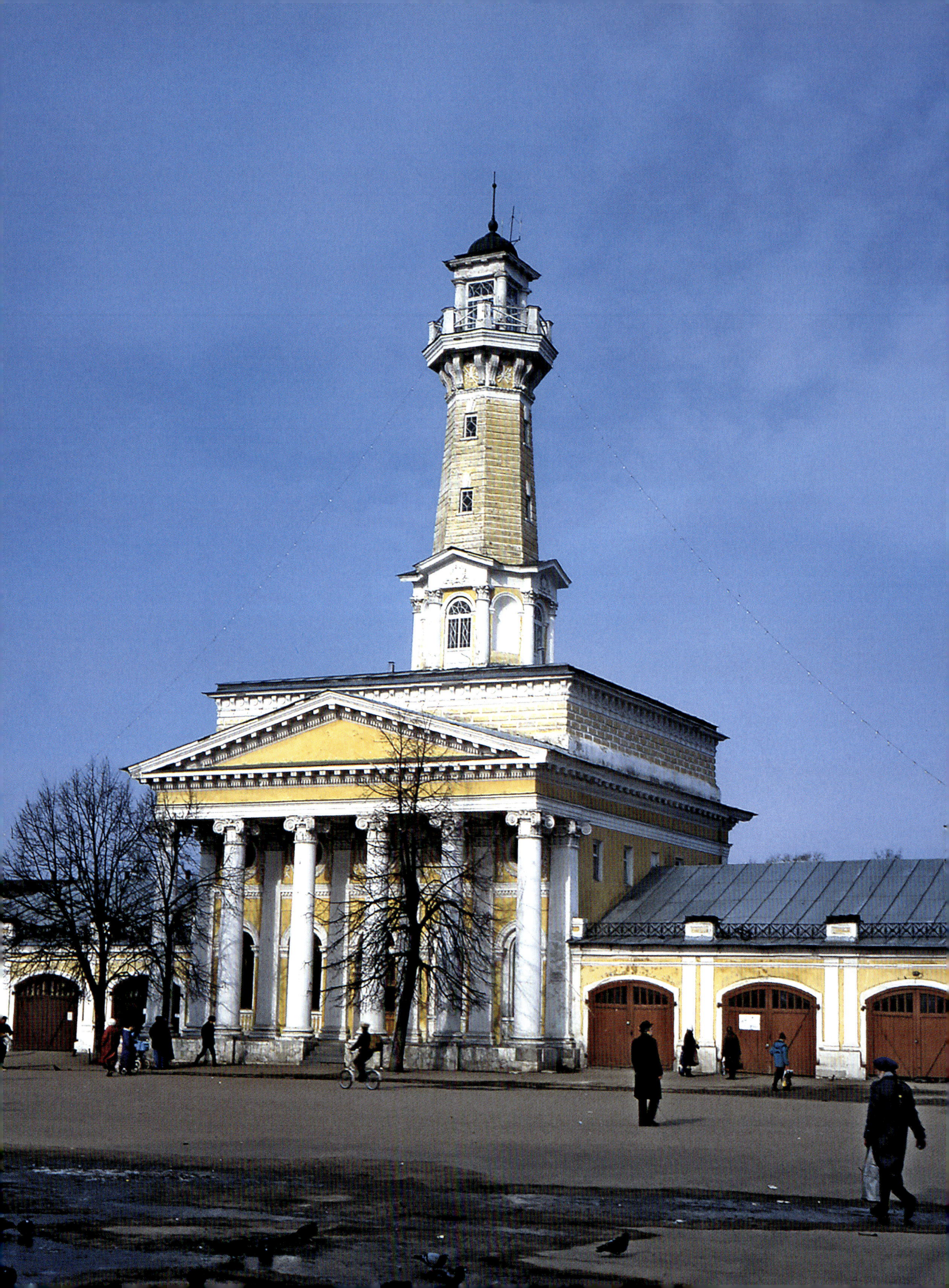

Blick über die Grenzen – Russland

Planung anders verstanden
von Dr. Reinhard Seiß, Urban+, Wien

Am letzten Tag meines Raumplanungsstudiums vor nun schon mehr als zwanzig Jahren fand an der TU Wien – zwei, drei Stunden vor meiner Abschlussprüfung – ein Vortrag eines deutschen Architekten und Stadtplaners über Russland statt. Und zwar in jenem Hörsaal, in dem ich die eindrucksvollsten aller Vorlesungen gehört hatte, jene über die Geschichte des Städtebaus von Rudolf Wurzer, dem „Ahnherrn und Übervater" (mit allen Licht- und Schattenseiten) der österreichischen Raumplanung. Was ich damals noch nicht wusste: Wiederum mehr als zwanzig Jahre davor arbeitete der Vortragende selbst, Friedrich Wolters, als junger Architekt im Wiener Planungsbüro von Rudolf Wurzer, wo er auch seine spätere Frau, Lore Wolters-Krebs, kennen lernte.

Wolters' Vortrag war ein – für Architekten-Vorträge – gänzlich untypischer. Nicht die eigenen Projekte standen im Vordergrund, sondern die bildreiche und lebensnahe Vermittlung der wirtschaftlichen, sozialen und ökologischen Herausforderungen – sowie die offensichtliche Liebe des Planers zu diesem Land. Was mich nur noch mehr ansprach – mich, der ich nach vier Jahren Russisch-Unterricht am Gymnasium und sechs Jahren Raumplanungsstudium beseelt war vom Wunsch, irgendwann beide meiner Leidenschaften beruflich zu verbinden und einmal auch in meinem Sehnsuchtsland Russland zu arbeiten. Die westlichen Planungsbüros in Moskau, die ich bis dahin kontaktiert hatte, glänzten durch Projekte für den Immobilienmarkt in den russischen Metropolen, die sie mit Hotels, Bürotürmen oder ersten Shopping Malls sozusagen „städtebaulich kolonialisierten". Wolters' behutsame Arbeit in Provinzstädten mit baugeschichtlich bedeutsamen Zentren wirkte dagegen wie jene eines „Entwicklungshelfers" im besten Sinn.

Nach seinem Vortrag ging ich auf ihn zu und fragte, ob es denn eine Möglichkeit gäbe, an seinen Projekten, getragen vom Land Nordrhein-Westfalen und der Arbeitsgemeinschaft „Historische Stadtkerne in NRW", mitzuarbeiten. Ich schickte ihm noch am selben Tag ein paar Informationen über mich und erhielt wenige Monate später einen Anruf, in dem er kurz und bündig meinte, es gehe los. Ich schmiss meinen Job, den ich in einem Berliner Planungsbüro angenommen hatte, um das Leben in der wohl aufregendsten mitteleuropäischen Stadt jener Jahre zu genießen, kurzerhand hin, um in die westfälische Kreisstadt Coesfeld zu ziehen – und bin noch heute froh darüber, nicht nur der Russland-Projekte wegen. Denn was folgte, war zum einen ein unendlich gast- und freundschaftliches Aufgenommen werden durch Friedrich und Lore Wolters sowie ihrer Mitarbeiter (ich wohnte zeitweise sogar im Dachgeschoss des Bürohauses), und zum anderen eine mir bis heute wichtige „postgraduale"

Hauptwache/Feuerwache Kostroma
Foto: Wolters Partner

Förderung durch Friedrich Wolters in vielen Belangen, die man als Planer weder an einer Hochschule lernen noch sich autodidaktisch aneignen kann.

Von ihm zu lernen gab es natürlich auch in Russland viel. Das erste Projekt, an dem ich mitarbeitete, war eine Gestaltungssatzung für die Kleinstadt Torshok, in der Wolters mit seinem Team bereits zuvor einen Städtebaulichen Rahmenplan sowie konkrete Vorschläge zur Rettung und Neunutzung erhaltenswerter, verfallender Bausubstanz ausgearbeitet hatte. Überzeugend legte er dabei dar, dass Sanierung aus Selbstzweck keinerlei Aussicht auf Erfolg habe – sprich, Projekte nur dann Zukunft haben, wenn sie von sich aus wirtschaftlich tragfähig sind und ihre Realisierung darüber hinaus noch einen Mehrwert schafft. In der russischen Provinz auf große Investoren oder gar öffentliche Gelder zu hoffen, hat wenig Sinn. Zudem stellte sich die Frage, wie Russlands immenser Bestand an Altbauten fachgerecht instandgesetzt werden sollte, zumal es nach Jahrzehnten des industrialisierten Bauens im Kommunismus keine Maurer, Maler und Zimmerer, Steinmetze, Stuckateure und Kunstschmiede mehr gab.

Wolters beantwortete beide Fragen, indem er für das alte Auferstehungskloster in Torshok, das lange Zeit als Nähfabrik fehlgenutzt wurde, eine Akademie des Handwerks konzipierte, in der sämtliche für die Sanierung historischer Bausubstanz nötigen Gewerke herangebildet werden – und auch gleich bei der Sanierung des Klosters Praxis gewinnen – können. Auf diese Weise sollte das vielleicht bedeutendste Baudenkmal der Stadt leistbar renoviert werden, langfristig genutzt werden und als Ausgangspunkt für die Sanierung noch vieler weiterer Architekturzeugnisse der Stadt dienen. Ergänzend dazu sah er in den unweit gelegenen, brach gefallenen Gemäuern der alten Brauerei Katerbach Raum für Start-up-Betriebe von Absolventen der Handwerksakademie vor.

Ufer der Twerza, Torshok
Foto: Wolters Partner

Einen ähnlichen Ansatz verfolgte Wolters' Vorschlag für das vom Verfall bedrohte „Haus des Gouverneurs" am kulturhistorisch bedeutsamen Palastplatz mit dem Reisepalast von Katharina II. – nämlich in der Anlage aus dem 18. Jahrhundert, behutsam ergänzt durch zeitgenössische Anbauten, ein Hotel mit 60 Betten einzurichten: eine notwendige Voraussetzung, um künftig das touristische Potenzial der historischen Stadt zwischen Moskau und St. Petersburg sowie der sie umgebenden Landschaft zu nutzen. Am Beginn und auch später noch in der Nebensaison würde sich eine parallele Nutzung als Schulbetrieb für Berufe der Hotellerie und Gastronomie anbieten – auch das ein zukunftsträchtiger Wirtschaftszweig in Russland mit immensem Aufholbedarf an qualifiziertem Personal.

Dem Anspruch einer ökonomischen, sozialen und ökologischen Nachhaltigkeit verpflichtet war auch das Torshok-Haus, das das Team um Friedrich Wolters in Anlehnung an die russische Holzbautradition prototypisch für die waldreichen Regionen des Landes entwarf: ein Wohnhaus in Holz-Leichtbau-Konstruktion, dessen Baumaterial vor Ort verfügbar ist, dessen Bauteile nur so schwer sind, dass sie von zwei Menschen getragen werden können, und dessen Errichtung keine besonderen Kenntnisse oder Werkzeuge erfordert. Das zweigeschossig konzipierte Haus kann somit bei minimalen Kosten im Eigenbau realisiert und unter Wiederverwendung der

Architektur der Perestroika, Stupino
Foto: Wolters Partner

Blick über die Grenzen 191

Dachkonstruktion auch nachträglich um ein drittes Geschoss erweitert werden. Die Anordnung des Treppenhauses erlaubt die Nutzung als Ein- oder Mehrfamilienhaus, das sowohl als Einzel- als auch als Doppel- oder Reihenhaus Einsatz finden kann.

Auch in der zweiten Projektstadt, in Kostroma an der Wolga – im 16. Jahrhundert eines der bedeutendsten russischen Handelszentren – zeigte sich, dass Architekten und Stadtplaner in Russland mit ihren klassischen Kompetenzen kaum etwas verändern können, wenn sie ihre Planungen nicht auch mit wirtschaftlichen Ideen unterlegen. Die Altbauten hier waren nicht akut vom Niedergang bedroht, doch fehlte vielen eine adäquate Nutzung. So regte Friedrich Wolters eine Wiederbelebung der lokalen Tradition des Flachsanbaus und der Leinenverarbeitung an – und empfahl, dies auch als Chance zur Erweiterung des touristischen Angebots der Stadt zu sehen.

Denn Kostroma zählt mit seinem Ensemble an klassizistischen Repräsentationsbauten rings um den Hauptplatz sowie dem größten historischen Handelskomplex Russlands in Gestalt weitläufiger Marktarkaden zwar zu den international gefragten Zielen der Wolga-Kreuzfahrtschiffe am „Goldenen Ring" nordöstlich von Moskau. Der Kurzausflug der Gäste ins Zentrum für nur wenige Stunden lässt aber kaum Geld in der Stadt. Ein Leinenmuseum sowie der Verkauf hochwertiger Leinenprodukte könnten dies ändern – und gemeinsam mit Folgenutzungen wie etwa Ausflugsgastronomie gleichzeitig den leerstehenden Baudenkmälern neue Funktionen geben.

Planung ganzheitlich begriffen, heißt auch, Politiker und Investoren von fragwürdigen Vorhaben abzuhalten und stattdessen Alternativen aufzuzeigen. So bestand in Kostroma der Plan, am Kremlberg, der heute als Grünanlage unmittelbar im Zentrum genutzt wird, jene Burg zu rekonstruieren, die 1930 von den Kommunisten gesprengt wurde, um hier eine stadtbildprägende Leninstatue zu errichten. Friedrich Wolters versuchte die Stadtväter mit Verweis auf die knappen Geldmittel einerseits und den großen finanziellen Bedarf allein für die Erhaltung bestehender historischer Gebäude andererseits zu überzeugen, von diesem Ansinnen wieder Abstand zu nehmen – und damit die Erholungsfunktion des Parks zu bewahren. Zusätzliches Gewicht erhielten seine Argumente auch dadurch, dass Wolters – wohl erstmals in der Geschichte Kostromas – die Bürgerinnen und Bürger in den Planungsprozess mit einbezog und so das Bewusstsein für die Notwendigkeit einer behutsamen Stadtentwicklung auf eine breite Basis stellte.

Die dritte und letzte Stadt, in der ich mit Friedrich Wolters planen durfte, bot für uns beide eine gehörige Überraschung: Hier gab es eigentlich nichts zu tun! Die in den

1930er-Jahren gegründete Industriestadt Stupino südlich von Moskau wurde von einem Bürgermeister regiert, der den üblichen Verlockungen russischer Politiker entschieden – und erfolgreich – entgegentrat. Und das war auch im Stadtbild abzulesen: Die Häuser – ob die prunkvollen Ziegelbauten aus der Stalin-Ära im „historischen" Zentrum, ob die pragmatischen Plattenbauten der Nachkriegsmoderne oder die Gebäude der postsowjetischen Zeit – waren überwiegend in solidem Zustand, die öffentlichen Einrichtungen für unsere Verhältnisse bescheiden aber funktionstüchtig, und der städtische Freiraum überall gepflegt. Das auffälligste Zeichen seines Ordnungs- und Gestaltungswillen waren die in der ganzen Stadt bis zu einer Höhe von rund einem Meter weiß gekalkten Baumstämme. Darauf angesprochen, ob diese Maßnahme Ungeziefer vorbeugen solle, meinte der Bürgermeister: „Nein, es sieht so einfach hübscher aus."

Die in allen Belangen gewissenhafte Kommunalpolitik machte sich mehr als bezahlt. Denn während die alte Industrie, etwa die Erzeugung von Rotorblättern für Helikopter, die Stupino einst zu einer für Ausländer „verbotenen Stadt" machte, es in ökonomischer wie ökologischer Hinsicht schwer haben wird, langfristig Bestand zu haben, siedelten sich in den 1990er-Jahren gleich mehrere internationale Lebensmittelkonzerne hier an – und das nicht ohne Grund. Sie suchten einen Standort im Umland von Moskau mit ausreichender

Kulturpalast, Stupino
Foto: Wolters Partner

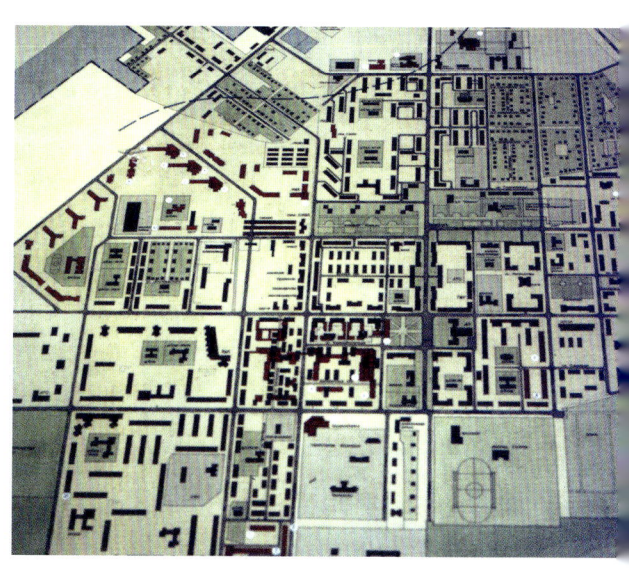

Stupino, schematischer Stadtgrundriss
Foto: Wolters Partner

Blick über die Grenzen

Verkehrserschließung, sauberem Wasser und vor allem einer korruptionsfreien Verwaltung. Unter rund möglichen 100 Gemeinden fiel ihre Wahl schließlich auf Stupino. Dem vielfältigen Nutzen der Betriebsansiedlungen für die Stadt standen bald aber auch Phänomene gegenüber, die wir aus mitteleuropäischen Städten kennen – und die für uns dann doch Inhalte eines städtebaulichen Rahmenplans sowie intensiver Gespräche mit den Kollegen aus dem Stadtplanungsamt wurden.

So ermöglichten die überdurchschnittlichen Löhne der Konzerne vielen ihrer Mitarbeiter den Bau geradezu villenartiger Wohnhäuser weit außerhalb der Stadt – mit allen Problemen wie Zersiedlung der Landschaft, Abhängigkeit vom Auto und soziale Segregation. Im Zentrum wiederum bestanden Pläne, die von ihrem Komfort her als nicht mehr zeitgemäß erachteten „Arbeiterbaracken" aus der Phase der Stadtgründung abzureißen. Ihre geschichtliche Bedeutung als älteste Bauten von Stupino, vor allem aber ihre hohe freiräumliche und nachbarschaftliche Qualität sowie die augenscheinliche Zufriedenheit ihrer Bewohner ließen uns ihre behutsame Modernisierung in Abstimmung mit den Bedürfnissen ihrer Bewohner anregen. Und nicht zuletzt versuchten wir, den lokalen Partnern den kulturhistorischen Wert sowie das Rekreationspotenzial des verwilderten, aber immer noch gut erlebbaren Stadtparks mit seinen Pavillons, Skulpturen, Spielplätzen und dem alten Riesenrad bewusst zu machen.

Als deutsche Architekten oder Planer in Russland zu arbeiten – was im Übrigen bereits Friedrich Wolters' Vater Rudolf in den 1930er-Jahren tat – stellt an uns immer wieder die Herausforderung, den osteuropäischen Kollegen nicht als besserwisserische Westeuropäer zu erscheinen. Aber auch der Zweite Weltkrieg ist in diesem Land nach wie vor ein Thema bei Begegnungen von Russen und Deutschen, was vor dem Hintergrund vieler Millionen Opfer sowie 1.700 zerstörter sowjetischer

Anatoly I. Winogradow, Präsentation der Studentenarbeiten der TU Wien
Foto: Friedrich Wolters

Städte mehr als verständlich ist. In beiden Situationen verstand und versteht es Friedrich Wolters wie kein anderer, die jeweils angemessenen Worte zu finden: In planerischen Diskussionen behauptete er sich mit einer Mischung aus Respekt, Diplomatie und Beharrlichkeit. Und in geschichtlichen Debatten demonstrierte er, wie man glaubwürdig Verantwortung für die Geschichte des eigenen Landes übernehmen kann.

Seine gelebte „Völkerverständigung" öffnete ihm in Russland viele Türen, die anderen verschlossen blieben, und brachte ihm nicht zuletzt die ehrenvolle Mitgliedschaft in der Russischen Akademie für Architektur und Bauwissenschaften ein – weil sie eben nicht nur aus Gesten bestand: Er war oftmaliger Gastgeber russischer Delegationen in Nordrhein-Westfalen, die stets das Gefühl hatten, als Freunde empfangen und durchs Land begleitet zu werden. Er bezog Kollegen aus Russland als Autoren in Publikationen über die bilaterale Zusammenarbeit mit ein und ermöglichte einer jungen russischen Architektin die Mitarbeit in seinem Büro in Coesfeld. Und schließlich baute er im Münsterland unter großem persönlichen Einsatz ein Hilfswerk auf, heute Stiftung „Der blaue Elefant", das seit Jahren ein Waisenhaus in Torshok großzügig unterstützt. So wie Russland uns in einer hierzulande kaum erfahrbaren Deutlichkeit zeigt, dass Planer sehr viel mehr als nur technische, funktionale und gestalterische Fragen zu beantworten haben, so zeigt Friedrich Wolters uns, dass auch Architekten und Urbanisten eine weit über ihren ursächlichen Wirkungsbereich hinausgehende Verantwortung haben. Eine zwischenmenschliche, eine gesellschaftliche, eine politische Verantwortung. Ich persönlich möchte ihm dafür danken.

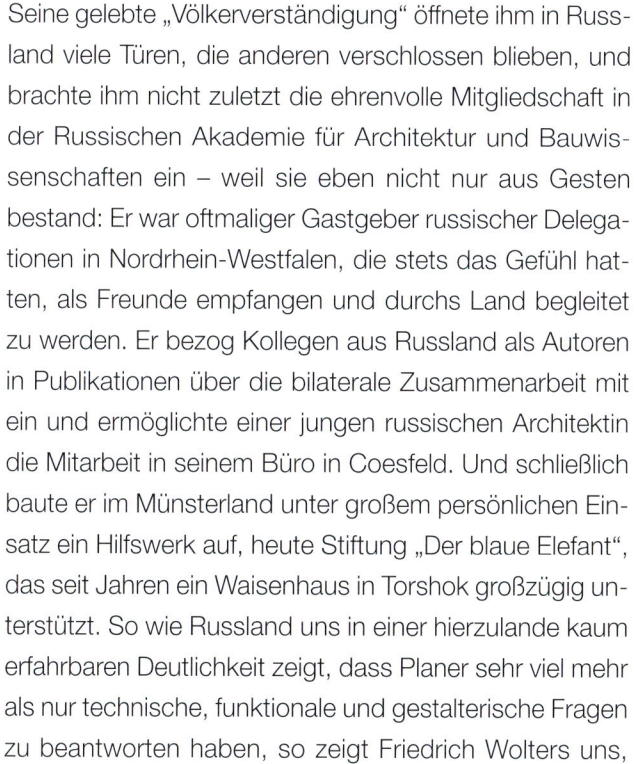

Studentenprojekt TU Wien
Foto: Wolters Partner

0 80 200 m

Kostroma, Russland

Städtebaulicher Rahmenplan für die historische Altstadt, 1996
Auftraggeber: Arbeitsgemeinschaft Historische Stadtkerne in NRW mit Unterstützung durch das Ministerium für Stadtentwicklung, Kultur und Sport des Landes NRW und dem Bauministerium der russischen Förderation

Die alte mittelrussische Stadt Kostroma liegt an der Wolga, etwa 360 km nordöstlich von Moskau. Sie ist Gebietshauptstadt des gleichnamigen „Oblast" Kostroma.
900 ha der Gesamtfläche der Stadt werden von der historischen Altstadt eingenommen, in der rund 75.000 Menschen leben.
Im Zuge der Rahmenplanug erarbeitete Wolters Partner ein Tourismuskonzept mit einem Zentrum für die traditionelle Leinenindustrie und mit baulichen Ergänzungen für Wohnen. Das touristische Zentrum an der Uferseite zur Wolga enthielt den Vorschlag der Ergänzung durch ein „Hotelschiff".

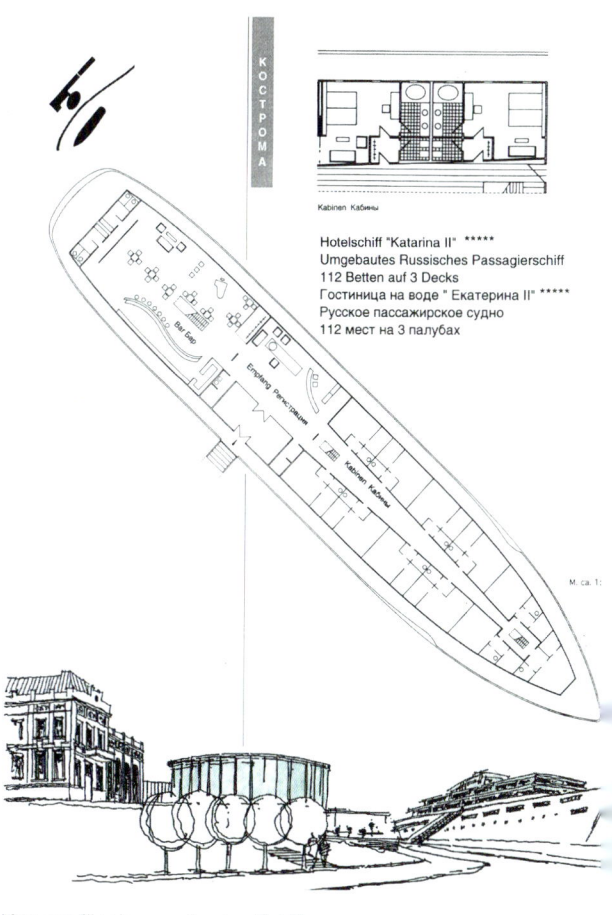

Konzept für ein umgebautes Schiff
Planung: Wolters Partner

Rahmenplan für die Innenstadt Kostromas
Planung: Wolters Partner

Blick über die Grenzen

Rahmenplanung Torshok
Planung: Wolters Partner

198 Blick über die Grenzen

Torshok, Russland

Städtebaulicher Rahmenplan für das historische Zentrum, 1993
bearbeitet mit Twer Projektrestauration
Auftraggeber: Arbeitsgemeinschaft Historische Stadtkerne in NRW mit Unterstützung durch das Ministerium für Stadtentwicklung und Verkehr des Landes NRW und dem Ministerium für Architektur und Bauwesen der russischen Förderation

Torshok – Auf der Route zwischen St. Petersburg und Moskau ließ Zarin Katharina II. einen Reisepalast errichten. Der städtebauliche Rahmenplan Wolters Partner 1993 für das historische Zentrum von Torshok enthielt zu beiden Seiten der Twerza bauliche Entwicklungsmaßnahmen:
- Schul- und Ausbildungshotel im ehemaligen Palast des Gouverneurs,
- Umnutzung des Auferstehungsklosters in Lehrwerkstätten,
- Umnutzung des ehemaligen Pozharski Gästehauses in ein Museum für Artefakte des russischen Sozialismus,
- Umnutzung der ehemaligen Pozharski Brauerei Katerbach zu einem Handwerkerhof mit Starterfunktion für kleine Handwerksbetriebe.

Die vorgesehenen Einzelmaßnahmen verbinden sich zu einem Ganzen als Impuls für die mittelständische Wirtschaft und das örtliche Handwerk.

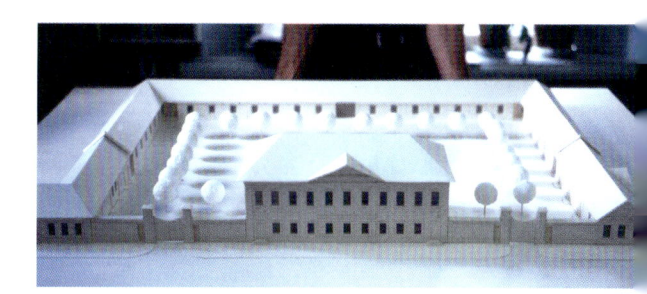

Modell Hotel am Palastplatz, Torshok
Foto: Wolters Partner

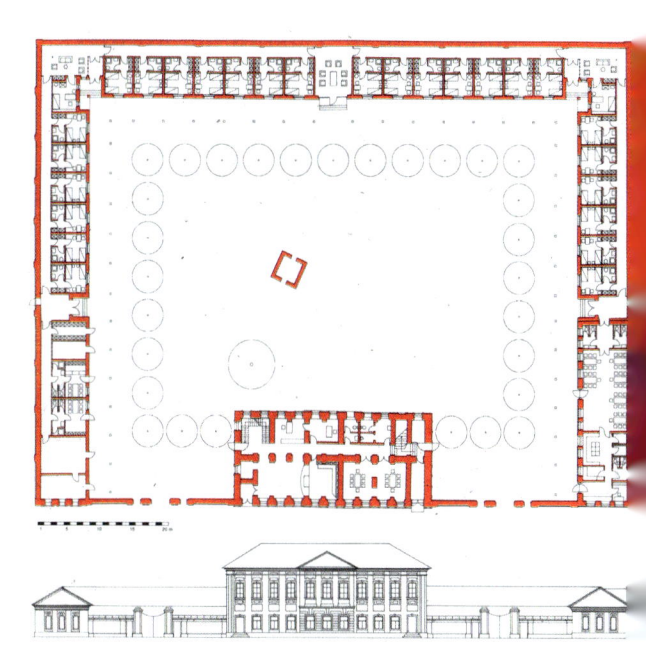

Zeichnungen Hotel am Palastplatz, Torshok
Planungen: Wolters Partner

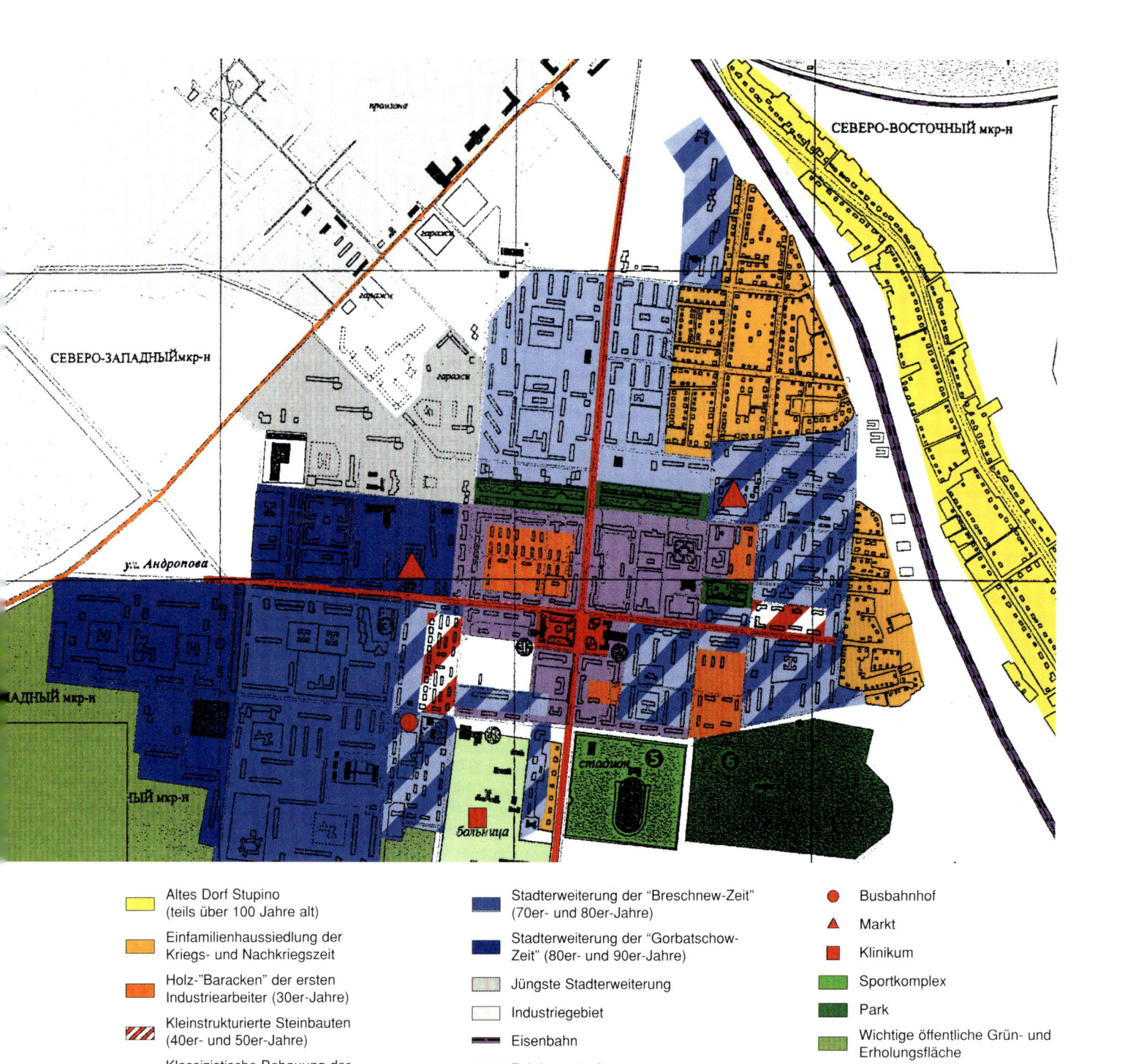

	Altes Dorf Stupino (teils über 100 Jahre alt)		Stadterweiterung der "Breschnew-Zeit" (70er- und 80er-Jahre)	●	Busbahnhof
	Einfamilienhaussiedlung der Kriegs- und Nachkriegszeit		Stadterweiterung der "Gorbatschow-Zeit" (80er- und 90er-Jahre)	▲	Markt
	Holz-"Baracken" der ersten Industriearbeiter (30er-Jahre)		Jüngste Stadterweiterung	■	Klinikum
	Kleinstrukturierte Steinbauten (40er- und 50er-Jahre)		Industriegebiet		Sportkomplex
	Klassizistische Bebauung der "Stalin-Zeit" (40er- und 50er-Jahre)		Eisenbahn		Park
	Stadterweiterung der "Chruschtschow-Zeit" (50er- und 60er-Jahre)		Zubringerstraße		Wichtige öffentliche Grün- und Erholungsfläche
			Hauptachse		
			Hauptplatz mit Rathaus und Kulturpalast		

Blick über die Grenzen

Stupino, Russland

Städtebauliche Analyse 2001, bearbeitet zusammen mit Reinhard Seiß, Urban+, Wien
Auftraggeber: Stadt Telgte mit Unterstützung durch das Ministerium für Städtebau, Wohnen, Kultur und Sport des Landes NRW

Stupino – ca. 72.000 Einwohner – liegt etwa 100 km südlich von Moskau an der Oka. Als Wirtschafts- und Verwaltungszentrum des gleichnamigen Rajons gehört Stupino zum Moskaugebiet (Oblast Moskowskaja). In der jungen Stadt wurde in den 20er- und 30er-Jahren zunächst eine Lokomotiv-Fabrik gebaut – später entwickelte sich auch die Flugzeugindustrie.

Aufgrund der Projekte für die Luftfahrt und somit auch für militärische Zwecke wurde die Stadt Stupino zu einer „Geschlossenen Stadt". Ausländern war bis 1992 der Zutritt generell verwehrt.

Ein orthogonales Straßenraster prägt die Stadt. Die Haupt- und Nebenstraßen spannen einen dreieckigen Stadtkörper auf, im Nordosten begrenzt durch die Eisenbahnlinie sowie das alte Dorf Stupino, im Nordwesten durch eine Zubringerstraße sowie das weitläufige Industriegebiet.

In diesem Kerngebiet der Stadt hat Wolters Partner eine städtebauliche Analyse durchgeführt, die die unterschiedlichen Architekturen in den Quartieren thematisiert – vom Beginn der 20er-Jahre bis zur postmodernen Architektur der Perestroika. Stupino gleicht einem „Baukunstarchiv", in dem sich alle Baustile der vergangenen 90 Jahre in den jeweiligen Schichten ablesen lassen. Neben der traditionellen Flugzeugindustrie haben sich internationale Firmen wie „Mars" und „Campina" angesiedelt, die mit ihrer Produktion in hohem Maß Arbeitsplätze sichern.

Nach der stadtplanerischen Recherche unseres Teams vor Ort und Gesprächen mit den Kollegen in Stupino Anfang Juni 2000 entwarfen die deutschen und russischen Fachleute auf der Basis erster Analyseergebnisse eine gemeinsame Absichtserklärung im Juni 2000, die von Vertretern der russischen und deutschen Seite unterzeichnet wurde. Dieses Papier hält in groben Zügen die Notwendigkeiten der weiteren Vorgehensweise zur Entwicklung der Stadt Stupino fest. Der wesentliche Inhalt ist die Ausarbeitung eines städtebaulichen Masterplanes. Das „DOM Telgte" („Haus Telgte") wurde von Wolters Partner als Gemeinschaftsprojekt zur Förderung von Wirtschaft und Kultur zwischen Stupino und Telgte entwickelt.

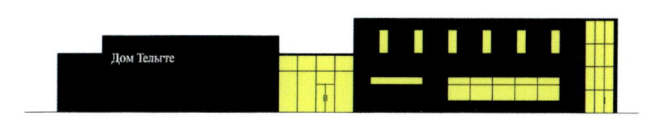

Nord-Ansicht DOM Telgte
Planung: Wolters Partner

Schematischer Stadtgrundriss Stupino
Planung: Wolters Partner

Blick über die Grenzen

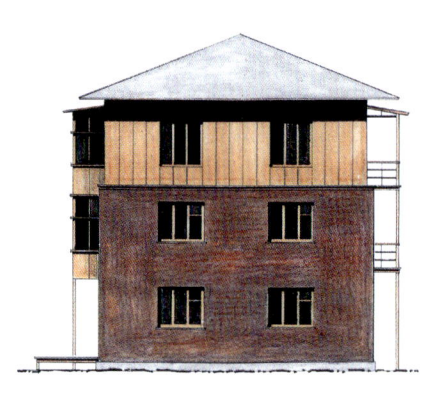

Nachverdichtung und Sanierung Rostow am Don
Entwurf und Fotos: Wolters Partner

Rostow am Don, Russland

Nachverdichtung und Modellvorhaben
Niedrigenergie, 2001
Auftraggeber: Ministerium für Städtebau NRW in Verbindung mit dem Ministerium für Wirtschaft NRW

Rostow am Don ist eine Stadt, die mit ihrer herausragenden städtebaulichen Exposition am Strom trotz starker Kriegszerstörungen noch heute über außerordentliche städtebauliche Qualitäten verfügt.

Das Wirtschaftsministerium NRW im Bunde mit dem Städtebauministerium engagierten sich gemeinsam für ein Modellvorhaben zur Nachverdichtung in einem Wohngebiet der frühen 60er-Jahre.

Die bestehenden zweigeschossigen Wohngebäude sollten um ein zusätzliches Geschoss aufgestockt und energetisch auf Stand gebracht werden: Aufstockung als Leichtgeschoss mit Holzrahmenkonstruktion, Verblendung mit Dämmung des Bestandes und nachträgliche Kellerdeckendämmung.

Das Projekt wurde bei mehreren Besuchen so vorbereitet, dass in der Örtlichkeit stufenweise die Realisierung von russischen Architekten durchgeführt werden konnte. Während der Bauzeit sollten die Bewohner in Containern im Quartier untergebracht werden, um keine falschen Signale hinsichtlich des Verlassens der Wohnungen im Quartier entstehen zu lassen.

Kommunistitscheskij Prospekt
Planung: Wolters Partner

Fassadenstudie
Zeichnung: Friedrich Wolters

Blick über die Grenzen

Russland 1992 bis 2002 – „Personen und Persönliches"
von Friedrich Wolters

1992 wurden vier Planungsbüros aus Nordrhein-Westfalen aufgrund ihres Engagements im Zusammenhang mit der Arbeitsgemeinschaft „Historische Stadt- und Ortskerne" von dieser – im Bunde mit dem Städtebauministerium NRW – beauftragt, für vier Städte in Mittelrussland Rahmenpläne/Masterpläne zu entwickeln. Ziel war, dass die deutschen Planer sich mit russischen Kollegen vor Ort zu Arbeitsgemeinschaften zusammenfinden sollten. Neben Pskow (Planungsbüro Schröder/Bavaj, Aachen), Twer (Pesch & Partner – Städtebau, Herdecke), Kaschin (Planungsbüro Schmitz Aachen GmbH) wurde Wolters Partner mit Überlegungen für die Stadt Torshok betraut. Die Zusammenarbeit für Torshok wurde gemeinsam mit dem Institut Twer-Projektrestauration durchgeführt und hielt über einen weiten Zeitraum von 1992 bis 2002.

Mit den sich gründenden kleinen russischen Architektur- und Planungsbüros bzw. Institutionen näherten sich die unterschiedlichen Auffassungen zur jeweiligen Planungskultur langsam an. Russische Planungsfirmen mit mehr als 2.000 Mitarbeitern waren uns unbekannt und damit auch fremd. Sie hatten offensichtlich Schwierigkeiten, sich in die historischen Stadtkerne und deren Bedürfnisse in Russland einzufügen bzw. einzudenken.

Erst Jahre später – als mein Freund Anatoly Winogradow mich in die Geheimnisse der Moskauer Planungswirtschaft einführte, wurden mir die unterschiedlichen Denkweisen zwischen Stadt und Land anlässlich eines Besuches beim MOS-Projekt II, dem traditionellen Entwurfsbüro des Moskauer Chef-Architekten, bewusst. Der Besuch bei Abdullah Achmedow, Chefarchitekt von MOS-Projekt II, spannte für mich die komplexe Virtuosität der Moskauer Architektur auf. Winogradow, der später für mich die Aufnahme in die Russische Akademie für Architektur und Bauwissenschaften vorbereitete, organisierte noch die Besichtigung der Baustelle der Christ-Erlöser-Kirche in Moskau in einem relativ frühen Bauzustand: eine 100 %ige Rekonstruktion der Vorgänger-Kathedrale, die von den Kommunisten gesprengt wurde. Auf dieser Fläche ließ Chruschtschow dann ein großes Volksbad errichten, das dann wiederum für den Wiederaufbau der Kathedrale abgerissen wurde – Moskauer Stadt- und Architekturgeschichte! Auf den Kuppeln der

Links (v. l. n. r.): Ludger Schmitz, Stefan Weiß, Stefan Hensel, Sabine Möllering. Rechts: Olga A. Petrotschinina
Alle Fotos dieser Doppelseite: Friedrich Wolters

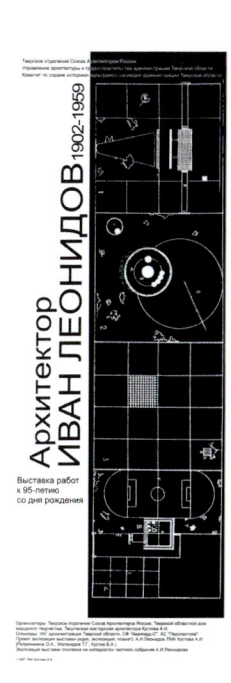

Dokumentation 110 ILS, Dortmund
Konzept und Gestaltung: Friedrich Wolters

Plakat zur Ausstellung Leonidow
Konzept und Gestaltung: Olga A. Petrotschinina u. a.

Christ-Erlöser-Kathedrale glänzt heute wieder das Gold, aber diesmal nur „Katzengold" – also goldfarben beschichtetes Aluminium.

Die junge Architektin Olga Petrotschinina und ihr Kollege Toffik führten mich zum „Runden Haus" von Melnikow und zu dem beeindruckenden „Le Corbusier"-Bau aus den 30er-Jahren.

Eine besondere Begegnung war der Besuch bei dem Sohn von Iwan Leonidow, der in einem Plattenbau – weit jenseits des Promenadenringes in bescheidenen Verhältnissen zwischen Modellen, Zeichnungen und Aufzeichnungen seines berühmten Vaters, dem russischen Pionier der Sonnenarchitektur, „residierte".

Auch die Begegnung mit Alexander Skokan war eine besondere Erfahrung, der als Quartiersarchitekt des Ortsteils Ostoschenka in Moskau unseren Vorstellungen einer kritischen, modernen und behutsamen Stadterneuerung entsprach.

Torshok und Twer, Kostroma und Rostow am Don und auch Stupino waren Orte unserer Betätigung, wo wir immer wieder interessante Persönlichkeiten kennenlernten.

Gern denke ich an Nikolai Oriol zurück, den Direktor der Druckfarben-Fabrik in Torshok, der sich vergeblich bemühte, als Investor für unsere Planung „Hotel am Palastplatz" erfolgreich zu sein.

Oriol brachte mich schon 1992 mit dem damaligen Bürgermeister Tscherowolenko zusammen, der während eines Abendessens als einer der Ersten am „Tag der Kapitulation" – wo mich die russisch-deutsche Vergangenheit unvorbereitet traf – versöhnend auf mich zuging. An jenem Abend schlug mir eine besondere Nähe und Freundschaft entgegen.

Und zum Schluss noch der Beginn: Die Delegation 1992 entwickelte mit Dr. Hans-Dieter Krupinski – wie später auch mit Dr. Wolfgang Roters – für unsere Gruppe eine ausdrucksstarke Empathie für Russland. Die vielen Aufenthalte in den Jahren zwischen 1992 und 2002 haben mir ein sehr intensives Bild von Russland erschlossen und mein Verständnis für dieses Land und seine Menschen nachhaltig geprägt.

Links: Anatoly I. Winogradow, wissenschaftlicher Sekretär der russischen Akademie für Architektur und Bauwissenschaften. Mitte: Dr. Wladimir Krogius, Ulrich Fasshauer, Dr. Hans-Dieter Krupinski, 1992. Rechts: Nikolai Oriol, Direktor der Druckfarben-Fabrik in Torshok

EINE KONZEPTION FÜR DEN „SANFTEN TOURISMUS"
7 + SIEBEN

BURTNIEKU SEE LETTLAND

WOLTERS PARTNER ARCHITEKTEN BDA STADTPLANER

Burtnieku See, Lettland
„7 + SIEBEN"
Eine Konzeption für den sanften Tourismus

Im Jahr 2003 wurde Wolters Partner von den Landräten Valmira/Lettland und Gütersloh/NRW zu einem Arbeitsbesuch nach Valmira eingeladen, um Erfahrungen für den sanften Tourismus zu entwickeln.

Die Aufgabe wurde auf den Raum um den Burtnieku See fokussiert. Gemeinsam mit örtlichen Fachleuten und Politikern (auch EU-Abgeordnete) wurde die Konzeption 7 + SIEBEN Burtnieku See entwickelt.
Sieben Pilotprojekte sollten als erste Bausteine für einen nachhaltigen sanften Tourismus sorgen. 7 + SIEBEN, das meinte 7 Dörfchen am völlig eutrophierten See. 7 Flussmündungen, 7 Kläranlagen und in den Mündungsbereichen 7 Landmarken am See.

Eine internationale Wasserkonferenz für limnologische Klärungen, ebenso wie eine internationale Konferenz für die Entwicklung eines sanften Tourismus sollten einberufen werden.
Die Entwicklungskonzeption 7 + SIEBEN hat exemplarisch aufgezeigt, wie mit begrenzten finanziellen Mitteln ein großes nachhaltiges Projekt angeschoben werden kann.

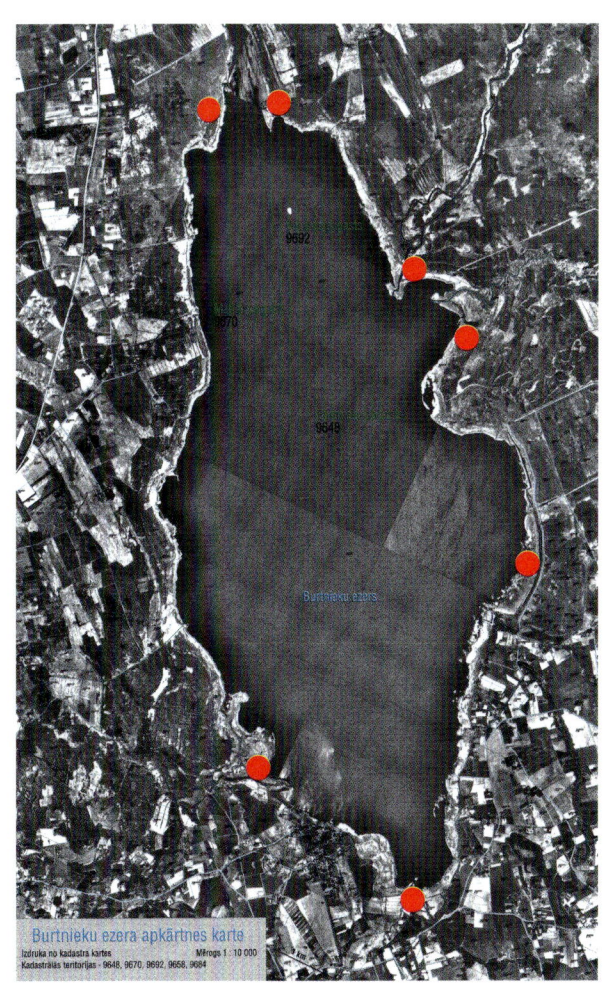

Burtnieku See: Einmündungen der Flussläufe
Kadastrālās teritorijas

Titelblatt der Dokumentation
Konzeption und Umsetzung: Wolters Partner

Orientierung in einem großen europäischen Haus – und darüber hinaus
von Dr. Wolfgang Roters

Wer dem Wirken von Wolters Partner gerecht werden will, muss in die jüngste Vergangenheit schauen: auf ein Kapitel nordrhein-westfälischer Geschichte, an der Lore Wolters-Krebs und Friedrich Wolters in den letzten Jahrzehnten mitgeschrieben haben. Den Blick in die Zukunft sollte er nicht vergessen: Denn das Besondere ihrer Arbeit lag im Anstoßen von Entwicklungen; im Vor-Denken des Möglichen und im Mit-Helfen beim Ermöglichen des Notwendigen.

Deshalb gilt dieser Beitrag der Rück-Sicht auf Leistungen und der Vor-Sicht auf Mögliches – Wolters Partner weiter gedacht: Orientierung in einem großen europäischen Haus – und darüber hinaus.

Historischer Stadtkern Steinfurt, Stadtteil Burgsteinfurt
Foto: Wolters Partner

I. Erinnerungen

1. Es gibt Zeiten, die in Erinnerung bleiben und in denen die Erinnerung fest verwurzelt ist mit Namen. Zwei dieser Namen sind Leonore Wolters-Krebs und Friedrich Wolters. Beide, bis heute schaffenshungrig und wissensdurstig, habe ich freundschaftlich-nah in den letzten beiden Dekaden des vergangenen Jahrhunderts kennengelernt. Über diese Zeit von zwei Jahrzehnten in Nordrhein-Westfalen und seine Grenzen hinaus will ich berichten. Es war eine besondere Zeit, mehr als eine Episode, ein Zwischenspiel. Es war ein Ereignis. Mittendrin: Wolters Partner.

Die „erhaltende Stadterneuerung" beeinflusste nachhaltig – wie kaum eine andere zuvor – den wissenschaftlichen und fachlichen Diskurs über Stadtentwicklung, Städtebau, Stadtverkehr, Stadtkultur und Denkmalschutz. Ein Land kam in Bewegung und mit ihr der städtebauliche und planerische Diskurs: Grundstücksfonds mit neuer Flächenpolitik und Verkehrsberuhigung mit Vorrang des Menschen vor dem Auto, Wohnumfeldverbesserung und Denkmalschutz – Udo Mainzer nennt sie die „goldenen Jahre", Gründerzeitviertel, vor dem Abriss bewahrt und heute begehrte Wohnquartiere, und historische Stadtkerne von Soest bis Bad Münstereifel, Umbau und Neunutzung – es gab nichts, in das vorhandener Baubestand nicht umgewandelt wurde –, Museen und Soziokultur, Industriekultur und soziale Stadt, sozialer Wohnungsbau, der seinem Namen gerecht wird, und Landesplanung, die ist, was sie vorgibt, Stadtökologie –

damals noch fast ein Fremdwort – und anspruchsvolles staatliches Bauen, nicht zuletzt IBA Emscher Park und die Regionalen, aus der Konzeption der IBA Emscher Park erwachsen.

Mittendrin Wolters Partner: anregend und mahnend in Gestaltungsbeiräten, auf der Höhe der Zeit mit Flächennutzungs- und Bebauungsplänen, mit Rat und Tat in den Arbeitsgemeinschaften der Historischen Stadt- und Ortskerne, in der architektonischen Gestaltung des sozialen Wohnungsbaus, im Denkmalschutz, Umbauexperten par excellence, engagierte Verfechter einer anspruchsvollen Aus- und Weiterbildung, selbst Architekten mit Stil, Planer mit Sachkenntnis, baukulturelle Mahner, auf die man hörte; nicht zuletzt in der Beispiel gebenden Leitung einer der bedeutenden Regionalen, der „links und rechts der Ems 2004".

2. Der Gestaltungsanspruch blieb nicht auf die Grenzen Nordrhein-Westfalens beschränkt. Diese Zeit war auch der Auftakt zu einem Antiprovinzialismus, zu einer internationalen Öffnung der NRW-Politik, am sinnfälligsten dokumentiert in der Internationalen Werkstatt für alte Industrieregionen, der IBA Emscher Park, mit einer Laufzeit von 1989 bis 1999, und in der europäischen Orientierung von 24 Historischen Stadtkernen in NRW, die sich 1984 zu einer wirkmächtigen Arbeitsgemeinschaft zusammen geschlossen hatten und sich international orientierten. Es begann insgesamt eine internationale Vorreiterrolle Nordrhein-Westfalens in der Stadterneuerung.

Landesgartenschau Hamm 1984, Maximilianpark
Foto: Klaus Bossemeyer

Raum der REGIONALE 2004
Zeichnung: Friedrich Wolters 2000

Blick über die Grenzen

Das besondere Verdienst von Wolters Partner ist es, beide ins Internationale drängende Impulse nordrhein-westfälischer Politik wirksam gebündelt zu haben: den weiten regionalen Ansatz der IBA, deren Experimentierfreude, deren Qualifizierungsstrategien und deren ganzheitliche Methode – mit dem Qualitätsanspruch der Historischen Stadtkerne, ihrer baukulturellen Haltung und ihrer Wertschätzung für Denkmäler, Denkmalensembles und Stadtbild prägende Gebäude.

Die Summe dieser Erfahrungen aus einem ungewöhnlichen Regionalprojekt und aus einem Netzwerk baukulturell engagierter Städte ist das Besondere. Hier bündeln sich Baukultur und regionale Planung, strategisches Denken und gute Architektur.

Diese Kompetenz haben auf Einladung des Städtebauministeriums von NRW mehrere besonders qualifizierte Architektur- und Planungsbüros international exportiert, nicht zuletzt in Städte und Landschaften Russlands. Nordrhein-Westfalen hatte damals mit der russischen Föderation einen Partnerschaftsvertrag auf dem Feld der Stadtentwicklung. Interessanterweise wurde diese Partnerschaft praktiziert in der Schlussphase der Sowjetunion, im staatlichen und ökonomischen Umbruch der Jahre 1988 bis 1992 und im Aufbauzeitraum der 90er-Jahre. Mit den Augen von heute mag diese Partnerschaft mit Russland seltsam erscheinen. Vor 30 Jahren war sie es nicht. Im Gegenteil: Sie war Ausdruck des Bewusstseins gemeinsamer Aufgaben in einem großen europäischen Haus. Und von diesem Bewusstsein war das Handeln aller Beteiligter – hier und dort – geprägt.

Bei aller politischen Instabilität auf russischer Seite war diese Kooperation ungewöhnlich fruchtbar. Die russischen Kollegen suchten Rat und Hilfe in Umbruchsituationen: Wie erhält man Bausubstanzen und städtische Infrastrukturen? Was geschieht mit historischen Stadtkernen? Wie finanziert man Städtebau? Wie setzt man Landschaft in Wert? Wie gestaltet man Planungsprozesse und wie bildet man Personal aus, das qualifiziert „erhaltende Stadterneuerung" zu praktizieren in der Lage ist? Die Planungsbüros aus NRW brachten Interessantes und

Holzhäuser in Torshok 1993
Foto: Wolters Partner

Wichtiges mit zurück: dass die städtebaulichen und architektonischen Grundprobleme doch so unterschiedlich nicht sind; dass die Grundkonstanten der Stadtentwicklung doch sehr ähnlich sind; dass „erhaltende Stadterneuerung" dabei ist, globales Thema einer sich urbanisierenden Welt zu werden.

Mittendrin – vorneweg – als Anstoß- und Ratgeber am längsten dabei – und zugleich mit dem längsten Atem, der bis heute reicht, leidenschaftlich und sachkundig: Lore Wolters-Krebs und Friedrich Wolters – Wolters Partner. Wolters Partner sind „die" Exporteure einer architektonischen, planerischen und baukulturellen Haltung. Sie haben das internationale Engagement nordrhein-westfälischer Stadterneuerungspolitik konkret mit Leben erfüllt – und sie haben viel wieder zurückgebracht. Importiert haben sie die Erfahrung des Anderen und die Freundschaft und den Respekt vieler Kollegen.

3. Konkret entstanden sind fundierte Masterpläne für die Erhaltung und Weiterentwicklung der Historischen Städte im „Goldenen Ring" vor allem zwischen Moskau und St. Petersburg, noch heute beeindruckende Dokumente von Sachverstand, Professionalität und Einfühlungsvermögen. Für Teilräume Russlands wurden regionalplanerisch angelegte Kultur- und Freizeitkonzepte in der Verknüpfung ungewöhnlich reizvoller Landschaften und ungewöhnlich imposanter Städte, Dörfer und Klöster entwickelt, unter maßgeblicher Mitwirkung von Prof. Jost Krippendorf und Prof. Karl Ganser.

Neue Holzhäuser
Skizze: Großmann-Hensel im Team Wolters Partner, 1993

Wohnungsbau Torshok, 1993
Foto: Wolters Partner

Blick über die Grenzen

Daraus entstanden sind Pläne für „russische Dörfer" für einheimische und internationale Touristen; russischer Architekturstil verband sich mit technischem Know-how und klugem Städtebau.

Zusammen mit Josef Kiraly wurden Konzepte für ein „russisches Haus" erarbeitet. Russische Blockhaustechnik verknüpfte sich mit dem „Bauen mit der Sonne", damals noch ein ausgesprochenes Pionierprojekt.

Auch hier mittendrin: Friedrich Wolters. Was Wolters Partner aber noch mehr auszeichnet, ist ihr ganz konkretes bewundernswertes Engagement für das Waisenhaus von Torshok, für den Umbau des Hauses wie für das Wohlergehen der Kinder. Über dieses Projekt berichtet an anderer Stelle Reinhard Seiß.

II. Möglichkeiten – Notwendigkeiten:
Wolters Partner weiter gedacht

In dem Respekt vor Leistungen von Wolters Partner liegt schon der Ansporn, Geleistetes weiter zu denken und Möglichkeiten zu erkennen, und darin wiederum verdichtet sich die Einsicht in Notwendigkeiten von Gegenwart und Zukunft. Denken wir also Wolters Partner weiter! (Ihr Einverständnis holen wir bei Gelegenheit nach.)

Führen wir das gedanklich zusammen und projektiv weiter, wofür Wolters Partner stehen: unbedingtes Eintreten für Qualität im Bauen, baukulturelles Gewissen, Erfahrungen im Regionale-Management, den weiten Blick des Planers, das Bewusstsein, in einem gemeinsamen großen europäischen Haus zu wohnen, Experimentierfreude und Pioniergeist – und uns eröffnen sich so viele aktuelle und künftige Möglichkeiten! Stellen wir, was Wolters Partner konzeptionell verstanden und mit Leben gefüllt haben, stellen wir IBA Emscher Park, Regionale und Historische Stadtkerne wieder so auf die Beine, dass sie Strategien auf der Höhe der Zeit erlauben.

Drei Fragen scheinen mir wegweisend zu sein:

Die erste Frage: Wie schaffen wir in strukturell prekären Räumen und auf konfliktgeladenen Feldern Experimentierräume der Landes-, Regional-, Stadt- und Quartiersentwicklung? Die heutige Transitionsforschung nennt dies Reallabore. Nichts anderes waren die IBA Emscher Park und sollen die „Regionalen" sein, die zwischen 1980 und 2000 in NRW als neue Formate entwickelt worden sind. Wir gehen offensichtlich in wenig überschaubare, langfristig schwer planbare Zeiten hinein. Tom Sieverts hat wiederholt auf die Notwendigkeit hingewiesen, sich auf Ungewissheiten einzustellen – eine Aufgabe für Planer und Architekten.

Reallabore können hier zum zentralen Ort einer lernenden Gesellschaft auf dem Weg zu einer Nachhaltigen Entwicklung werden. Als besonders anregendes Lernformat erweist sich im Nachhaltigkeitskontext ein Lernen an realweltlichen Problemen, sogenannten „real-world-problems". Real-world-problems bieten eine auf einen sozialen Raum verdichtete und lokalisierte Version der Erforschung und Bearbeitung von epochaltypischen Schlüsselproblemen

in Projekten. Sie generieren sozial robustes Wissen – unverzichtbar zur Überwindung der Kluft zwischen theoretischer Forschung und praktischem Alltagswissen.
Reallabore sind somit Ausdruck einer wirklichen experimentellen Wende für Stadtteile, Städte und Regionen, für „schwierige" Stadtquartiere wie für Biosphärenreservate, für Konversionsflächen, aber auch für Wertschöpfungsketten.
Nichts, was für Menschen, die IBA- oder Regionale-Erfahrungen haben, so gänzlich neu wäre! Diese Erfahrungen müssten einfach prolongiert und aktualisiert werden. Da ist inzwischen zu viel wieder eingeschlafen!
Die zweite Frage: Wie können wir unser Wissen und unsere Kompetenz im Bauen und Planen verfügbar machen für die Mehrheit der Weltgesellschaft? Die nämlich wohnt global gesehen in Städten, die Urbanisierung der Welt schreitet ungebrochen voran, und die Mehrheit der Stadt-Welt-Gesellschaft wird in Slums oder in ungesteuert wuchernden Stadtteilen leben. Diese Mehrheit der Weltgesellschaft hat am wenigsten zum Raubbau der Erde und zur fortschreitenden Erderwärmung beigetragen; sie wird aber die geringsten Möglichkeiten haben, sich den Auswirkungen des Klimawandels zu entziehen. Im Gegenteil: Sie wird die Hauptlast der entfesselten Naturgewalten zu tragen haben.
Übergangslösungen sind gefragt, Improvisationen, Selbstbau und Einfachlösungen. Nicht der Traum von der idealen Stadt, auch nicht der sog. Europäischen Stadt,

Die Renaissance der russischen Klöster
Foto: Wolters Partner

Prophilaktorium der Offsetfarben-Fabrik Torshok, Umnutzung zum Waisenhaus 2010
Foto: Wolters Partner

Blick über die Grenzen

nicht perfekte Lösungen, nicht teuere Investitionen, nicht großartige Masterpläne – das Andere denken!

War das nicht das Credo der IBA Emscher Park und der nachfolgenden Regionalen? Neues wagen, einfacher denken und bauen, Lernen an und mit Projekten, „perspektivischer Inkrementalismus", Pionierleistungen und Improvisationskunst, Polyzentralität und polymorphe Stadtlandschaft!

v. l.: Minister Christoph Zöpel, Wolfgang Roters,
Minister Stanislaw Nikolajewitsch Sabanejew,
Vorsitzender Staatskomitee für Bauwesen der
Russischen Sozialistischen Föderativen Sowjetrepublik
Foto: Archiv Roters

Es braucht: Klimagerechtes Bauen mit vorhandenen Materialien, Häuser, welche die Bewohner selbst errichten können, einfache Abwasserkanäle, dezentrale Photovoltaikanlagen, Gemeinschaftseinrichtungen auf Zeit …
Eine gigantische Aufgabe für Planer und Architekten!

Die dritte Frage: Wenn das Experimentelle, das Pionierhafte, das Transformatorische, das Suchende und das Temporäre zusammen gedacht wird mit dem Aufheben territorialer Grenzen – wenn auch ebenfalls nur temporär und auf bestimmten geeigneten Feldern – erschließt sich dann nicht bisher noch nicht Gedachtes?

Die Regionalen in NRW hatten ein durchgängiges Prinzip: Nicht territoriale Grenzen waren entscheidend, nicht Stadt-, Kreis- oder Bezirksgrenzen, nicht einmal Landesgrenzen. Die Aufgabe, das Problem, die Herausforderung waren es, die nach gemeinsamer Lösung und Bewältigung suchten, jenseits räumlicher Zuständigkeitsgrenzen. Die Aufgabe, das Problem und die Herausforderung definierten die territoriale Reichweite. Die Grenze war keine Grenze, sondern Brücke. Dieser Zuständigkeits-Ungehorsam wurde erkauft mit der Zusage von Temporalität. Nichts an grenzüberschreitender Zusammenarbeit sollte zwingend von Dauer sein. Reversibilität war das Motto.

Überträgt man dieses Denken, seine Methode und seine Praxis, auf heutige und absehbare Probleme, Aufgaben und Herausforderungen in Europa, kommen „Ko-Operationen" in den Sinn: fachlich begrenzte Zusammenarbeit der Städte post-montan-industrieller Regionen in Oberschlesien oder in Mittelengland, fachlich begrenzte Zusammenarbeit von Staaten des ehemaligen Jugoslawien, fachlich begrenzte Zusammenarbeit von brandenburgischen mit polnischen Städten entlang der Grenze. Vieles wird denkbar, weil die Formalität territorialer Grenzen nicht in Frage gestellt wird und alles nur auf Zeit erfolgt. Lockerungsübungen könnte man dies auch nennen.

Das Prinzip: Das jetzt Notwendige auf die Grenzen setzen, nicht durch sie getrennt.
Und es kommen die großen Herausforderungen unserer Zeit in den Sinn: Migration, Wanderungen, Flüchtlinge. Experimente, Qualitätsanspruch und Informalität: Müssen wir für diese Gruppen wirklich Zeltstädte und Containerdörfer bauen? Müssen wir sie in Turnhallen und Behelfsheimen unterbringen? Haben nicht kluge Architekten von Frei Otto über Shigeru Ban bis hin zu so vielen jungen Büros heute gezeigt, mit wie wenig Geld, aber umso mehr Fantasie und Können anspruchsvolle „leichte" Architektur auf Zeit möglich ist? Die auch noch schön ist, und die häufig länger lebt als traditionelle Bauten. Lebenswerte und würdige Behausungen. Integrierte Quartiere. Experimentierfreudige Städte. Nachhaltige Stadtlandschaften. Regionen, die einladen und nicht abgrenzen. Kurz: Ein vitales, offenes und zukunftsorientiertes europäisches Haus ist möglich. Es verlangt jene Haltung, für die Wolters Partner stehen. Wolters Partner lassen grüßen.

Kostromakonferenz – v. l.: Valery Borissov, Wolfgang Roters, Tamara Kuhn
Foto: Archiv Roters

Kostromakonferenz – v. l.: Stefan Weiß, Friedrich Wolters, Wolfgang Roters
Foto: Archiv Roters

Blick über die Grenzen

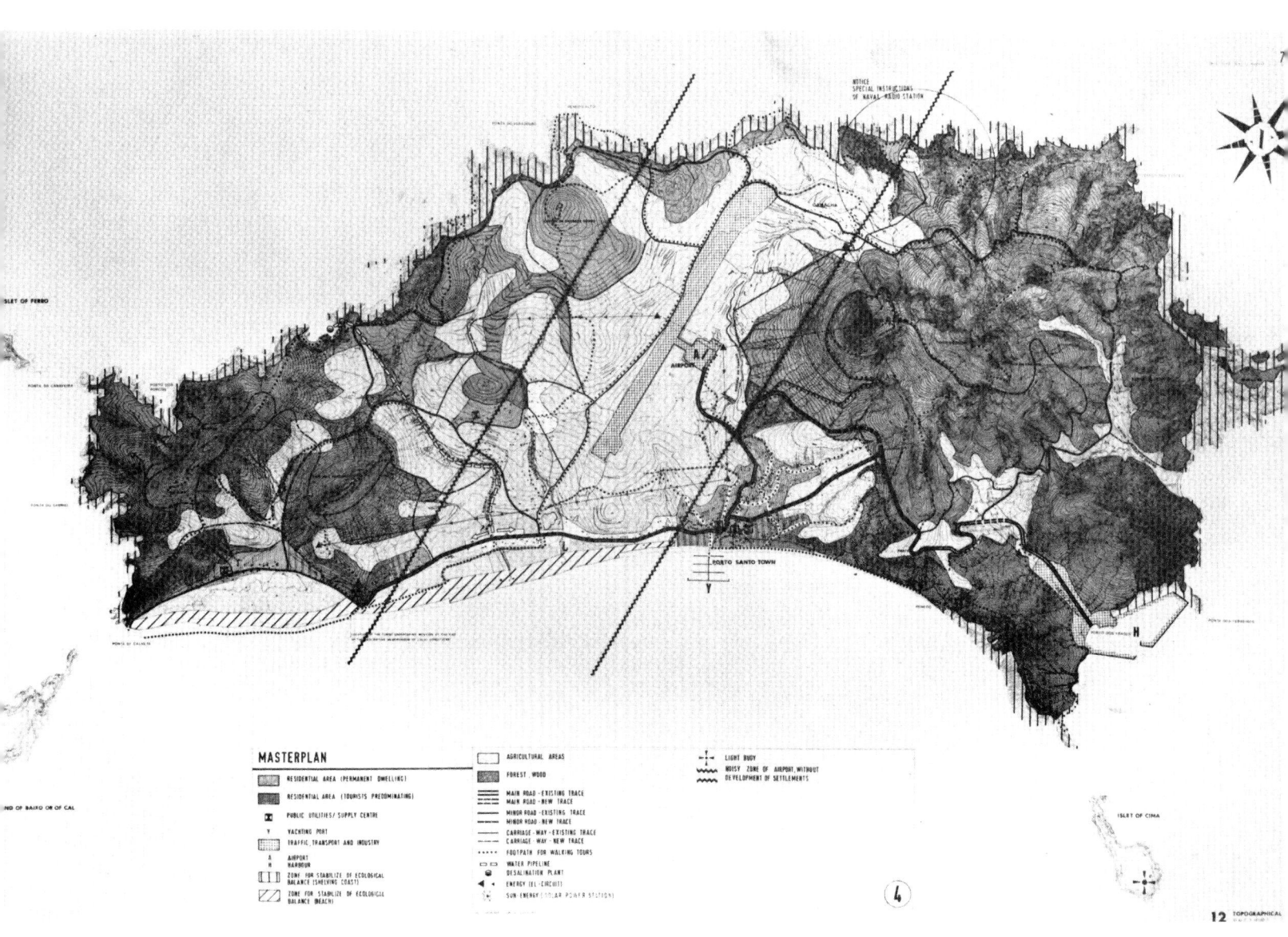

Masterplan
Planung: Wolters Partner

Porto Santo, Portugal
Wettbewerb

Wettbewerb: Wolters Partner in Zusammenarbeit mit dem Büro für Landschaftsplanung Brandenfels und dem Architekten Stefan Grossmann-Hensel, Canada, 1974/75

Im Jahr 1974 wurde von der portugiesischen Regierung ein internationaler Ideenwettbewerb ausgeschrieben, um Vorschläge für die wirtschaftliche und gestalterische Entwicklung der Insel Porto Santo/Madeira – Archipel zu erhalten. Der hervorragend vorbereitete Wettbewerb wurde 1975 – trotz politischer Veränderungen und wirtschaftlicher Schwierigkeiten – durchgeführt und von einer internationalen Jury entschieden.

Der Wettbewerbsbeitrag Wolters Partner wurde als einziger aus dem deutschsprachigen Raum unter 130 internationalen Arbeiten mit dem 6. Platz angekauft. Aus heutiger Sicht ist die Arbeit immer noch ein überzeugender Beitrag für die Entwicklung eines weichen Tourismus im Kontext mit einer maßvollen baulichen Entwicklung und neuen Ideen für ökologische Landwirtschaft und Tourismus.

Küste Porto Santo
Foto: Direcção Geral dos Serviços de Urbanização

Blick über die Grenzen

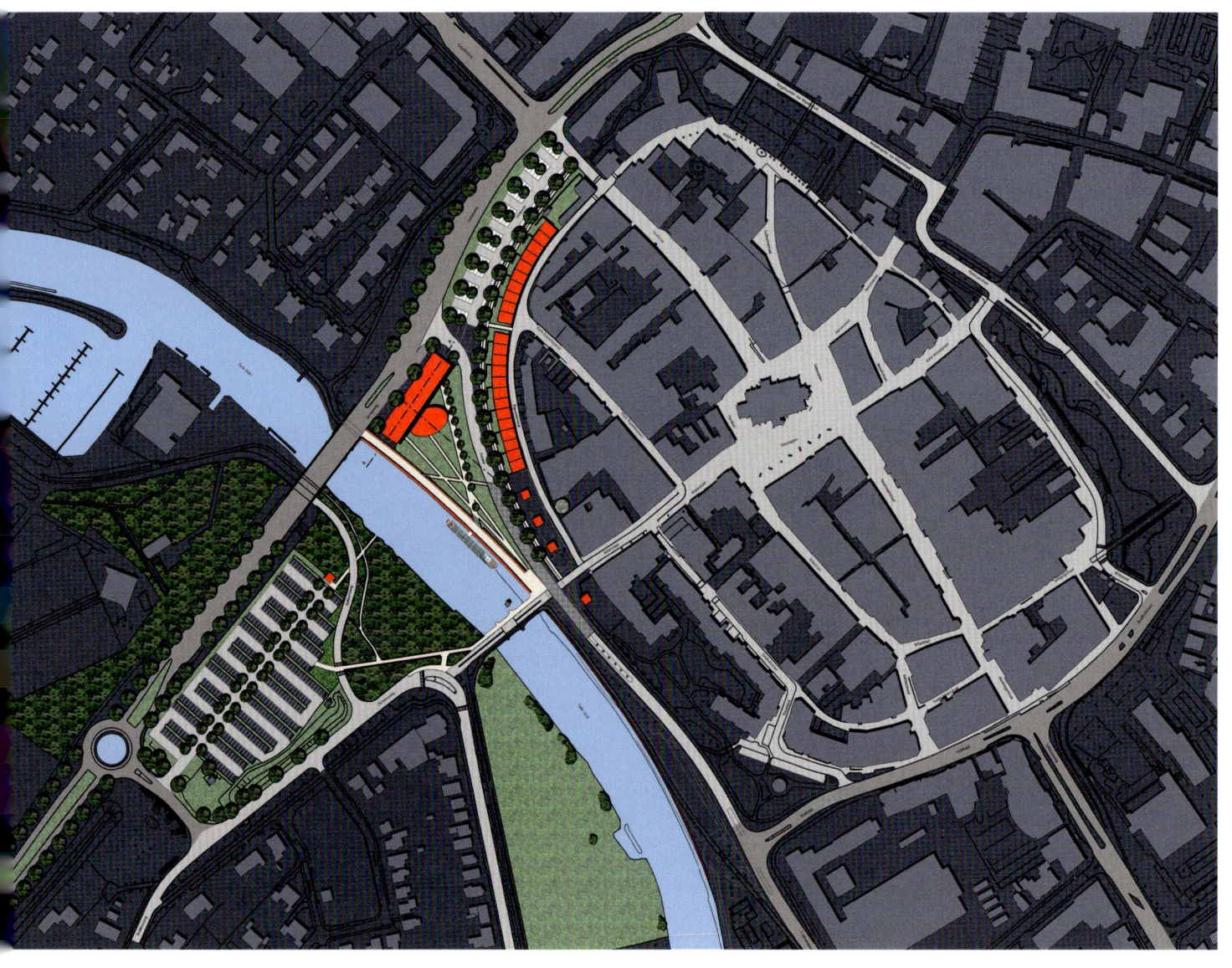

Masterplan Doetinchem, Niederlande
Planung: Wolters Partner

Doetinchem, Niederlande
Masterplan Schil Stadsfront Varkensweide

Die Gemeente Doetinchem in den östlichen Niederlanden hatte 2006 im Bereich des Schil mehrere Büros beauftragt, für einzelne Quartiere Konzepte zu entwickeln. Wolters Partner erhielt den Auftrag für die Bereiche Stadsfront und Varkensweide.

Im Zuge der Bearbeitung wurden zunächst drei grundsätzliche Defizite für die Stadsfront identifiziert. Eine definierte Stadtkante im Südwesten der Innenstadt ist nur in Ansätzen vorhanden, außerdem schneidet der Gaswal als großzügig ausgebauter Abschnitt des inneren Straßenrings die Altstadt vom Fluss Oude Ijssel ab. Entlang des Wassers gibt es keine qualitätvollen öffentlichen Räume. Neben der gewünschten Neuschaffung von Wohnbebauung und Gebäuden für öffentliche Nutzungen sollte somit ein Hauptziel sein, die Altstadt wieder an das Wasser heranzuführen.

Auf der gegenüberliegenden Uferseite liegt die Varkensweide. Neben einem großen Parkplatz, der multifunktional genutzt wird, befinden sich hier Wiesen-, Wald- und Sportflächen. Die Planung sieht vor, diesen Platz gestalterisch aufzuwerten und um einen Informationsturm zu ergänzen. Stadsfront und Varkensweide werden über eine Brücke für Fußgänger- und Radverkehr verbunden.

Den wichtigsten Ansatzpunkt für die Problematik der Altstadt stellt der Straßenverlauf des Gaswal dar. In zwei Planungsalternativen wurden zum einen eine Auframpung des Gaswals und zum anderen die planerisch bevorzugte Variante der Verschwenkung ausgearbeitet, um Flächenpotenziale freizusetzen.

Entlang des Flusses wurde eine Kaimauer vorgeschlagen, begleitet von einem Fuß- und Radweg, der die Wasserkante fassen sollte. Terrassen mit neuen städtischen Freiflächen sollten einen qualitativ hochwertigen öffentlichen Raum bilden. Kleine Galerie- bzw. Kulturfolies sollten die Wohnbebauung als Eingangsmarkierung in die Stadt ergänzen.

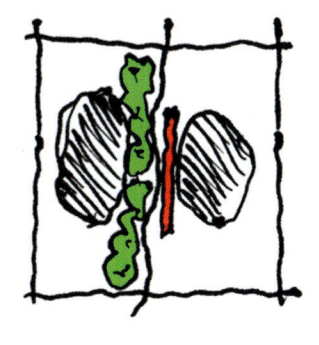

Ideenskizze
Zeichnung: Friedrich Wolters

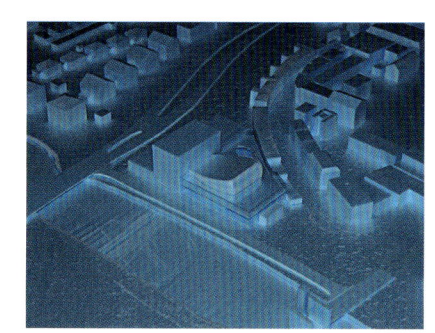

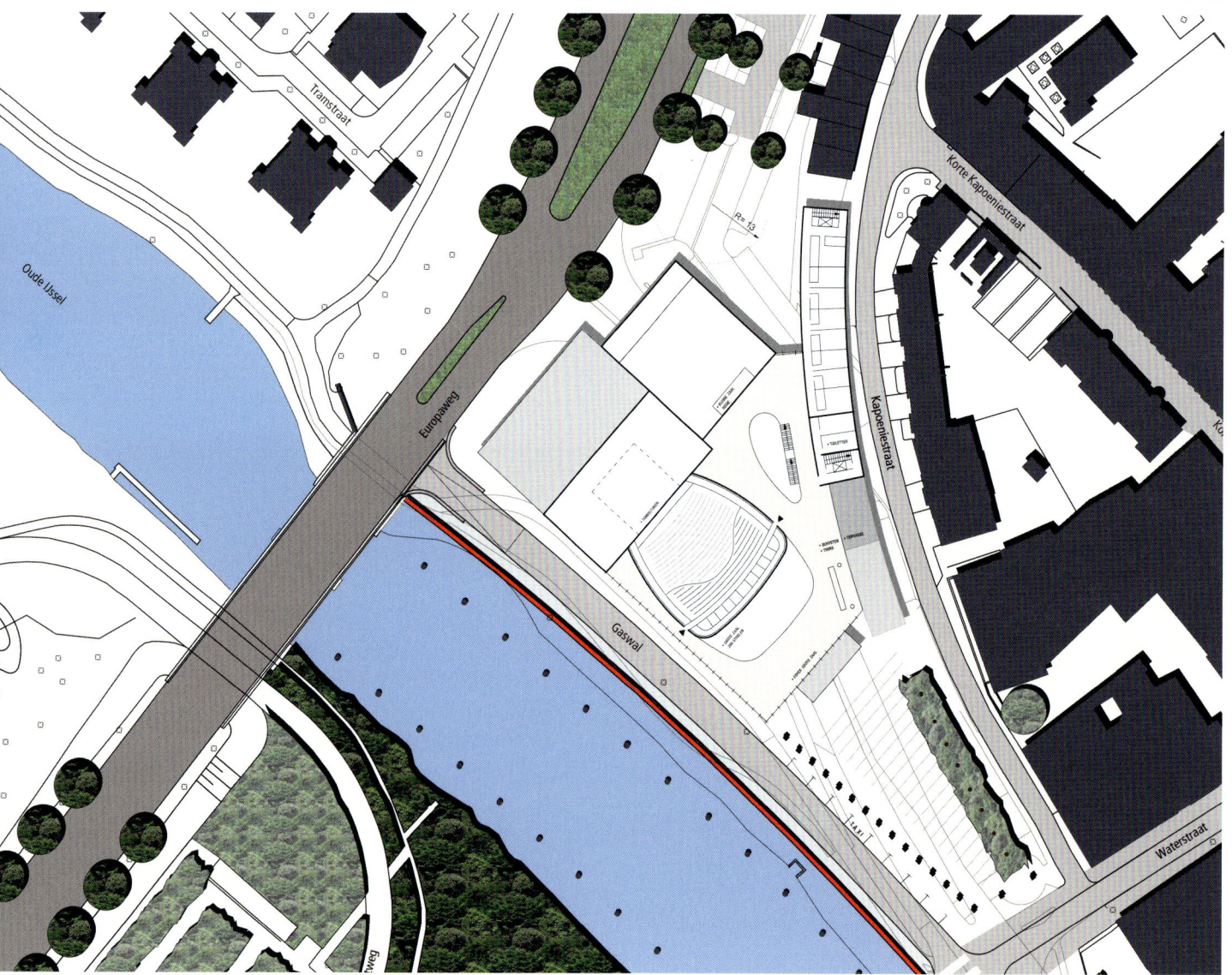

Entwurf Theatergrundriss, Masterplan Doetinchem
Planung: Wolters Partner

220 Blick über die Grenzen

Es ist interessant, aber auch bemerkenswert, daß Begriffe, Namen, wenn diese lange genug in fremdem Umgang gebraucht werden, sich von sich selbst entfernen.

So verhält es sich auch mit dem Begriff der Varkensweide. Wenn man dort das Auto abstellt, hat man heute mit Sicherheit nicht das sich auf der Weide suhlende Schwein vor Augen.

Das ist ein bemerkenswertes Phänomen, daß der Name Schwein plötzlich eher mit Stadt und Auto verbunden wird.

Mit unserer „Markierung Rot" weisen wir einerseits auf die Altstadt, das nahe Zentrum vom Parkplatz aus hin, andererseits mit dem Schwein in luftiger Höhe, von einigen 20 Metern auf die Vergangenheit des Ortes...
und vielleicht denkt ja dann der eine oder andere auch über unseren Umgang mit der Kreatur nach, das wäre dann ein doppelter Gewinn, ohne belehrend zu sein.

TOREN 1:125

Gestaltung Parkplatz Varkensweide
Planung: Wolters Partner

Blick über die Grenzen

Entrée und Patio
Fotos: Tibor Göröcs

Charlieu, Frankreich
Wohnhaus mit Atelier

Bauherren: Monika und Jaques Rivière
Bauzeit: 2008–2009

In der Landschaft des westlichen Burgund mit romanischer Baukultur liegt die kleine Stadt Charlieu.
Unmittelbar am Rande des historischen Stadtkerns hat Wolters Partner auf einem Konversionsgrundstück – ehemalige Schreinerei – ein Atrium entworfen für Wohnen, Gästeappartements und Porzellanwerkstatt. Ein kleines Museum soll als letzter Baustein die umfangreiche private Porzellan- und Glassammlung der Porzellanmalerin Monika Rivière aufnehmen.
Die Putzoberfläche sowie der Farbauftrag entsprechen ebenso wie Dachneigung und Pfanneneindeckung der örtlichen Gestaltungssatzung für das historische Stadtzentrum.
Der gesamte Gebäudekomplex wird über Erdsonden im Verbund mit einer Wärmepumpe mit Energie versorgt.
Die örtliche Bauüberwachung wurde von einem Architekten aus der Region unterstützt.

Grundriss
Planung: Wolters Partner

Blick über die Grenzen

nn- und Feiertagen als ein Gespräch von

Wettbewerbskultur – Wettbewerbsbeiträge

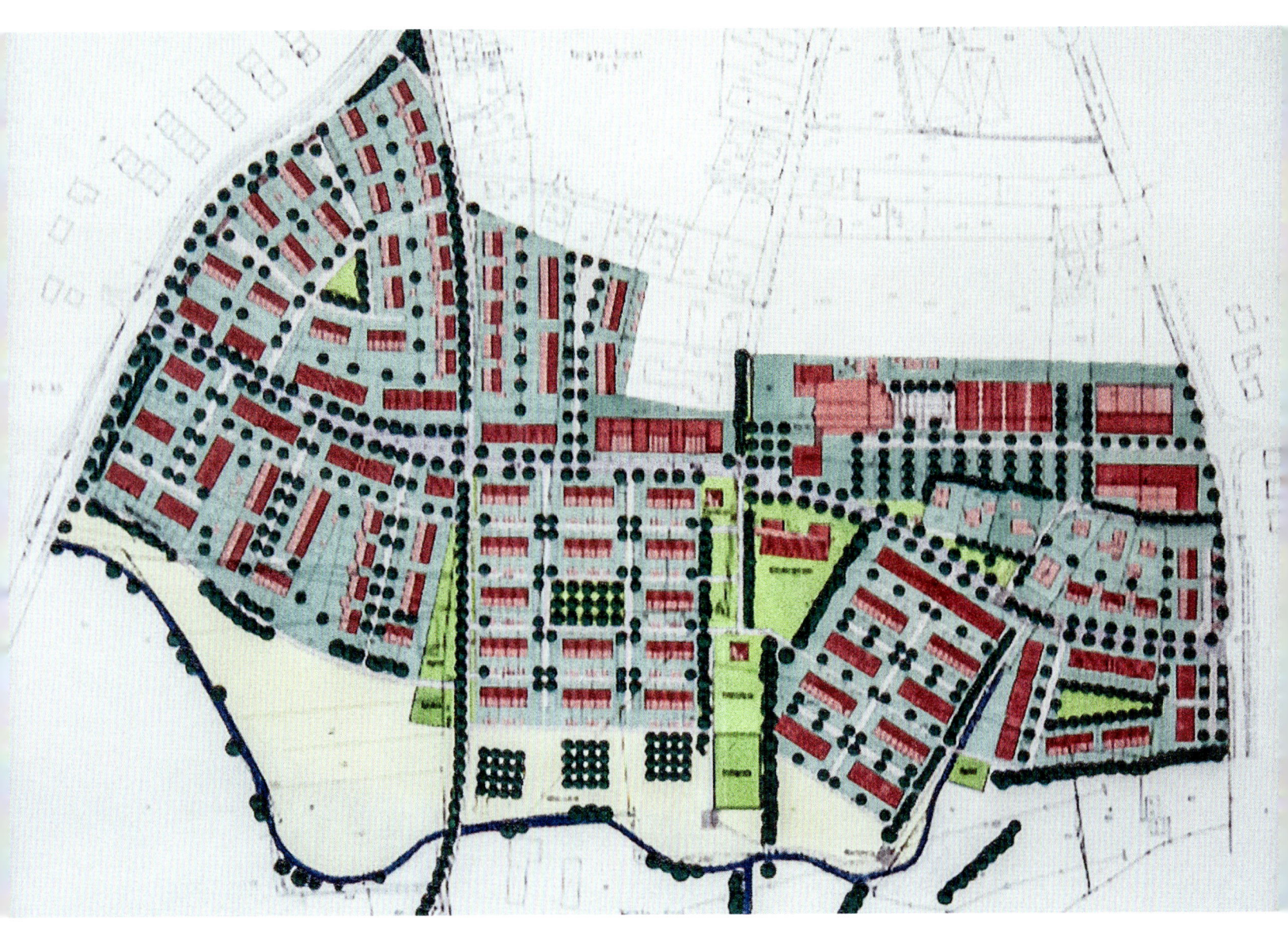

Mehrfachbeauftragung Telgte-Süd, Beitrag Wolters Partner, 1998
Planung: Wolters Partner

Vorherige Doppelseite:
Freiraumplanerischer Wettbewerb, Neugestaltung
Neumarkt/Johannisstraße, Osnabrück, 2013
Planung: Wolters Partner

Wettbewerbskultur – Wettbewerbsbeiträge

„Nichts geht über einen schönen Direktauftrag" – sagte einmal ein Kollege … aber im Sinne von Planungs- und Bauqualität ist Wolters Partner auf allen Ebenen – als Berater auf der Seite der Auslober, als Teilnehmer und unzählige Male in der Funktion als Preisrichter – für Wettbewerbe eingetreten.

Wettbewerb Bahnhofsbereich Münster,
Ein 3. Preis, 1986
Planung: Wolters Partner

Wettbewerb Wohnbebauung Evertalstraße
Bochum-Langendreer, 1. Preis, 1994
Planung: Wolters Partner

Architektonischer Realisierungswettbewerb
„Kultureller Marktplatz“ in Hilchenbach-Dahlbruch
Dokumentation
WoltersPartner
Südwestfalen
HILCHENBACH

Hafenweg 10, Münster
Dienstleistungsgebäude
Begrenzter Realisierungswettbewerb
DOKUMENTATION
RATIO Erdöl GmbH & Co.KG Münster
Wolters Partner

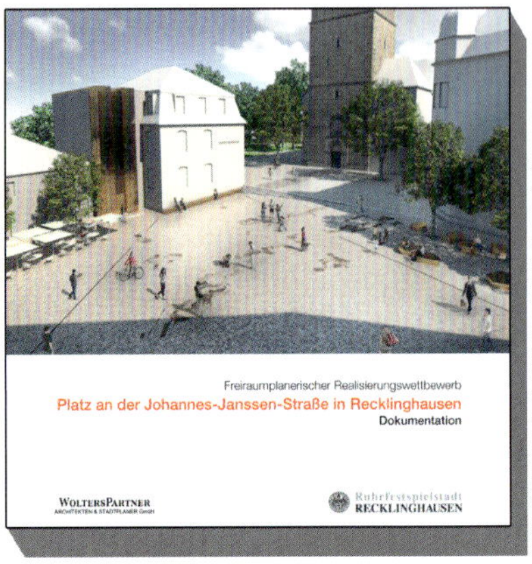
Freiraumplanerischer Realisierungswettbewerb
Platz an der Johannes-Janssen-Straße in Recklinghausen
Dokumentation
WoltersPartner
RECKLINGHAUSEN

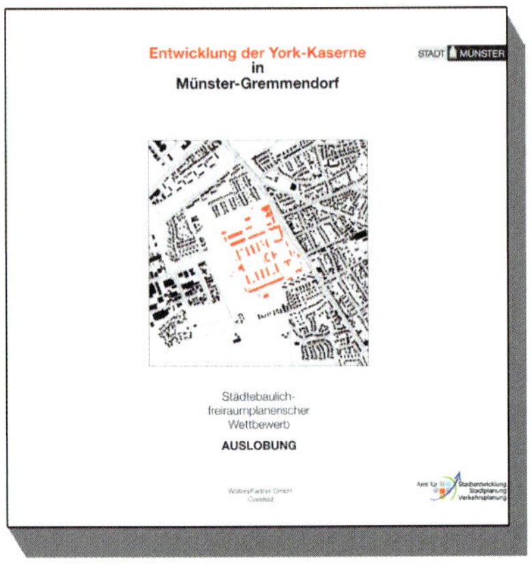
Entwicklung der York-Kaserne
in
Münster-Gremmendorf
STADT MÜNSTER
Städtebaulich-
freiraumplanerischer
Wettbewerb
AUSLOBUNG

:agrohort - Lebensräume der Zukunft
Dokumentation Wettbewerb

Landschaftsarchitektonischer Wettbewerb
Grüngürtel Duisburg – Nord Bruckhausen
Dokumentation

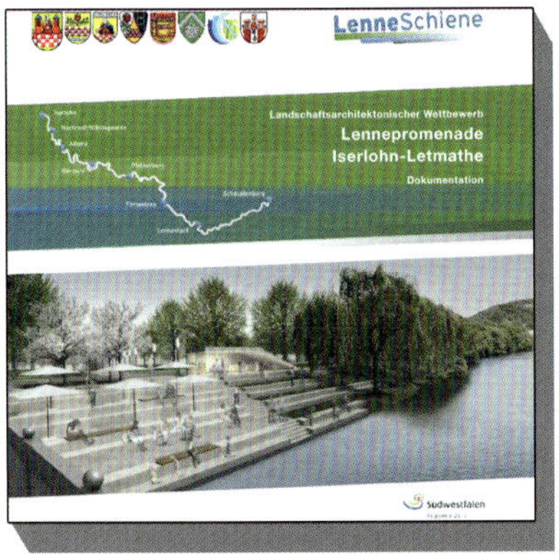
LenneSchiene
Landschaftsarchitektonischer Wettbewerb
Lennepromenade
Iserlohn-Letmathe
Dokumentation
Südwestfalen

LenneSchiene
Landschaftsarchitektonischer Wettbewerb
Lennepromenade Plettenberg
Dokumentation
Südwestfalen

LenneSchiene
Freiraumplanerischer und architektonischer Wettbewerb
Lennepark und Fußgängerbrücke
in Altena
Dokumentation
Südwestfalen

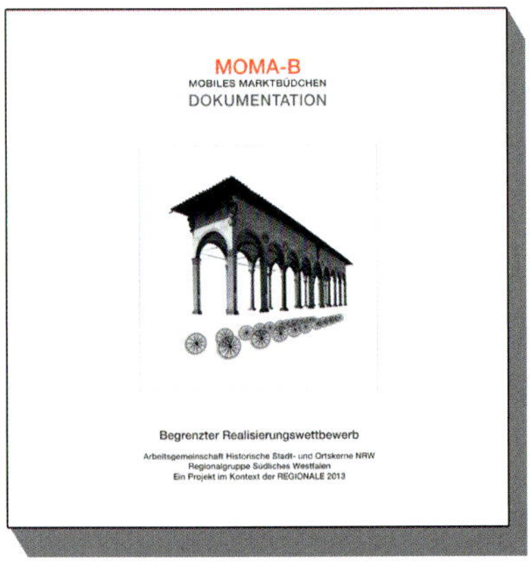
MOMA-B
MOBILES MARKTBÜDCHEN
DOKUMENTATION
Begrenzter Realisierungswettbewerb
Arbeitsgemeinschaft Historische Stadt- und Ortskerne NRW
Regionalgruppe Südliches Westfalen
Ein Projekt im Kontext der REGIONALE 2013

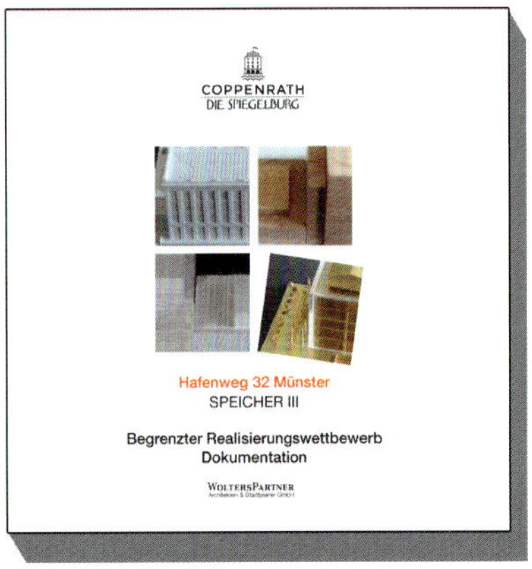
COPPENRATH
DIE SPIEGELBURG
Hafenweg 32 Münster
SPEICHER III
Begrenzter Realisierungswettbewerb
Dokumentation
WoltersPartner

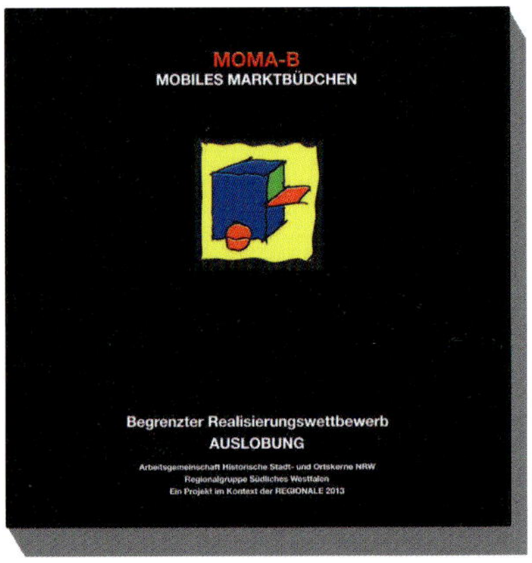
MOMA-B
MOBILES MARKTBÜDCHEN
Begrenzter Realisierungswettbewerb
AUSLOBUNG
Arbeitsgemeinschaft Historische Stadt- und Ortskerne NRW
Regionalgruppe Südliches Westfalen
Ein Projekt im Kontext der REGIONALE 2013

Wettbewerbsmanagement

Zur Qualität der Wettbewerbskultur gehört die verantwortungsvolle Betreuung der Wettbewerbsauslober, seien es Gemeinden oder private Träger.
Wolters Partner übernimmt seit langem sowohl die Aufgabe der fachlichen Beratung zum Inhalt und zur Zielsetzung der Auslobung von Wettbewerben, als auch den organisatorischen Ablauf nach den Regeln der Architektenkammern unter Beachtung der EU-Vorschriften.

Auch hier gilt eine Moderation zur Vermeidung von Zielkonflikten zwischen fachlichen Gesichtspunkten, politischen Zielen, rechtlichen Vorgaben und Bürgerinteressen. Eine große Herausforderung für Wolters Partner war 1996/98 die Betreuung des Wettbewerbs „Wohnen ohne eigenes Auto" auf der Fläche der ehemaligen Weißenburg Kaserne in Münster – als Pilotprojekt auch ein Spagat zwischen insgesamt drei Auslobern, der Stadt Münster und zwei Landesministerien.

Mit abschließender Dokumentation des Verfahrensablaufes und der Ergebnisse eines Wettbewerbes kann auch später noch der mehr oder weniger erfolgreiche Werdegang eines Projektes nachvollzogen werden. Gute Wettbewerbsergebnisse sind auch von der Qualität der Auslobung abhängig.

Durch die Weiterentwicklung der rechtlichen Vorgaben bei der Vergabe öffentlicher Aufträge wächst dem Instrument des Wettbewerbs auch zukünftig eine besondere Aufgabe im Hinblick auf eine an qualitativen Standards orientierte Auftragsvergabe planerischer Leistungen zu.

Titelseiten von Wettbewerbsdokumentationen
Gestaltung: Wolters Partner

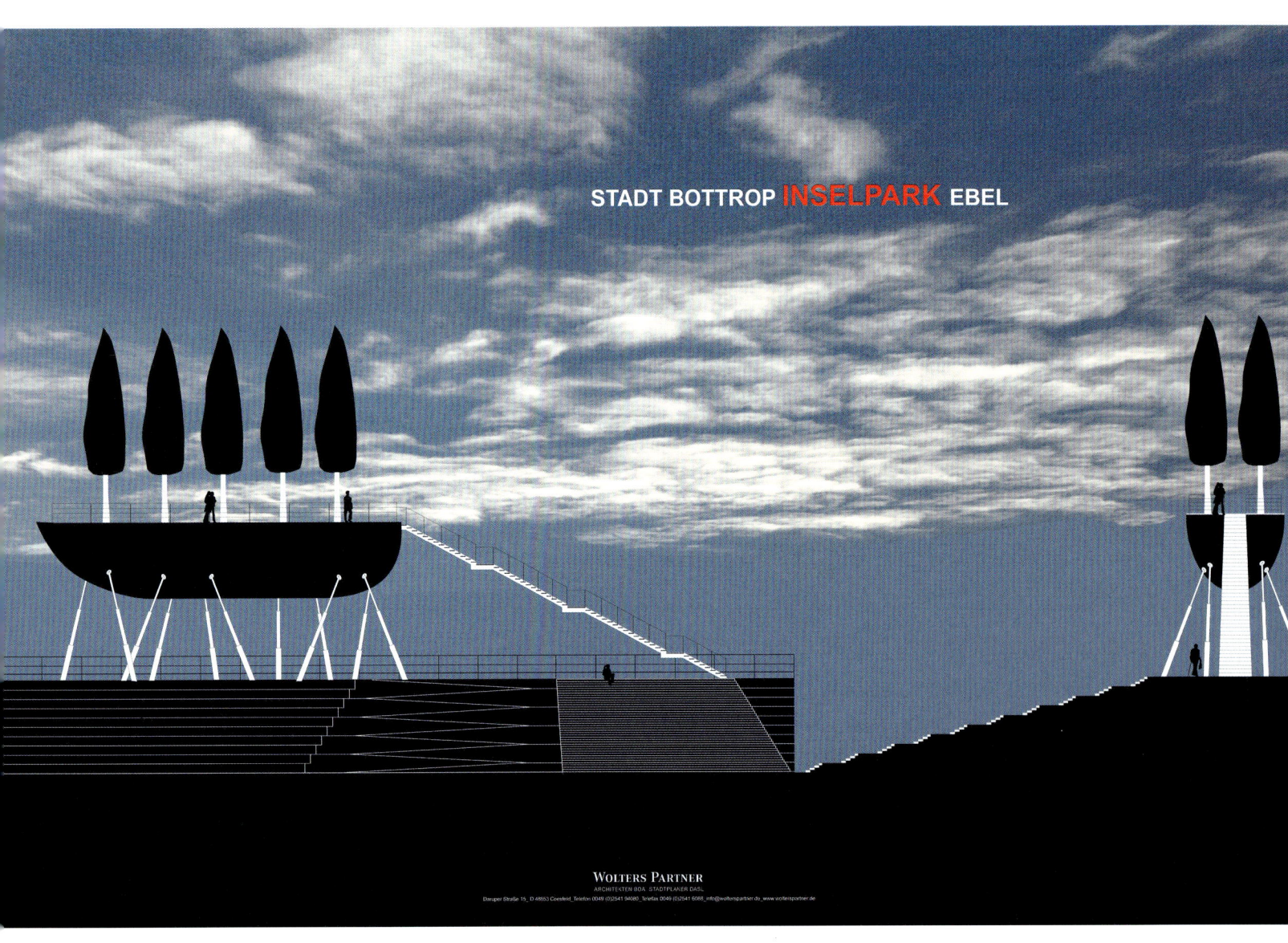

Quer- und Längsschnitt Schiff
Planung: Wolters Partner

Bottrop
Inselpark Ebel

Stadt Bottrop und Ruhr Oel GmbH, 2008
Mehrfachbeauftragung – ein 1. Rang

Die Ebel, Insel der Glückseligen, im fruchtbaren Emscherbruch, einstmals mit Eichen bestanden, der Inselpark zwischen Kulturkanal und Parkautobahn, ein Leitprojekt der Ruhr 2010 mit vielen Wünschen und noch mehr Restriktionen.
„Ebel ans Wasser" funktioniert für den Untersuchungsraum kaum, da die Fläche im Süden über einen weiten Bereich von 150 m nicht betreten werden darf … und im Norden verhindert die „Parkautobahn", den Fuß ans Emscherufer zu setzen. Die Öltanks im Osten vermitteln Berührungsängste, besonders optisch, trotz des hohen Anspruchs an Industrie – Bau – Kultur.

Bei unseren „Expeditionen" ins Gelände trafen wir auf eine verwunschene Welt zwischen Brombeeren, lichten Birkenhainen, ruderalen, mageren Wiesen und festem Gebüsch: eine kleine Welt der Natur mit einem weißen Pferd, das auch ein Einhorn sein könnte, und einigen „beigestellten" Ziegen, ein wenig Dornröschen, das wach geküsst werden will, aber auch der Faun, der mahnend auf der Lichtung saß, wohl aufpassend, dass nicht zuviel verändert würde.

Es entstanden also eher unsere Gedanken an die Bilder der montanen Landschaftsräume mit ihren Pioniergehölzen, die nur behutsam aufgearbeitet wurden, aber doch auch ein „Bild", das wir mit dieser kleinen Fläche vermitteln wollen:
Die PARKINSELN IM INSELPARK

Auf der Emscherinsel sehen wir auf dieser besonderen und artenreichen Fläche die Parkinseln, gesäumt von Bäumen und Sträuchern, an unterschiedlichen Orten, thematisch differenziert.

Ein sinnlicher Ort für Erholung und Natur im großen Geflecht des Transmissionsraumes Ruhr.

Parkgestaltung
Skizze: Friedrich Wolters

Fußgängerbrücke Schlautbogen, Münster
Foto: Hermann Willers

Münster
Rad- und Fußwegebrücke „Schlautbogen"

Tragwerk: W&B Ingenieure, Münster
Architektur: Wolters Partner, Coesfeld
Bauherr: Stadt Münster
Baujahr: 2013/2014

Realisierungswettbewerb 2013: 1. Preis
Auszeichnung guter Bauten 2014, BDA Münster/Münsterland: Anerkennung
Preis des deutschen Stahlbaus 2016: Auszeichnung

Die filigrane Konstruktion dieser innovativen Fuß- und Radwegebrücke in Münster wurde aus einer organisch geformten Stahlfläche entwickelt, die zu einem geschlossenen Hohlkörper verschweißt wurde. Dessen Querschnitt minimiert die Ansichtsfläche an den Außenseiten und optimiert die Durchfahrtshöhe. Beim Betreten der Brücke wird der Blick des Benutzers durch die Krümmung auf die Gegenseite gelenkt. Die Fahrbahn selbst weitet sich zur Brückenmitte auf und bietet somit Platz zum Quatschen. Fundamente über Bohrpfählen aus Stahlbeton erzeugen eine Einspannung der Brückenkonstruktion als Stahlverbund. Durch das Fehlen aufwändiger Brückenlager oder Übergangskonstruktionen wird ein fließender Übergang in die Böschungslinie erreicht.

Fußgängerbrücke Schlautbogen, Münster
Foto: Hermann Willers

Verschweißung der Spanten
Foto: Hermann Willers

Pfarrheim St. Lambertus, Ahlen-Dolberg
Foto: Wolters Partner

Ahlen-Dolberg
Neubau Pfarrheim, Katholische Kirchengemeinde St. Lambertus

Auftraggeber: Katholische Kirchengemeinde
St. Lambertus Ahlen-Dolberg
Wettbewerb 2003/2004: 1. Preis
Ausführung: Oktober 2004/2005

Zwei Baukörper, ein Glasgang: die einzelnen Bereiche definieren sich über die Kubatur.
Orientierung des Pfarrsaals nach Süden und Westen, sowie der Räume der Verwaltung und Nebenräume nach Norden und Osten. Ein gläserner Gang dient als Verbindung beider Bereiche sowie als direkte Anbindung an den Garten mit gerichteter Sichtachse auf einen Grillplatz. Die Pfarrverwaltung funktioniert autark, ist vom Pfarrheimbereich abkoppelbar.

Der nördliche Eingangsbereich wird nach Süden begrenzt durch eine halbhohe Mauer, welche in der rückwärtigen Flucht des ehemaligen Pastorats verläuft.

Die Baukörper schmiegen sich in den Grünraum; Aktionsflächen entstehen mit Grillplatz und Laube im Süden des Grundstücks. Der Eingangshof ist durch Stelen vom Straßenraum getrennt. Die Pflastergliederung zieht sich durch die gläserne Fuge bis in den Garten.

Die regionale Backsteinarchitektur des Pfarrheimes mit „gelochten" Fassaden steht im „gegensätzlichem" Kontext zu dem hell geputzten ehemaligem Pastorat.

Blick in den kleinen Seminarraum
Foto: Wolters Partner

Beleuchtung im Flur
Foto: Wolters Partner

Bücherei und Wohnen St. Magnus, Everswinkel
Foto: Wolters Partner

Everswinkel
Bücherei und Wohnen

Wettbewerbserfolg 1991
Realisierung: 1994/1995

Nach einem städtebaulichen Wettbewerb, der Ergebnisse für die Ergänzung der historischen Kirchringbebauung bringen sollte, wurde dann nach einer vertiefenden Diskussion der Katholischen Kirchengemeinde der Entwurf von Wolters Partner zur Realisierung freigegeben.

Skizze
Zeichnung: Friedrich Wolters

Bücherei und Wohnen St. Magnus, Everswinkel
Foto: Wolters Partner

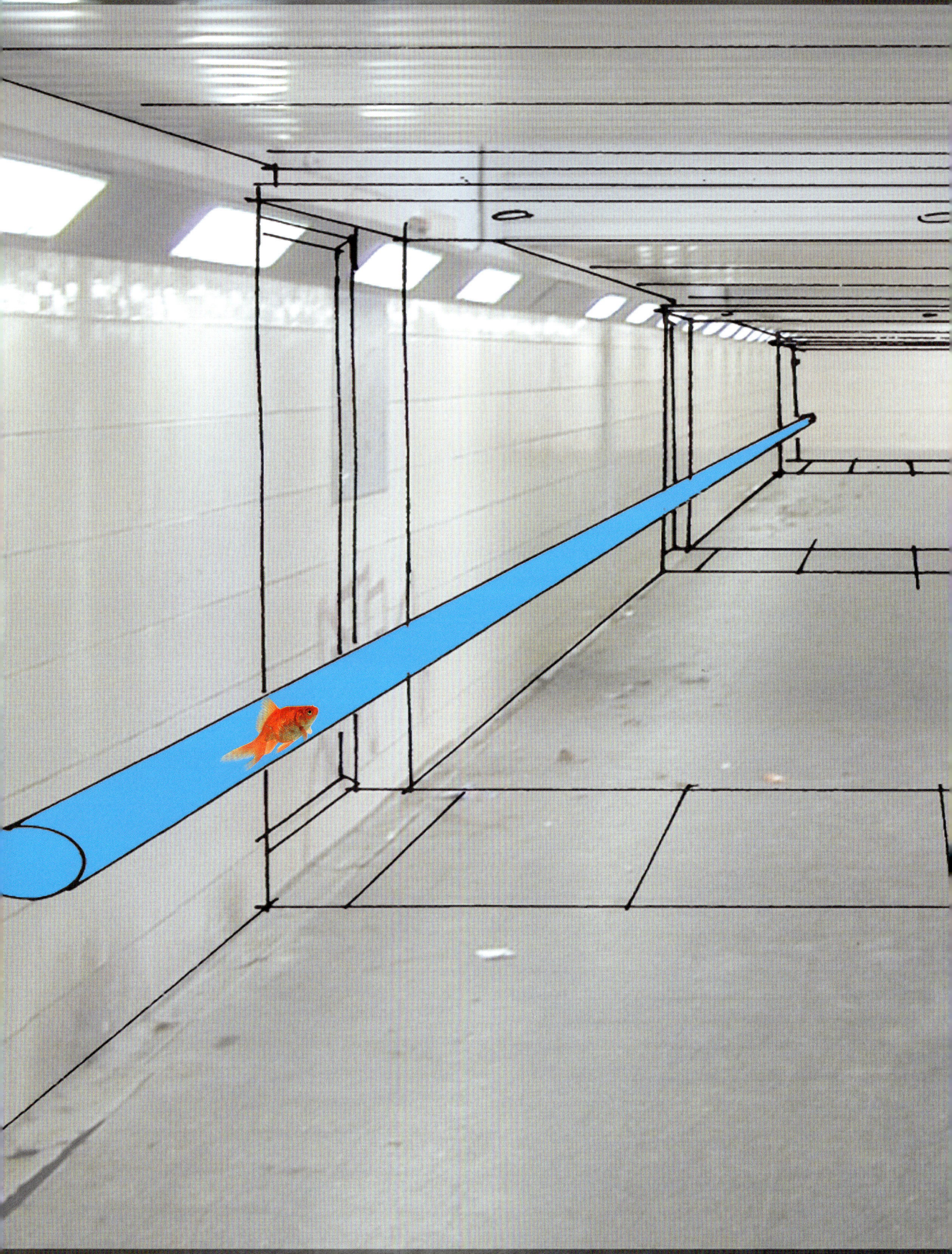

Artefakte

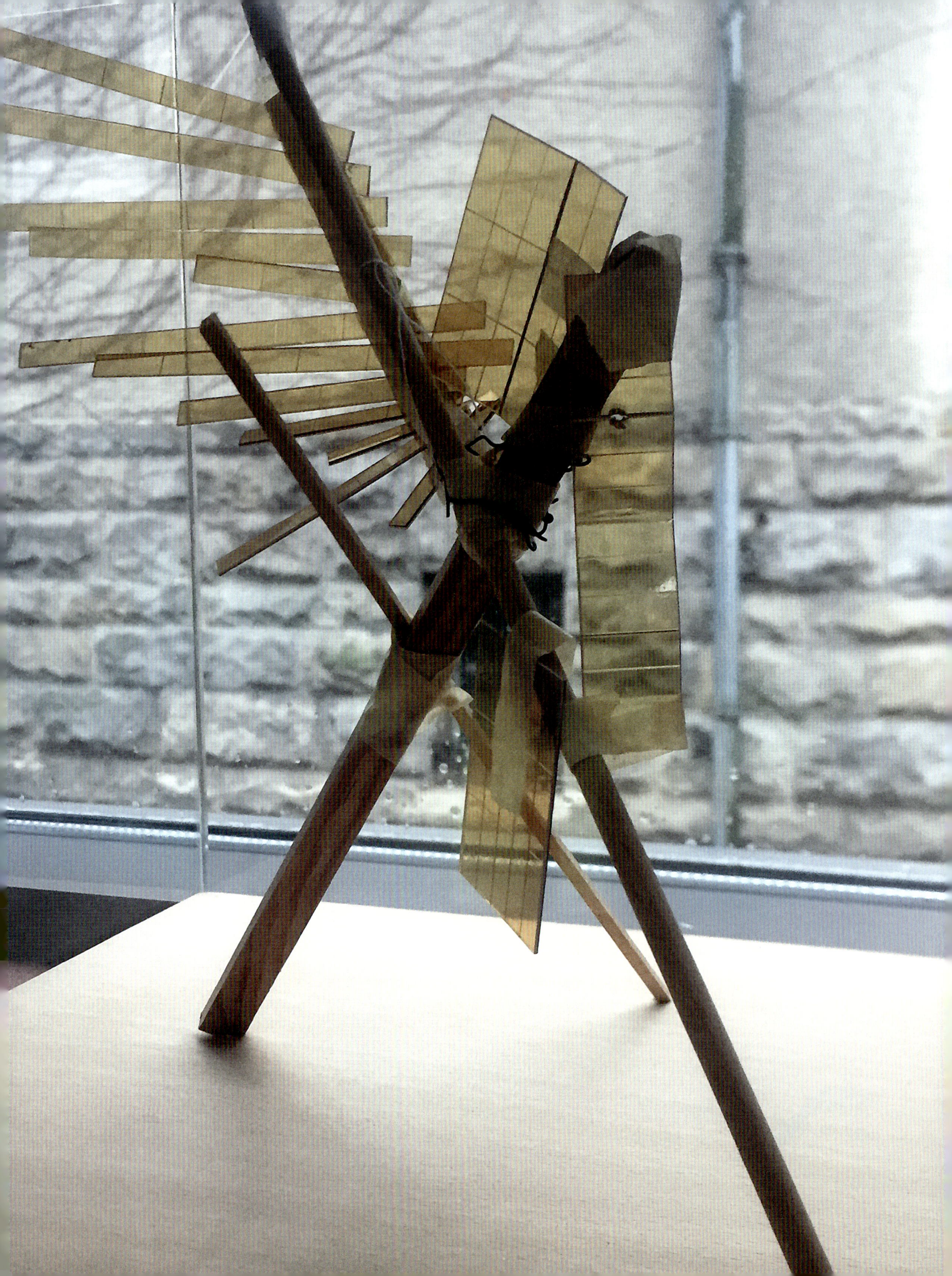

Vorherige Doppelseite:
Waldemar, der Wegbegleiter in der
Bahnhofsunterführung, Coesfeld
Illustration: Wolters Partner

Artefakte

Der intensive Kontakt zu Künstlern und Künstlerfreunden bereicherte die Arbeit von Wolters Partner von Anfang an. Soweit es möglich war und mit den Auftraggebern vereinbart werden konnte, haben wir bei vielen Projekten Künstler einbinden können. In den Zeiten der Wohnumfeldverbesserungen wurden mit dem Bildhauer Jörg Heidemann kleinere Artefakte auf öffentlichen Flächen, wie Plätzen und Straßen, realisiert. Die Lichtinstallation im ehemaligen Schlauchturm der Rettungswache in Coesfeld haben wir in Eigeninitiative relativ unbemerkt in der Endphase der Bauzeit mit dem Projekt „Lichtblau" zu einer Landmarke entwickelt, viele Jahre später im kleineren Maßstab auch bei der Fahrradstation im Bereich der ehemaligen Laderampe des Bahnhofs in Billerbeck – blaues Licht.

Mit der Beauftragung der Landesmusikakademie in Heek-Nienborg, wo wir nicht nur für die Architektur verantwortlich zeichneten, durften wir auch für das gesamte Interieur (bis zur Mokkatasse) gestalterisch mitwirken. Für das Musikzentrum konnten wir den Maler Wolfgang Troschke gewinnen, der in der Halle ein großes Bild realisierte. Für die Mensa der Musikakademie zeichnete Wolfgang Schmitz eine Serie von Lithografien. Aber auch unsere eigene Gestaltungskraft (Wolters/Hendricks) konnten wir in Form eines großen Wandbildes im Kammerkonzertsaal umsetzen. Alle drei Objekte sind bis heute Bestandteil der jeweiligen Häuser.

Die Auseinandersetzung mit der bildenden Kunst war dann mit Beginn der REGIONALE 2004 eine gute Plattform, wo wir in sehr viel größeren Dimensionen bei den Projekten Kunst und Kultur mit aufspannen konnten.

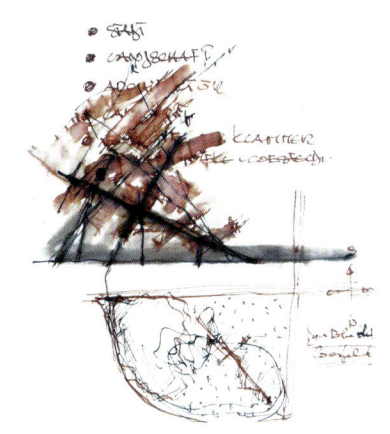

Skizze Große Solar-Nike
Zeichnung: Friedrich Wolters

Markierung: Havixbeck, Hauptstraße
Entwurf: Wolters Partner, Ausführung: Werner Paß

Große Solar-Nike für Coesfeld
Entwurf: Friedrich Wolters

„Lichtblau"
Kreisleitstelle Rettungswache, Coesfeld
Foto: Wolters Partner

„Konzept Kunst", Ostbevern
Entwurf, Ausführung/Foto: Wolters Partner

Wegweiser für den Sandsteinweg, Havixbeck
Entwurf/Foto: Wolters Partner, Ausführung: Atelier Paß-Rawe

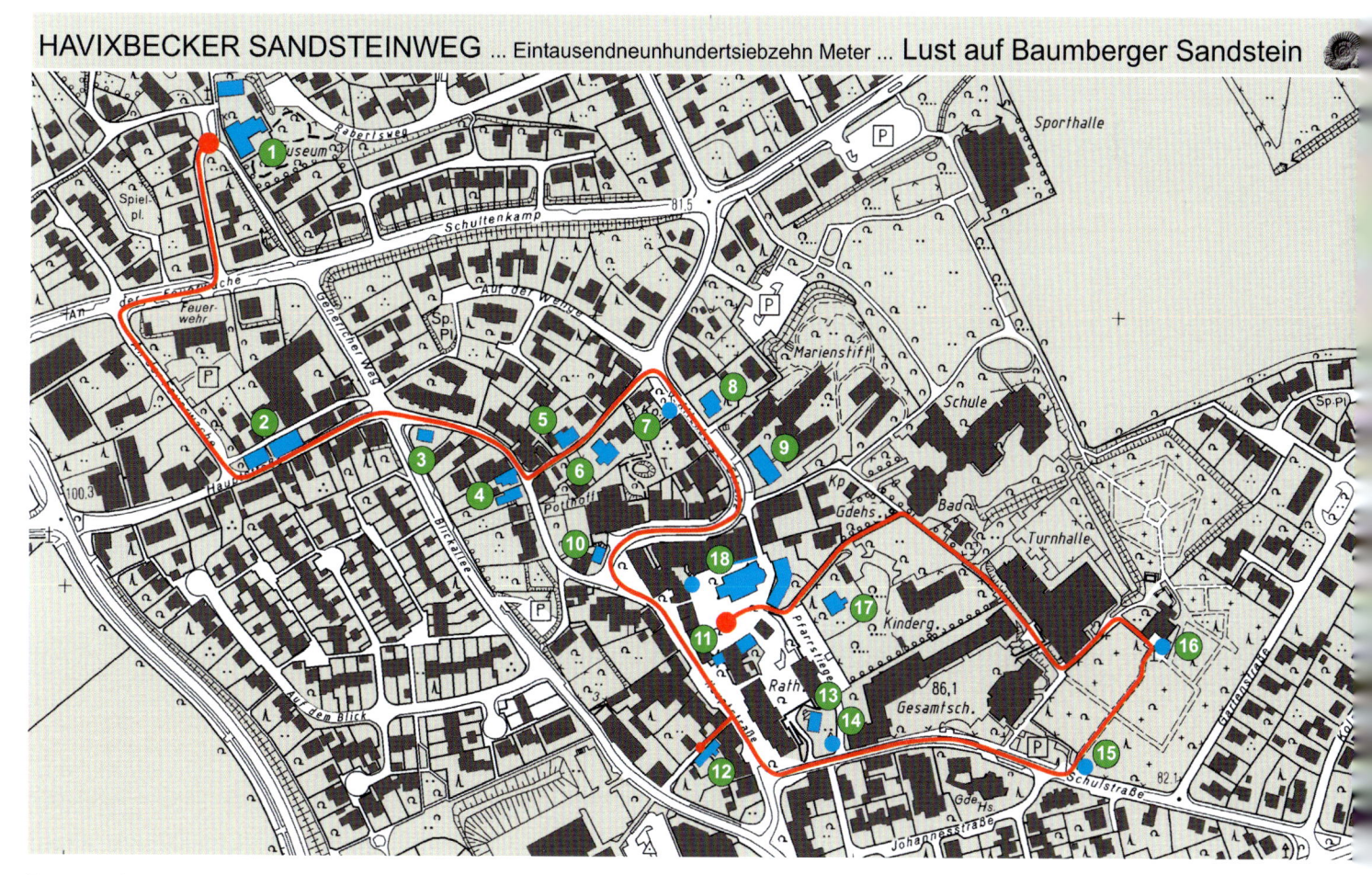

HAVIXBECKER SANDSTEINWEG ... Eintausendneunhundertsiebzehn Meter ... **Lust auf Baumberger Sandstein**

Route des Sandsteinweges durch Havixbeck.
Blau gekennzeichnet und mit Nummern versehen sind die zumeist denkmalgeschützten Sandsteinbauwerke.
Die barrierefreie Route beginnt am Sandsteinmuseum und endet am Kirchplatz.
Planung: Wolters Partner

Artefakte 245

Treffen in Sassenberg
Entwurf, Ausführung/Foto: Wolters Partner

Die blaue Requisite – Stiftung Der blaue Elefant für das Waisenhaus in Torshok, Russland
Konzeption Friedrich Wolters, Ausführung Jan Krebs, Frank Münstermann und Kollegen
Foto: Hiltrud Möller-Eberth

Artefakte   247

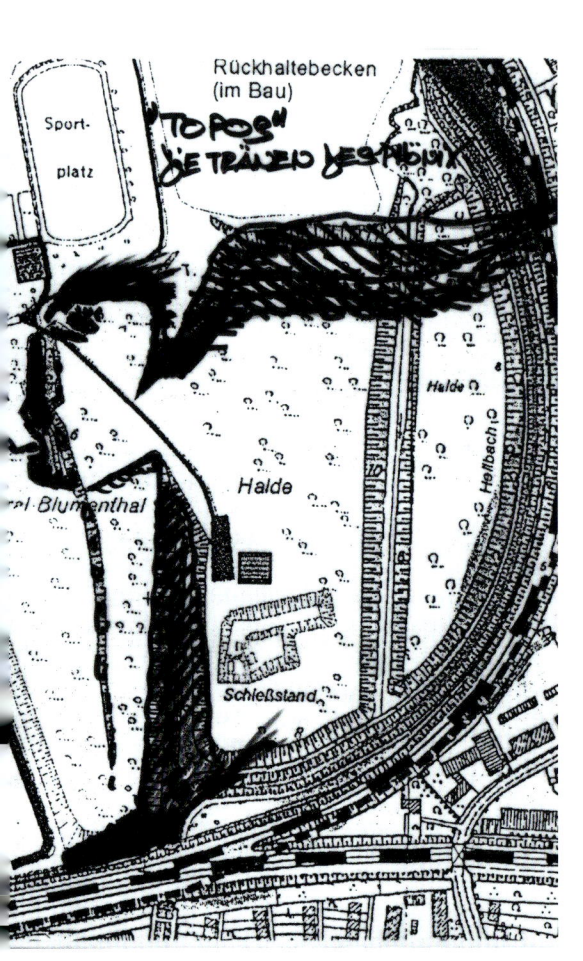

Die Tränen des Phoenix auf DGK 5,
Zeche General Blumenthal,
Recklinghausen
Zeichnung: Friedrich Wolters

Das gelbe Haus auf General Blumenthal, Recklinghausen
Konzeption: Friedrich Wolters

Die Botschaft, Berkelufer in Gescher
Konzeption: Annika Kriegs mit Friedrich Wolters

Artefakte 249

Collage für den Kammermusiksaal der Landesmusikakademie, Heek-Nienborg
Gestaltung: Friedrich Wolters mit Heinrich Hendrix
Foto: Hermann Willers

Übermalungen/Kreide auf Zeitung für die Stehtische im Kammermusiksaal der Landesmusikakademie, Heek-Nienborg
Zeichnung: Friedrich Wolters
Foto: Hermann Willers

MASSHALTEN

1992 · WOLTERS PARTNER/COESFELD · 1992

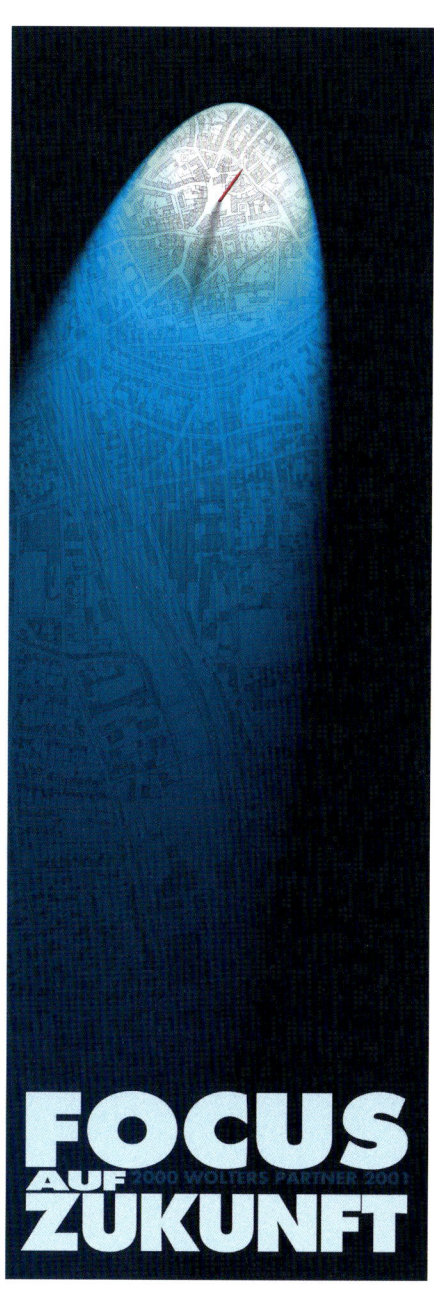

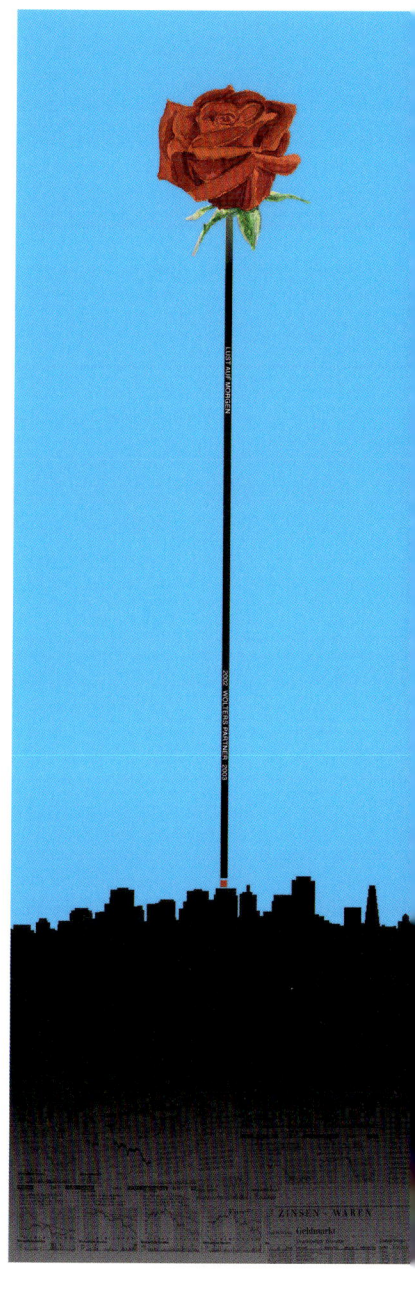

Plakate zum Jahreswechsel
Illustrationen: Wolters Partner

Artefakte 253

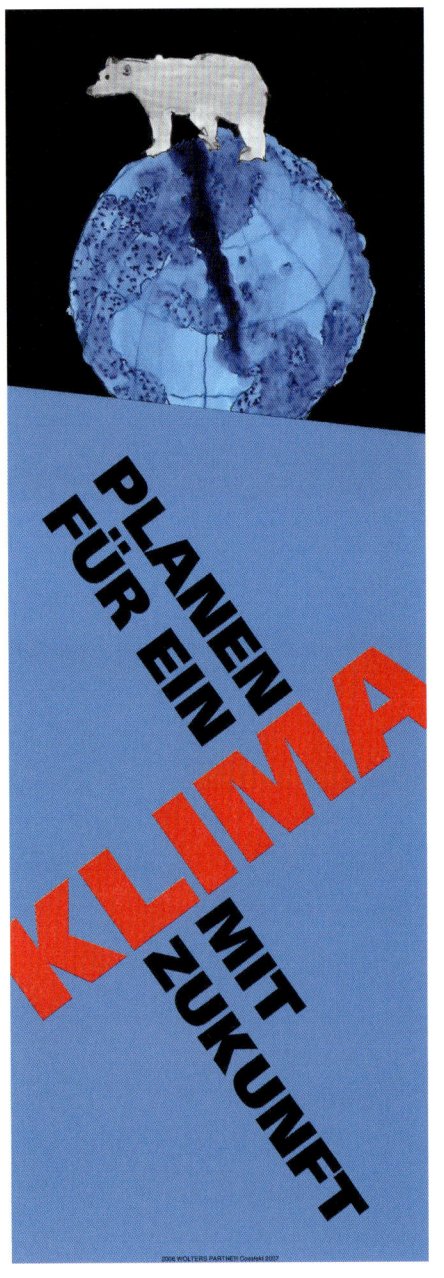

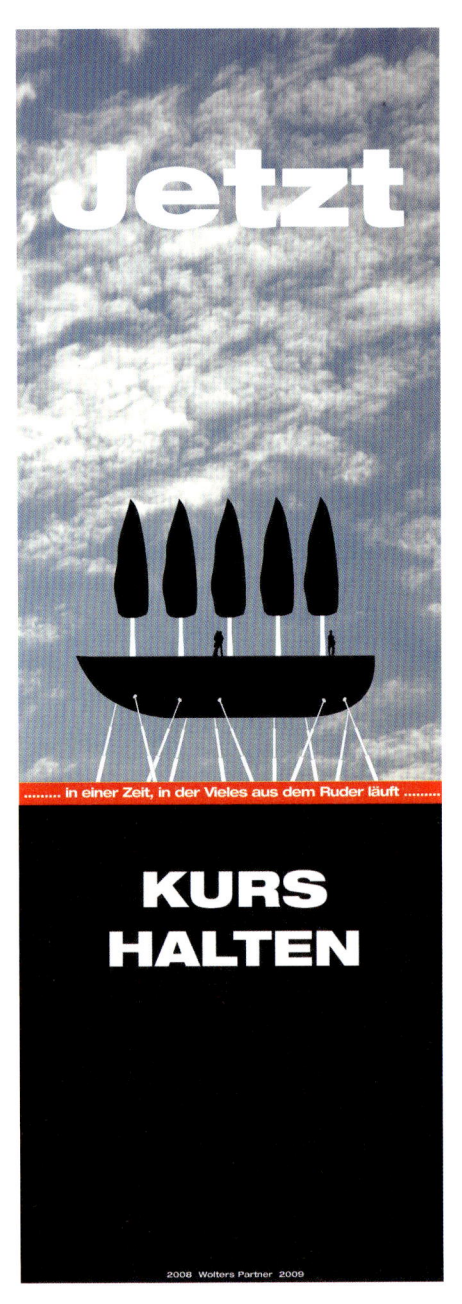

Plakate zum Jahreswechsel
Illustrationen: Wolters Partner

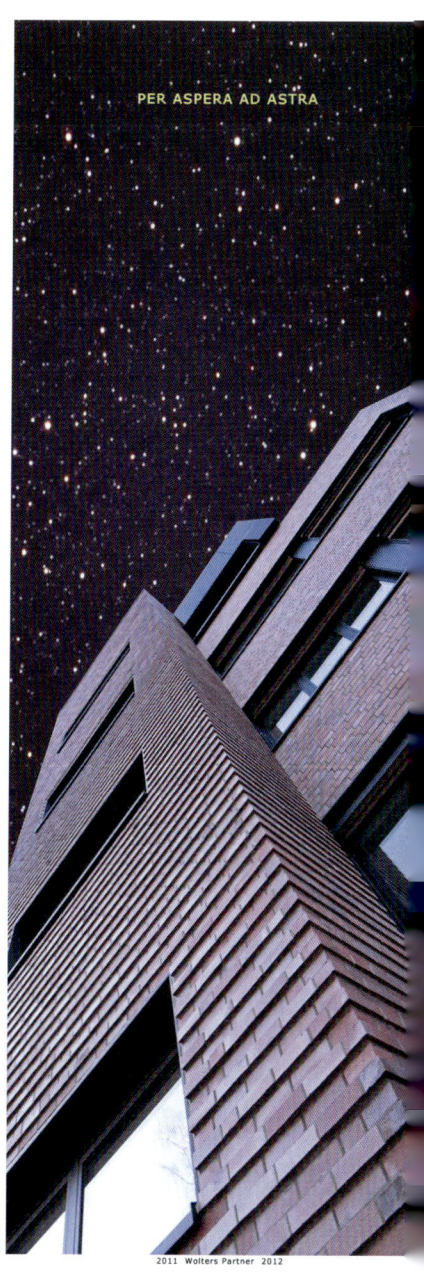

Plakate zum Jahreswechsel
Illustrationen: Wolters Partner

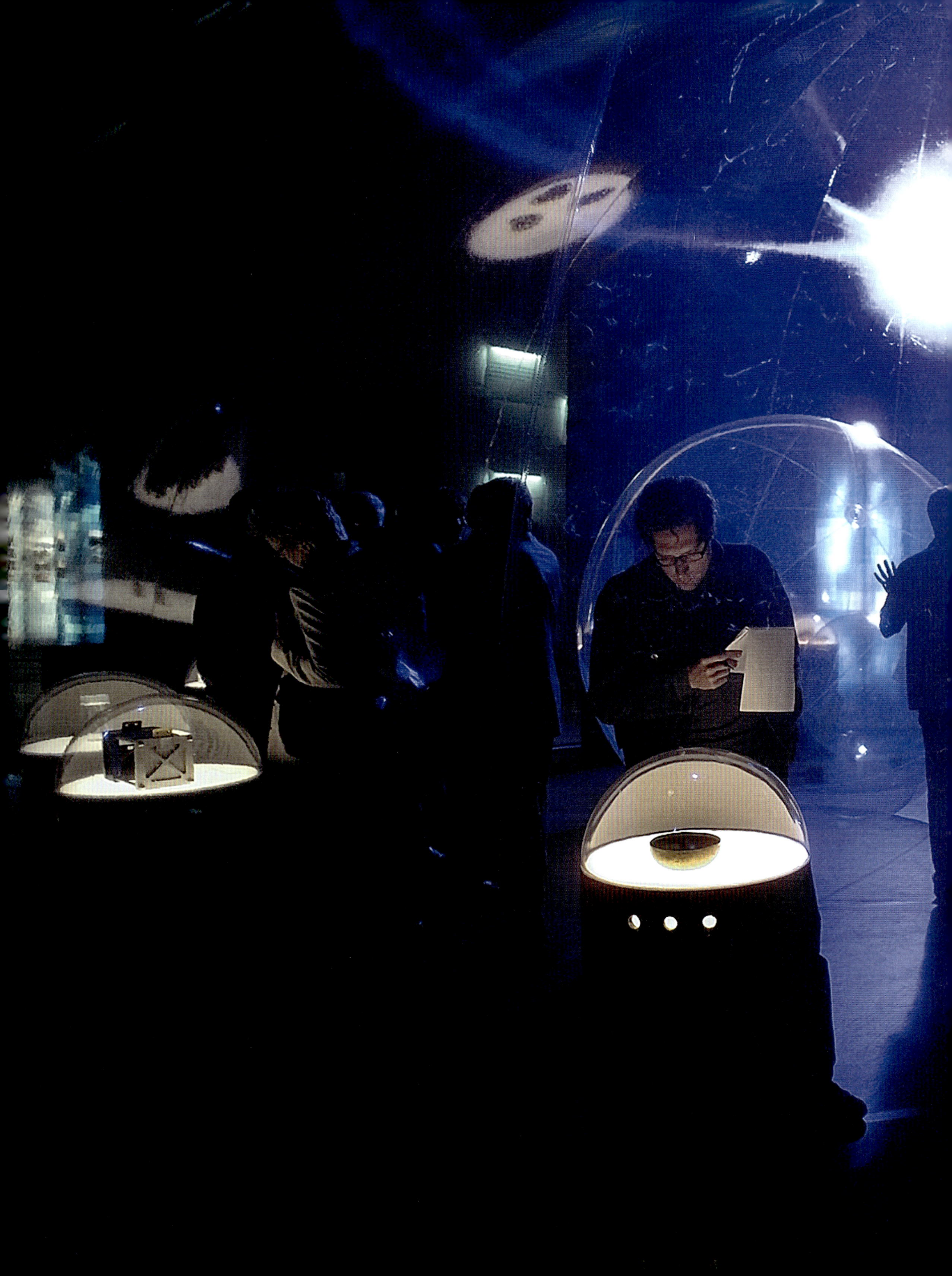

REGIONALE 2004

BILDER FÜR DEN RAUM

15. MAI 2002
Podiumsdiskussion auf Westfalen I/II, Ahlen

Veranstaltungsort:
Zeche Westfalen I/II
Stapelstraße
D-59229 Ahlen

Mit Unterstützung von:
Stadt Ahlen
DSK

MSWKS

Veranstalter:
REGIONALE 2004
Emstor 5 • D-48291 Telgte
www.regionale2004.de

Vorherige Doppelseite:
Ausstellung „Natur nach Maß!?"
2004, Zeche Westfalen I/II, Ahlen
Foto: Studio Wiegel

„Links und rechts der Ems" – REGIONALE 2014
von Friedrich Wolters

Als im Jahr 1997 die Landesregierung Nordrhein-Westfalen mit ihrem Programm der „Natur- und Kulturräume in NRW" die REGIONALEN ins Leben rief, orientierte sie sich an der IBA Emscher Park, die von 1989 bis 1999 im Herzen des Ruhrgebiets die „Werkstatt für die Zukunft von Industrieregionen" etabliert hatte. Mit einer kleinen, autonomen und deshalb flexiblen Agentur jenseits der administrativen Einrichtungen leitete Karl Ganser den erfolgreichen Prozess.

Eine Kommission formulierte in der Folge die „Auswirkungen oder Erfahrungen der IBA Emscher Park für ein allgemeines, regionales Entwicklungsprogramm" als Grundlage für die öffentlichen Ausschreibungen zur Bewerbung von Durchführungen der REGIONALE „Kultur und Naturräume in Nordrhein-Westfalen" in den Jahren 2002/2004 und 2006.

Die Entscheidung für die REGIONALE 2004 „Links und rechts der Ems" wurde 1999 von der Landesregierung NRW besiegelt. Die Potenziale, die sich aus der IBA für die REGIONALEN, also auch für die REGIONALE 2004, ergaben, waren eher strategischer Art, angefangen bei der kleinen Agentur, die außerhalb der Administration souverän agieren sollte, um schnell und zielorientiert aus direkter Kenntnis der Lage heraus Entscheidungen zu Inhalten, Strategien, neuen und fremden Einflüssen auf den Prozess treffen zu können.

Veranstaltung „Bilder für den Raum"
15.02.2002, Zeche Westfalen I/II, Ahlen
Foto: Ulrike Jakob-Knapp

Die Absicht, die Leitung der Agentur – mit Sitz in Telgte – dem Architekten/Stadtplaner Friedrich Wolters zu übertragen, der nicht aus der Administration des REGIONALE-Raumes stammte, führte zu einer längeren Auseinandersetzung, die dazu beitrug, dass die Geschäftsführung der REGIONALE 2004 erst im Frühjahr des Jahres 2000 handlungsfähig wurde.

Die Fahne der REGIONALE 2004
Partner der Projekte
Foto: REGIONALE 2004

Die kulturlandschaftliche Raumgliederung des REGIONALE-Raumes weist sehr unterschiedliche morphologische Strukturen entlang der Ems auf. Landschaften haben sehr ursächlich auch immer etwas mit den Menschen zu tun, die dort leben; denn die Menschen und die Landschaft prägen sich gegenseitig. So entsteht über einen weiten Zeitraum Kulturlandschaft.

Im Gebiet der REGIONALE sind die deutlichen Unterschiede auch dort auszumachen, wo durch die Landschaft Zäsuren geschrieben werden. Ändert sich der Dialekt, das Plattdeutsche, schon zwischen dem Sand- und dem Lehm-Münsterland, so sind die Eigenständigkeiten vor beziehungsweise hinter dem Teutoburger Wald noch deutlicher auszumachen. Hier zeigen die schwarz-weißen Fachwerkhäuser ein völlig anderes Bild als jene der bäuerlichen Kulturlandschaft des Kernmünsterlandes, wo Backstein, gefasst von Sandstein aus Ibbenbüren oder aus dem weiter westlich gelegenen Billerbeck, der in den Baumbergen gebrochen wird, den Baustil bestimmen.

Begrenzt wird der REGIONALE-Raum über eine Distanz von rund 150 km mit Kalk und Kohle im Nordosten und im Südosten, dem Teutoburger Wald einerseits und die Beckumer Berge andererseits. Die Ems durchfließt den Raum von Osten nach Nordwesten, ein Flachlandfluss, der sich aufgrund seiner Begradigungen im letzten Jahrhundert tief in die Landschaft eingegraben hat. Abgesehen von diesen Erhebungen im Nordosten und Südosten ist der Raum eine sanfte, bäuerliche Kulturlandschaft, durchwirkt mit Waldstücken. Gehöfte mit roten Tonziegeldächern prägen als kleinste städtebauliche Einheiten diesen Landschaftsraum auf unverwechselbare Weise. Mit den Städten und Dörfern, die alle eine Geschichtlichkeit zwischen 600 und 1.200 Jahren vorzuweisen haben, gruppiert sich kommunales, von einer langen Kulturgeschichte geprägtes Selbstbewusstsein um die große Universitätsstadt Münster herum. (Münster und das Münsterland – Nomen est Omen!) Wohl keine Region in Deutschland zeigt so enge Bindungen zwischen Zentrum

Der REGIONALE-Raum
Zeichnung: REGIONALE 2004

und Peripherie wie Münster und das Münsterland. Mit Genugtuung schaut der Raum auf den Westfälischen Frieden, der 1648 zu Münster und Osnabrück besiegelt wurde und als Meilenstein in der Einigung Europas unter dem Banner des Christentums angesehen wird.

Die hohe Qualität des Leinens und seine ehrgeizige Produktion ließ den Handel erblühen und brachte Handelsreisende, die Tödden, hervor, die vor rund 150 Jahren in die benachbarten Regionen, vor allem auch in die Niederlande, wanderten und eine Textiltradition begründeten, die bis weit in die 50er-Jahre des vergangenen Jahrhunderts hinein der Region eine wirtschaftliche Stärke verlieh. Webereien und Färbereien schlossen sich zur großen Familie der Textiler zusammen, die die Region mit ihren Produkten überregional bekannt machte.

Es ist für diese Landschaft und ihre Menschen typisch, dass sich die Region mit dem Niedergang der Textilindustrie im vergangenen Jahrhundert aus eigener Kraft aus dieser Krise zog. Bis auf wenige Ausnahmen gab es keine groß angelegten Subventionen staatlicherseits wie bei Kohle und Stahl im Ruhrgebiet. Fast unbemerkt hat die Region mit mittelständigem Handwerk und Industrie seit den 60er-Jahren des vergangenen Jahrhunderts ein eigenständiges Profil entwickelt. Hier ist etwas entstanden, was bodenständigen Erfolg für die Region hervorbrachte und sie für den internationalen Auftritt vorbereitete.

100 Grüne Klassenzimmer
Foto: REGIONALE 2004

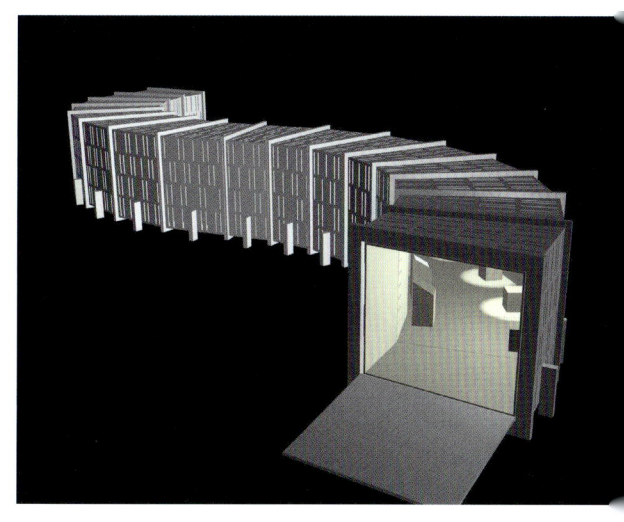

Das Mobile Museum der REGIONALE 2004
Animation: BM Architekten

Die Schlaue Schachtel der Region
Das Treffen in Telgte
Foto: REGIONALE 2004

TransAquas – Wolfgang Schmitz
Foto: REGIONALE 2004

Auch in der gebeutelten und verunsicherten Landwirtschaft hat sich das Landschaftsbild im Wesentlichen bis heute erhalten. Die großen Flurbereinigungen sind natürlich auch an dieser Landschaft nicht spurlos vorübergegangen, dennoch zeigt die Münsterländer Parklandschaft bis heute ihre Qualität.

Die Bodenständigkeit der Bewohner ist das dominante Qualitätsmerkmal. Nicht alles Neue wird per se akzeptiert. Nicht auf jeden fahrenden Zug springt man sofort auf! Alles wird bedacht, geprüft und abgewogen. Selbstständiges Denken und Eigensinn bedingen dezentrales Handeln. Diese Eigenart fordert Zeit – Zeit, die man mitbringen muss, um zu überzeugen, wenn man etwas Neues in Bewegung setzen will. Vor diesem Hintergrund zwischen Landschaft und Geschichte war es nicht einfach, dem Raum klarzumachen, was REGIONALE 2004 sein sollte, sein wollte. Der Raumzuschnitt des REGIONALE-Raumes war zusätzlich schwer zu vermitteln, ist er doch geografisch der östliche Teil des Münsterlandes. Zudem war die Initiatorin der REGIONALEN in Nordrhein-Westfalen, die Internationale Bauausstellung IBA Emscher Park, im Münsterland kaum bekannt. Die Vorbehalte des Raumes und ihrer Verantwortlichen gegenüber der Rheinschiene und dem nördlich angrenzenden Ballungsraum sind, insbesondere vor dem Hintergrund der Finanzflüsse des Landes in diese Problemzonen, ebenfalls von Vorurteilen belastet. Insofern gab es links und rechts der Ems zunächst Skepsis,

Vorbehalte und Widerstände gegen den REGIONALEN Prozess, obwohl man sich doch dem Wettbewerb gestellt hatte und schließlich vom Land den Zuschlag erhielt.

Bereits mit dem Start der REGIONALE 2004 in Telgte haben die Verantwortlichen Wettbewerbe zur Vergabe der Projekte gefordert. Der erste Wettbewerb, den die REGIONALE 2004 durchführte, war jener zur Findung eines Zeichens des regionalen Prozesses. Dieses Zeichen (Rolf Müller, München) hat sich bis zum Ende der REGIONALE 2004 bewährt, es erwies sich als robuste Marke, die allen Turbulenzen des Prozesses standhielt.

Der Wettbewerbskultur ist die REGIONALE 2004 in den Folgejahren treu geblieben. Ebenso hat die in den Prozess gebrachte interkommunale Diskussionskultur im Raum Wurzeln geschlagen. Der Weg bis zum Ziel war steil, oft steinig und führte bei allen Beteiligten bisweilen an die Grenze der Belastbarkeit.

Wenn der Gesamtprozess zu einem guten Ergebnis gebracht werden konnte, so liegt das auch an den vielen herausragenden Persönlichkeiten, die der REGIONALE 2004 auch in kritischen Zeiten zur Seite standen.

Der Bericht über die Projekte der REGIONALE 2004 ist im Tecklenborg-Verlag unter dem Titel „REGIONALE 2004 – Ein Prozess" im Jahr 2005 publiziert worden.

**REGIONALE 2004
EIN PROZESS**
384 Seiten
Gebunden, 23 x 29,5 cm
ISBN 3-934427-89-8
Tecklenborg-Verlag, 2005

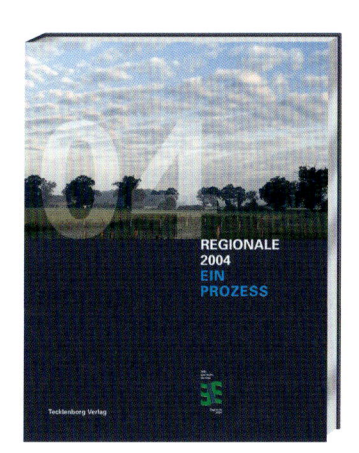

Theater Titanick: Treibgut
Foto: REGIONALE 2004

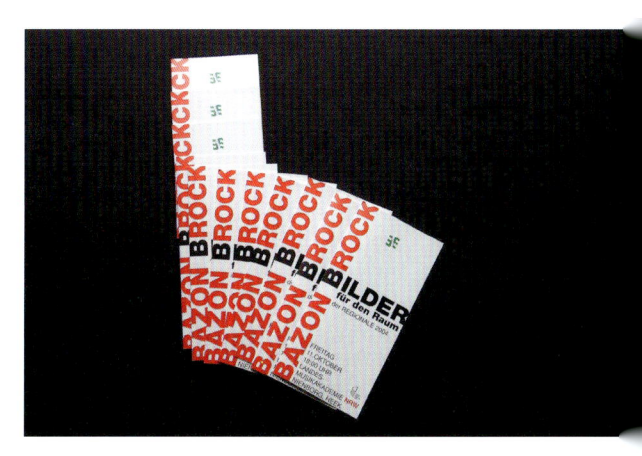

Programm/Flyer „Bilder für den Raum"/
Bazon Brock
Foto: REGIONALE 2004

Städte und Gemeinden, in denen Wolters Partner im Zeitraum der Projekte dieser Dokumentation geplant und gebaut hat

Aachen	Brilon	Gelsenkirchen
Ahaus	Brüggen	Gescher
Altenbeken	Bünde	Gesecke
Altenberge	Büren	Gießen
Anröchte	Castrop-Rauxel	Gladbeck
Arnsberg	Charlieu (Frankreich)	Greven
Ascheberg	Coesfeld	Gronau
Bad Driburg	Datteln	Haan
Bad Hersfeld	Detmold	Hagen
Bad Laer	Dieburg	Halle (Westf.)
Bad Lippspringe	Dinslaken	Haltern am See
Bad Salzuflen	Doetinchem (Niederlande)	Hamm
Beelen	Dorsten	Hamminkeln
Beckum	Dortmund	Harsewinkel
Berge	Drensteinfurt	Havixbeck
Bestwig	Duisburg	Heek
Bielefeld	Dülmen	Heikendorf
Billerbeck	Emmerich am Rhein	Hennef
Blomberg	Emsbüren	Herford
Bocholt	Emsdetten	Herten
Bochum	Ennepetal	Herzberg, Brandenburg
Bohmte	Ennigerloh	Herzebrock-Clarholz
Bönen	Erfstadt	Hiddenhausen
Borken	Erndtebrück	Hildesheim
Bottrop	Erwitte	Hopsten
Bramsche	Eslohe	Hörstel
Brandenburg	Everswinkel	Horstmar
Breckerfeld	Finnentrop	Höxter

Ibbenbüren	Minden	Remscheid	Unna
Kalkar	Möhnesee	Rhede	Velen
Kalletal	Münster	Rheinberg	Viersen
Kamen	Nettetal	Rheine	Vreden
Kempen	Neu Wulmsdorf, Nieder-sachsen	Rosendahl	Wadersloh
Kerken		Saerbeck	Waltrop
Klieken, Sachsen-Anhalt	Neuenkirchen	Sassenberg	Warburg
Kostroma (Russland)	Neuhardenberg, Brandenburg	Schermbeck	Warendorf
Kranenburg		Schöppingen	Warstein
Krefeld	Neuruppin, Brandenburg	Schwalmtal	Wenden
Kronberg	Neuss	Schwelm	Werne
Ladbergen	Nordkirchen	Schwerte	Westerkappeln
Laer	Nordwalde	Senden	Wettringen
Legden	Nottuln	Sendenhorst	Winterberg
Lemgo	Ochtrup	Siegen	Witten
Lengerich	Oelde	Soest	Wülfrath
Lichtenau	Oer-Erkenschwick	Stadtlohn	Wuppertal
Lienen	Olfen	Steinfurt	
Lippetal	Olsberg	Steinhagen	
Lippstadt	Osnabrück	Stupino (Russland)	
Lüdenscheid	Ostbevern	Susdal (Russland)	
Lüdinghausen	Paderborn	Taunusstein	
Lünen	Plettenberg	Tecklenburg	
Marl	Raesfeld	Telgte	
Marsberg	Ratingen	Torshok (Russland)	
Meppen	Recke	Treuenbriezen, Brandenburg	
Meschede	Recklinghausen		
Metelen	Rees	Uedem	

Impressum

Herausgeber:
WoltersPartner
Architekten & Stadtplaner GmbH
Daruper Straße 15 · D-48653 Coesfeld
Tel. (02541) 9408-0
Fax (02541) 6088
info@wolterspartner.de
www.wolterspartner.de

Texte: Wolters Partner
Gastbeiträge:
Hubert Rammes, Telgte
Dr. Wolfgang Roters, Düsseldorf
Ernst-Leopold Schmid, Trostberg
Dr. Reinhard Seiß, Wien

Gestaltung:
Nikola Kaiser, Sonja Pack-Hast, Wolters Partner
Umsetzung: Ina Bauckholt, Die Gezeiten, Münster

Druck: Druckhaus Tecklenborg, Steinfurt
Papier: Umschlag Condat, Innenteil GardaPat
Schrift: Helvetica Neue

Umwelthinweis:
Der Inhalt dieses Buches wurde auf Papier
mit chlorfrei gebleichtem Zellstoff gedruckt.
Der Einband ist recyclebar.

Die Deutsche Bibliothek –
CIP Einheitsaufnahme
Architektur und Stadtplanung
WoltersPartner
Steinfurt, Tecklenborg Verlag, 2017
ISBN 978-3-944327-54-9
1. Auflage 2017
NE: Wolters, Friedrich

© 2017 by Tecklenborg Verlag, Steinfurt, Deutschland
und bei WoltersPartner
Alle Rechte vorbehalten.

Gesamtherstellung:
Druckhaus Tecklenborg, Steinfurt

Das Werk einschließlich aller seiner Teile ist urheberrechtlich geschützt. Jede Verwertung außerhalb des Urheberrechtsgesetzes ist ohne Zustimmung des Verlages unzulässig und strafbar. Das gilt insbesondere für Vervielfältigungen, Übersetzungen, Mikroverfilmungen und Verbreitung in elektronischen Systemen.

ISBN 978-3-944327-54-9